双色印刷

守住驾照12分
——图解新交规扣分细则

吴文琳　林瑞玉　编著

中国电力出版社
CHINA ELECTRIC POWER PRESS

内 容 提 要

本书根据公安部 2021 年 12 月 27 日发布的新修订的《机动车驾驶证申领和使用规定》（公安部令第 162 号）、《道路交通安全违法行为记分管理办法》（公安部令第 163 号）、《机动车登记规定》（公安部令第 164 号）3 个部门规章及相关法律法规，采用图解的形式，详细解读了机动车驾驶人的违法记分细则和预防违法记分的安全驾驶技术，介绍了道路交通违法行为代码及处置方法。

全书共分为九章，内容包括新交通法规记分解读、预防被记分的违法行为、预防违法记分的安全驾驶技术、道路交通安全违法行为及处置、道路交通信号等。

本书语言简洁、解读详细、通俗易懂、实用性强，是机动车驾驶人避免和减少交通违法行为、有效预防违法记分、提高安全驾驶技术的良师益友。本书适合广大机动车驾驶人阅读，也可作为机动车驾驶人培训学校的教材。

图书在版编目（CIP）数据

守住驾照 12 分：图解新交规扣分细则/吴文琳，林瑞玉编著 .—北京：中国电力出版社，2022.6

ISBN 978 - 7 - 5198 - 6742 - 3

Ⅰ.①守… Ⅱ.①吴…②林… Ⅲ.①机动车－交通运输管理－法规－中国－学习参考资料 Ⅳ.①D922.144

中国版本图书馆 CIP 数据核字（2022）第 073846 号

出版发行：中国电力出版社
地　　址：北京市东城区北京站西街 19 号（邮政编码 100005）
网　　址：http://www.cepp.sgcc.com.cn
责任编辑：杨　扬（y - y@sgcc.com.cn）
责任校对：黄　蓓　于　维
装帧设计：赵姗姗
责任印制：杨晓东

印　　刷：三河市航远印刷有限公司
版　　次：2022 年 6 月第一版
印　　次：2022 年 6 月北京第一次印刷
开　　本：710 毫米×1000 毫米　16 开本
印　　张：16.25
字　　数：327 千字
定　　价：78.00 元

前 言

　　2021年12月27日公安部发布了新修订的《机动车驾驶证申领和使用规定》(公安部令第162号)、《道路交通安全违法行为记分管理办法》(公安部令第163号)、《机动车登记规定》(公安部令第164号)3个部门规章及相关法律法规。《机动车驾驶证申领和使用规定》和《道路交通安全违法行为记分管理办法》于2022年4月1日起实施,《机动车登记规定》于2022年5月1日起实施。

　　新版交规对交通违法行为有了更加详细的规定,对于记分事项、扣分细则标准、驾驶证考试内容等也都在不同程度上变得更为严格。面对新版交规,如何提高安全驾驶技术,改变驾驶恶习,不违法,不被扣分,是广大车主十分关心的问题。为了使广大交通参与者尤其是机动车驾驶人远离违法行为、保护自身合法权益,守住驾照12分,特编写本书。

　　本书以图解的形式详细解读了机动车驾驶人的违法记分细则和预防违法记分的安全驾驶技术,介绍了道路交通违法行为代码及处置方法。全书共分为九章,内容包括新交通法规记分解读、预防被记分的违法行为、预防违法记分的安全驾驶技术、道路交通安全违法行为及处置、道路交通信号等。

　　本书语言简洁、解读详细、通俗易懂、实用性强,是机动车驾驶人的良师益友,有助于机动车驾驶人避免和减少交通违法行为、有效预防违法记分、提高安全驾驶技术,守住驾照12分。

　　本书由吴文琳、林瑞玉编写。本书在编写过程中参考了一些文献资料,特在此向有关文献资料的作者表示诚挚的感谢!

　　限于编者的水平和经验,书中难免有错误之处,敬请广大读者批评指正。

编者

目 录

新交通法规记分解读

2021年12月27日公安部发布了新制修订的《机动车驾驶证申领和使用规定》（公安部令第162号）《道路交通安全违法行为记分管理办法》（公安部令第163号）《机动车登记规定》（公安部令第164号）3个部门规章。《机动车驾驶证申领和使用规定》和《道路交通安全违法行为记分管理办法》于2022年4月1日起实施，《机动车登记规定》于2022年5月1日起实施。

公安部根据《中华人民共和国道路交通安全法》及其实施条例，单独制定新的部门规章《道路交通安全违法行为记分管理办法》，主要目的是为了更好地发挥记分制度的作用，坚持宽严相济，强化教育引导，遏制严重交通违法、提升机动车驾驶人交通安全意识，减少道路交通安全违法行为，预防和减少道路交通事故。

新制修订的《道路交通安全违法行为记分管理办法》共7章37条，包括记分分值、记分执行、满分处理、记分减免、法律责任等内容。修订的主要内容为优化记分管理制度，并调整了记分项目和分值，在保持对严重交通违法行为管理力度的前提下，降低了部分交通违法行为记分分值，删除了一些交通违法行为的记分，还增加了减免记分规定，促进记分管理与教育引导相结合。

新制修订的《道路交通安全违法行为记分管理办法》坚持公开透明、程序正当、严格监督，明确对弄虚作假、买分卖分等行为严格责任追究，突出"四个坚持"。

（1）坚持宽严相济，系统调整记分分值。在保持对酒后驾驶、交通肇事致人伤亡后逃逸、使用伪造变造牌证等严重妨碍交通安全的违法行为记12分的前提下，根据对道路交通安全畅通影响的程度，降低了部分交通违法行为记分分值，删除了驾车未放置检验标志、保险标志等轻微交通违法行为记分。修改后记分行为共50项，其中7项记12分，7项记9分，11项记6分，15项记3分，10项记1分。对于交通违法行为情节轻微，给予警告处罚的，免予记分。

（2）坚持教育引领，增加减免记分规定。对参加道路交通安全法律、法规和相关知识学习且经考试合格，或者参加公安交管部门组织的交通安全公益活动，符合扣减记分条件的，可以从已累积记分中扣减记分，一个记分周期内最高可扣减

6 分。

（3）坚持重点管理，严格满分教育制度。对一个记分周期内多次记满 12 分的，考虑到其守法自觉性低、安全意识差，应进一步强化教育管理，延长学习时间，增加学习内容，增加考试科目，督促驾驶人安全文明驾驶。对大中型客货车驾驶人记满 12 分的，为了保障公共安全，严格满分学习教育，应提高考试难度，加强重点管理。

（4）坚持严格执法，保证公开公平公正。在交通违法行为记分、学法减分、满分学习教育中，坚持公开透明、程序正当、严格监督，做到记分要严格、减分要规范、教育要有效果，切实发挥好交通违法行为记分制度的教育引导作用。同时，严查严处弄虚作假、买分卖分、替学代学、考试舞弊等行为，对发现违法违规的，严格依法处理处罚，构成犯罪的，依法追究刑事责任。

驾驶人在日常行驶中容易产生扣分的交通违法行为如图 1-1 所示。

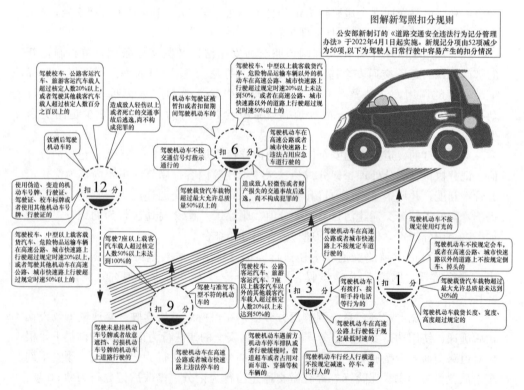

图 1-1　日常行驶中容易产生扣分的交通违法行为

一、机动车驾驶人一次记 12 分的违法行为

（1）饮酒后驾驶机动车的。

（2）造成致人轻伤以上或者死亡的交通事故后逃逸，尚不构成犯罪的。

（3）使用伪造、变造的机动车号牌、行驶证、驾驶证、校车标牌或者使用其他机动车号牌、行驶证的。

（4）驾驶校车、公路客运汽车、旅游客运汽车载人超过核定人数 20％以上，或驾驶其他载客汽车载人超过核定人数百分之百以上的。

（5）驾驶校车、中型以上载客载货汽车、危险物品运输车辆在高速公路、城市快速路上行驶超过规定时速 20％以上，或者驾驶其他机动车在高速公路、城市快速路上行驶超过规定时速 50％以上的。

（6）驾驶机动车在高速公路、城市快速路上倒车、逆行、穿越中央分隔带掉头的。

（7）代替实际机动车驾驶人接受交通违法行为处罚和记分牟取经济利益的。

二、机动车驾驶人一次记 9 分的违法行为

（1）驾驶 7 座以上载客汽车载人超过核定人数 50％以上未达到百分之百的。

（2）驾驶校车、中型以上载客载货汽车、危险物品运输车辆在高速公路、城市快速路以外的道路上行驶超过规定时速 50％以上的。

（3）驾驶机动车在高速公路或者城市快速路上违法停车的。

（4）驾驶未悬挂机动车号牌或者故意遮挡、污损机动车号牌的机动车上道路行驶的。

（5）驾驶与准驾车型不符的机动车的。

（6）未取得校车驾驶资格驾驶校车的。

（7）连续驾驶中型以上载客汽车、危险物品运输车辆超过 4h 未停车休息或者停车休息时间少于 20min 的。

三、机动车驾驶人一次记 6 分的违法行为

（1）驾驶校车、公路客运汽车、旅游客运汽车载人超过核定人数未达到 20％，或者驾驶 7 座以上载客汽车载人超过核定人数 20％以上未达到 50％，或者驾驶其他载客汽车载人超过核定人数 50％以上未达到 100％的。

（2）驾驶校车、中型以上载客载货汽车、危险物品运输车辆在高速公路、城市快速路上行驶超过规定时速未达到 20％，或者在高速公路、城市快速路以外的道路上行驶超过规定时速 20％以上未达到 50％的。

（3）驾驶校车、中型以上载客载货汽车、危险物品运输车辆以外的机动车在高速公路、城市快速路上行驶超过规定时速 20％以上未达到 50％，或者在高速公路、城市快速路以外的道路上行驶超过规定时速 50％以上的。

（4）驾驶载货汽车载物超过最大允许总质量 50％以上的。

（5）驾驶机动车载运爆炸物品、易燃易爆化学物品以及剧毒、放射性等危险物

品，未按指定的时间、路线、速度行驶或者未悬挂警示标志并采取必要的安全措施的。

（6）驾驶机动车运载超限的不可解体的物品，未按指定的时间、路线、速度行驶或者未悬挂警示标志的。

（7）驾驶机动车运输危险化学品，未经批准进入危险化学品运输车辆限制通行的区域的。

（8）驾驶机动车不按交通信号灯指示通行的。

（9）机动车驾驶证被暂扣或者扣留期间驾驶机动车的。

（10）造成致人轻微伤或者财产损失的交通事故后逃逸，尚不构成犯罪的。

（11）驾驶机动车在高速公路或者城市快速路上违法占用应急车道行驶的。

四、机动车驾驶人一次记 3 分的违法行为

（1）驾驶校车、公路客运汽车、旅游客运汽车、7 座以上载客汽车以外的其他载客汽车载人超过核定人数 20％以上未达到 50％的。

（2）驾驶校车、中型以上载客载货汽车、危险物品运输车辆以外的机动车在高速公路、城市快速路以外的道路上行驶超过规定时速 20％以上未达到 50％的。

（3）驾驶机动车在高速公路或者城市快速路上不按规定车道行驶的。

（4）驾驶机动车不按规定超车、让行，或者在高速公路、城市快速路以外的道路上逆行的。

（5）驾驶机动车遇前方机动车停车排队或者缓慢行驶时，借道超车或者占用对面车道、穿插等候车辆的。

（6）驾驶机动车有拨打、接听手持电话等妨碍安全驾驶的行为的。

（7）驾驶机动车行经人行横道不按规定减速、停车、避让行人的。

（8）驾驶机动车不按规定避让校车的。

（9）驾驶载货汽车载物超过最大允许总质量 30％以上未达到 50％的，或者违反规定载客的。

（10）驾驶不按规定安装机动车号牌的机动车上道路行驶的。

（11）在道路上车辆发生故障、事故停车后，不按规定使用灯光或者设置警告标志的。

（12）驾驶未按规定定期进行安全技术检验的公路客运汽车、旅游客运汽车、危险物品运输车辆上道路行驶的。

（13）驾驶校车上道路行驶前，未对校车车况是否符合安全技术要求进行检查，或者驾驶存在安全隐患的校车上道路行驶的。

（14）连续驾驶载货汽车超过 4h 未停车休息或者停车休息时间少于 20min 的。

（15）驾驶机动车在高速公路上行驶低于规定最低时速的。

五、机动车驾驶人一次记1分的违法行为

（1）驾驶校车、中型以上载客载货汽车、危险物品运输车辆在高速公路、城市快速路以外的道路上行驶超过规定时速10％以上未达到20％的。

（2）驾驶机动车不按规定会车，或者在高速公路、城市快速路以外的道路上不按规定倒车、掉头的。

（3）驾驶机动车不按规定使用灯光的。

（4）驾驶机动车违反禁令标志、禁止标线指示的。

（5）驾驶机动车载货长度、宽度、高度超过规定的。

（6）驾驶载货汽车载物超过最大允许总质量未达到30％的。

（7）驾驶未按规定定期进行安全技术检验的公路客运汽车、旅游客运汽车、危险物品运输车辆以外的机动车上道路行驶的。

（8）驾驶擅自改变已登记的结构、构造或者特征的载货汽车上道路行驶的。

（9）驾驶机动车在道路上行驶时，机动车驾驶人未按规定系安全带的。

（10）驾驶摩托车，不戴安全头盔的。

六、累积记分制度及处理

公安机关交通管理部门对机动车驾驶人的交通违法行为除行政处罚外，实行道路交通安全违法行为累积记分（以下简称记分）制度。记分周期为12个月，即从机动车驾驶人初次领取机动车驾驶证之日或者自初次取得临时机动车驾驶许可之日起1年内为一个记分周期。满分为12分，从机动车驾驶证初次领取之日起计算。根据交通违法行为的严重程度，一次记分的分值为12分、9分、6分、3分、1分，共5种。

交通违法行为情节轻微，给予警告处罚的，免予记分。

对机动车驾驶人作出处罚前，应当在告知拟作出的行政处罚决定的同时，告知该交通违法行为的记分分值，并在处罚决定书上载明。

机动车驾驶人在一个记分周期内记分达到12分的，应当按规定参加学习、考试。

（1）机动车驾驶人一次有两种以上交通违法行为的，分别裁决，合并执行。所谓"分别裁决、合并执行"，就是对一人有两种以上的道路交通安全违法行为分别依次裁量，决定处罚的种类和幅度，然后将所决定的处罚合并执行。

1）机动车驾驶人可以一次性处理完毕同一辆机动车的多起交通违法行为记录，记分分值累积计算。累积记分未满12分的，可以处理其驾驶的其他机动车的交通违法行为记录；累积记分满12分的，不得再处理其他机动车的交通违法行为记录。

2）机动车驾驶人在一个记分周期期限届满，累积记分未满12分的，该记分周期内的记分予以清除；累积记分虽未满12分，但有罚款逾期未缴纳的，该记分周期

内尚未缴纳罚款的交通违法行为记分分值转入下一记分周期。

3）行政处罚决定被依法变更或者撤销的，相应记分应当变更或者撤销。

（2）机动车驾驶人对道路交通安全违法行为处罚不服，申请行政复议或者提起行政诉讼后，经依法裁决变更或者撤销原处罚决定的，相应记分分值予以变更或撤销。

（3）公安机关交通管理部门应当向社会公布机动车驾驶人违法行为记分查询方式，提供查询便利。应当通过互联网、公安机关交通管理部门业务窗口提供交通违法行为记录及记分查询。

🚗 **特别提醒**

（1）机动车驾驶人初次取得汽车类准驾车型或者初次取得摩托车类准驾车型后的12个月为实习期（增驾每种车型不再单设实习期）。在实习期内驾驶机动车的，应当在车身后部粘贴或者悬挂统一式样的实习标志。

（2）在增加准驾车型后的实习期内，驾驶原准驾车型的机动车时不受上述限制。

（4）满分学习、考试。机动车驾驶人在一个记分周期内累积记分满12分的，公安机关交通管理部门应当扣留其机动车驾驶证，开具强制措施凭证，并送达满分教育通知书，通知机动车驾驶人参加满分学习、考试。对多次违法驾驶人加强教育管理。

机动车驾驶人在实习期内发生的道路交通安全违法行为不得扣满12分，如果被记满12分的，注销其实习的准驾车型驾驶资格。需要重考科目一恢复驾驶证。

临时入境的机动车驾驶人在一个记分周期内累积记分满12分的，公安机关交通管理部门应当注销其临时机动车驾驶许可，并送达满分教育通知书。

1）机动车驾驶人在一个记分周期内累积记分满12分的，应当参加为期7天的道路交通安全法律、法规和相关知识学习。其中，大型客车、重型牵引挂车、城市公交车、中型客车、大型货车驾驶人应当参加为期30天的道路交通安全法律、法规和相关知识学习。

2）机动车驾驶人在一个记分周期内参加满分教育的次数每增加一次或者累积记分每增加12分，道路交通安全法律、法规和相关知识的学习时间增加7天，每次满分学习的天数最多60天。其中，大型客车、重型牵引挂车、城市公交车、中型客车、大型货车驾驶人在一个记分周期内参加满分教育的次数每增加一次或者累积记分每增加12分，道路交通安全法律、法规和相关知识的学习时间增加30天，每次满分学习的天数最多120天。

3）道路交通安全法律、法规和相关知识学习包括现场学习、网络学习和自主学习。网络学习应当通过公安机关交通管理部门互联网学习教育平台进行。

4）机动车驾驶人参加现场学习、网络学习的天数累计不得少于5天，其中，现场学习的天数不得少于2天。大型客车、重型牵引挂车、城市公交车、中型客车、大型货车驾驶人参加现场学习、网络学习的天数累计不得少于 10 天，其中，现场学习的天数不得少于 5 天。满分学习的剩余天数通过自主学习完成。

机动车驾驶人单日连续参加现场学习超过 3h 或者参加网络学习时间累计超过3h 的，按照 1 天计入累计学习天数。同日既参加现场学习又参加网络学习的，学习天数不累积计算。

特别提醒

（1）机动车驾驶人可以在机动车驾驶证核发地或者交通违法行为发生地、处理地参加公安机关交通管理部门组织的道路交通安全法律、法规和相关知识学习，并在学习地参加考试。

对非本辖区机动车驾驶人申请在违法行为发生地、处理地参加满分学习、考试的，公安机关交通管理部门应当准许，考试合格后发还扣留的机动车驾驶证，并将考试合格的信息转至驾驶证核发地公安机关交通管理部门。

驾驶证核发地公安机关交通管理部门应当根据转递信息清除机动车驾驶人的累积记分。

（2）机动车驾驶人在一个记分周期内累积记分满 12 分，符合《道路交通安全违法行为记分管理办法》第十八条、第十九条第一款、第二款规定的，可以预约参加道路交通安全法律、法规和相关知识考试。考试不合格的，10 日后预约重新考试。

（3）机动车驾驶人在一个记分周期内两次累积记分满 12 分或者累积记分满24 分未满 36 分的，应当在道路交通安全法律、法规和相关知识考试合格后，按照《机动车驾驶证申领和使用规定》第四十四条的规定预约参加道路驾驶技能考试。考试不合格的，10 日后预约重新考试。

（4）机动车驾驶人在一个记分周期内 3 次以上累积记分满 12 分或者累积记分满 36 分的，应当在道路交通安全法律、法规和相关知识考试合格后，按照《机动车驾驶证申领和使用规定》第四十三条和第四十四条的规定预约参加场地驾驶技能和道路驾驶技能考试。考试不合格的，10 日后预约重新考试。

5）机动车驾驶人经满分学习、考试合格且罚款已缴纳的，记分予以清除，发还机动车驾驶证。机动车驾驶人同时被处以暂扣机动车驾驶证的，在暂扣期限届满后发还机动车驾驶证。

6）满分学习、考试内容应当按照机动车驾驶证载明的准驾车型确定。

特别提醒

（1）机动车驾驶人在一个记分周期内累积记分满 12 分，机动车驾驶证未被依法扣留或者收到满分教育通知书后 30 日内拒不参加公安机关交通管理部门通知的满分学习、考试的，由公安机关交通管理部门公告其机动车驾驶证停止使用。

（2）机动车驾驶人请他人代为接受交通违法行为处罚和记分并支付经济利益的，由公安机关交通管理部门处所支付经济利益3倍以下罚款，但最高不超过5万元；同时，依法对原交通违法行为作出处罚。

（3）代替实际机动车驾驶人接受交通违法行为处罚和记分牟取经济利益的，由公安机关交通管理部门处违法所得3倍以下罚款，但最高不超过5万元；同时，依法撤销原行政处罚决定。

（4）组织他人实施（2）（3）款行为之一牟取经济利益的，由公安机关交通管理部门处违法所得5倍以下罚款，但最高不超过10万元；有扰乱单位秩序等行为，构成违反治安管理行为的，依法予以治安管理处罚。

（5）机动车驾驶人参加满分教育时在签注学习记录、满分学习考试中弄虚作假的，相应学习记录、考试成绩无效，由公安机关交通管理部门处1000元以下罚款。

（6）机动车驾驶人在参加接受交通安全教育扣减交通违法行为记分中弄虚作假的，由公安机关交通管理部门撤销相应记分扣减记录，恢复相应记分，处1000元以下罚款。

（7）代替实际机动车驾驶人参加满分教育签注学习记录、满分学习考试或者接受交通安全教育扣减交通违法行为记分的，由公安机关交通管理部门处2000元以下罚款。

（8）组织他人实施（5）（6）（7）行为之一，有违法所得的，由公安机关交通管理部门处违法所得3倍以下罚款，但最高不超过2万元；没有违法所得的，由公安机关交通管理部门处2万元以下罚款。

七、 记分减免

机动车驾驶人处理完交通违法行为记录后累积记分未满12分，参加公安机关交通管理部门组织的交通安全教育并达到规定要求的，可以申请在机动车驾驶人现有累积记分分值中扣减记分。在一个记分周期内累计最高扣减6分。

（1）机动车驾驶人申请接受交通安全教育扣减交通违法行为记分的，公安机关交通管理部门应当受理。但有以下情形之一的，不予受理。

1）在本记分周期内或者上一个记分周期内，机动车驾驶人有两次以上参加满分教育记录的。

2）在最近3个记分周期内，机动车驾驶人因造成交通事故后逃逸，或者饮酒后驾驶机动车，或者使用伪造、变造的机动车号牌、行驶证、驾驶证、校车标牌，或者使用其他机动车号牌、行驶证，或者买分卖分受到过处罚的。

3）机动车驾驶证在实习期内，或者机动车驾驶证逾期未审验，或者机动车驾驶证被扣留、暂扣期间的。

4）机动车驾驶人名下有安全技术检验超过有效期或者未按规定办理注销登记的机动车的。

5）在最近 3 个记分周期内，机动车驾驶人参加接受交通安全教育扣减交通违法行为记分或者机动车驾驶人满分教育、审验教育时，有弄虚作假、冒名顶替记录的。

（2）参加公安机关交通管理部门组织的道路交通安全法律、法规和相关知识网上学习 3 日内累计满 30min 且考试合格的，一次扣减 1 分。

参加公安机关交通管理部门组织的道路交通安全法律、法规和相关知识现场学习满 1h 且考试合格的，1 次扣减 2 分。

参加公安机关交通管理部门组织的交通安全公益活动的，满 1h 为一次，一次扣减 1 分。

八、相关事项

1. 驾驶证有效期满的换证

机动车驾驶证有效期分为 6 年、10 年和长期。驾驶证上记载着驾驶证有效期的截止日期，只有在有效期内的驾驶证才是驾驶车辆的合法凭证。在驾驶证的有效期满之前，驾驶人就应该到车辆管理部门申请办理驾驶证的换证手续。

机动车驾驶人应当于机动车驾驶证有效期满前 90 日内，向机动车驾驶证核发地或者核发地以外的车辆管理所申请换证。申请时应当确认申请信息，并提交以下证明、凭证。

1）机动车驾驶人的身份证明。

2）医疗机构出具的有关身体条件的证明。

3）身体条件证明自出具之日起 6 月内有效。

公安机关交通管理部门应当会同卫生健康行政部门在办公场所和互联网公示辖区内可以出具有关身体条件证明的医疗机构名称、地址及联系方式。

特别提醒

（1）驾驶证有效期满的换证是有时间限制的。在驾驶证过期的 1 年之内应该完成换证，若是时间超过了 1 年但还在 3 年之内，则需要重新学习科目一然后才能更换驾照；若是时间超过了 3 年，驾照会被注销。

（2）C 级驾驶证审验注意事项。C 级驾驶证是大部分人使用的主流驾驶证，大多应用在私家车上。这类驾驶证在 6 年有效期内不用年审（1 个记分周期内扣满 12 分的除外）。6 年或 10 年有效期满换证，机动车驾驶人应当于机动车驾驶证有效期满前 90 日内，向机动车驾驶证核发地车辆管理所申请换证，需要进行审验。

2. 驾驶证审验

机动车驾驶证的有效期满之前要换证，换领驾驶证时，要对驾驶人的驾驶资格进行重新认定，认定合格，换发新的驾驶证，驾驶人才具有驾驶机动车的资格，以上过程称为驾驶证审验。

（1）持有大型客车、重型牵引挂车、城市公交车、中型客车、大型货车驾驶证的驾驶人，应当在每个记分周期结束后30日内到公安机关交通管理部门接受审验。但在一个记分周期内没有记分记录的，免予本记分周期审验。

（2）持有大型客车、重型牵引挂车、城市公交车、中型客车、大型货车驾驶证以外准驾车型驾驶证的驾驶人，发生交通事故造成人员死亡承担同等以上责任未被吊销机动车驾驶证的，应当在本记分周期结束后30日内到公安机关交通管理部门接受审验。审验时，应当申报身体条件证明。

（3）年龄在70周岁以上的机动车驾驶人发生责任交通事故造成人员重伤或者死亡的，应当在本记分周期结束后30日内到公安机关交通管理部门接受审验。

（4）校车驾驶人应当在每个记分周期结束后30日内到公安机关交通管理部门接受审验。审验时，应当提交医疗机构出具的有关身体条件的证明，参加不少于3h的道路交通安全法律法规、交通安全文明驾驶、应急处置等知识学习，并接受交通事故案例警示教育。

（5）机动车驾驶人可以在机动车驾驶证核发地或者核发地以外的地方参加审验、提交身体条件证明。

特别提醒

机动车驾驶证审验内容。

（1）道路交通安全违法行为、交通事故处理情况；身体条件情况；道路交通安全违法行为记分及记满12分后参加学习和考试情况。

（2）持有大型客车、重型牵引挂车、城市公交车、中型客车、大型货车驾驶证一个记分周期内有记分的，以及持有其他准驾车型驾驶证发生交通事故造成人员死亡承担同等以上责任未被吊销机动车驾驶证的驾驶人，审验时应当参加不少于3h的道路交通安全法律法规、交通安全文明驾驶、应急处置等知识学习，并接受交通事故案例警示教育。

（3）年龄在70周岁以上的机动车驾驶人审验时还应当按照规定进行记忆力、判断力、反应力等能力测试。

（4）对道路交通安全违法行为或者交通事故未处理完毕的、身体条件不符合驾驶许可条件的、未按照规定参加学习、教育和考试的，不予通过审验。

3. 提交驾驶人身体条件证明的规定

为了防止驾驶人因健康状况影响安全驾驶车辆，驾驶人应按期向车管所提交体检证明。驾驶人体检规定见表1-1。

表 1-1			驾驶人体检规定
年龄或准驾车型	间隔	期限	医疗机构
70 周岁以上	每年体检 1次	记分周期结束后 30 日内	县级、部队团级以上医疗机构，或者经地市级以上卫生健康行政部门认定的具有健康体检资质的二级以上医院、乡镇卫生院、社区卫生服务中心、健康体检中心等医疗机构出具
大型客车、牵引车、城市公交车、中型客车、大型货车、无轨电车、有轨电车	驾驶证审验时	记分周期结束后 30 日内	县级、部队团级以上医疗机构，或者经地市级以上卫生健康行政部门认定的具有健康体检资质的二级以上医院、乡镇卫生院、社区卫生服务中心、健康体检中心等医疗机构出具
残疾人专用小型自动挡载客汽车	每 3 年体检 1次	记分周期结束后 30 日内	由经省级卫生健康行政部门认定的专门医疗机构出具
其他准驾车型	审验换证时 (6 年、10 年)	驾驶证期满前 90 日内	县级、部队团级以上医疗机构，或者经地市级以上卫生健康行政部门认定的具有健康体检资质的二级以上医院、乡镇卫生院、社区卫生服务中心、健康体检中心等医疗机构出具

年龄在 70 周岁以上的机动车驾驶人，应当每年进行 1 次身体检查，在记分周期结束后 30 日内，提交县级、部队团级以上医疗机构，或者经地市级以上卫生健康行政部门认定的具有健康体检资质的二级以上医院、乡镇卫生院、社区卫生服务中心、健康体检中心等医疗机构出具的有关身体条件证明。

持有大型客车、牵引车、城市公交车、中型客车、大型货车、无轨电车、有轨电车驾驶人，应当在驾驶证审验时进行 1 次身体检查，在记分周期结束后 30 日内，提交县级、部队团级以上医疗机构，或者经地市级以上卫生健康行政部门认定的具有健康体检资质的二级以上医院、乡镇卫生院、社区卫生服务中心、健康体检中心等医疗机构出具的有关身体条件证明。

持有残疾人专用小型自动挡载客汽车驾驶证的机动车驾驶人，应当每 3 年进行 1 次身体检查，在记分周期结束后 30 日内，提交由经省级卫生健康行政部门认定的专门医疗机构出具的有关身体条件的证明。

持有其他主驾车型的机动车驾驶人，应当在驾驶证审验换证时，提交县级、部队团级以上医疗机构，或者经地市级以上卫生健康行政部门认定的具有健康体检资质的二级以上医院、乡镇卫生院、社区卫生服务中心、健康体检中心等医疗机构出具的有关身体条件的证明。

机动车驾驶人因服兵役、出国（境）等原因，无法在规定时间内办理驾驶证期满换证、审验、提交身体条件证明的，可以在驾驶证有效期内或者有效期届满一年内向机动车驾驶证核发地车辆管理所申请延期办理。申请时应当确认申请信息，并提交机动车驾驶人的身份证明。

延期期限最长不超过 3 年。延期期间机动车驾驶人不得驾驶机动车。

机动车驾驶人可以委托代理人代理换证、补证、提交身体条件证明、提交审验材料、延期办理和注销业务。代理人申请机动车驾驶证业务时，应当提交代理人的身份证明和机动车驾驶人的委托书。

机动车所有人可以委托代理人代理申请各项机动车登记和业务，但共同所有人变更、申请补领机动车登记证书、机动车灭失注销的除外。对机动车所有人因死亡、出境、重病、伤残或者不可抗力等原因不能到场的，可以凭相关证明委托代理人代理申请，或者由继承人申请。

代理人申请机动车登记和业务时，应当提交代理人的身份证明和机动车所有人的委托书。

4. 机动车驾驶证的注销与恢复

（1）机动车驾驶证的注销。机动车驾驶人有下列情形之一的，车辆管理所应当注销其机动车驾驶证。

1）死亡的。

2）提出注销申请的。

3）丧失民事行为能力，监护人提出注销申请的。

4）身体条件不适合驾驶机动车的。

5）有器质性心脏病、癫痫病、美尼尔氏症、眩晕症、癔病、震颤麻痹、精神病、痴呆以及影响肢体活动的神经系统疾病等妨碍安全驾驶疾病的。

6）被查获有吸食、注射毒品后驾驶机动车行为，依法被责令社区戒毒、社区康复或者决定强制隔离戒毒，或者长期服用依赖性精神药品成瘾尚未戒除的。

7）代替他人参加机动车驾驶人考试的。

8）超过机动车驾驶证有效期 1 年以上未换证的。

9）年龄在 70 周岁以上，在 1 个记分周期结束后 1 年内未提交身体条件证明的；或者持有残疾人专用小型自动挡载客汽车准驾车型，在 3 个记分周期结束后 1 年内未提交身体条件证明。

10）年龄在 60 周岁以上，所持机动车驾驶证只具有轮式专用机械车、无轨电车或者有轨电车准驾车型，或者年龄在 70 周岁以上，所持机动车驾驶证只具有低速载货汽车、三轮汽车准驾车型的。

11）机动车驾驶证依法被吊销或者驾驶许可依法被撤销的。

有 2）至 11）项情形之一，未收回机动车驾驶证的，应当公告机动车驾驶证作废。

（2）恢复驾驶资格。

1）有（1）中 8）项情形被注销机动车驾驶证未超过 2 年的，机动车驾驶人参加道路交通安全法律、法规和相关知识考试合格后，可以恢复驾驶资格。申请人可以向机动车驾驶证核发地或者核发地以外的车辆管理所申请。

2）有（1）中9）项情形被注销机动车驾驶证，机动车驾驶证在有效期内或者超过有效期不满1年的，机动车驾驶人提交身体条件证明后，可以恢复驾驶资格。申请人可以向机动车驾驶证核发地或者核发地以外的车辆管理所申请。

3）有（1）中2）～9）项情形之一，按照《机动车驾驶证申领和使用规定》第二十七条规定申请机动车驾驶证，有道路交通安全违法行为或者交通事故未处理记录的，应当将道路交通安全违法行为、交通事故处理完毕。

5. 直接申请相应准驾车型的机动车驾驶证考试

申请机动车驾驶证的人，符合《机动车驾驶证申领和使用规定》规定要求的驾驶许可条件，有下列情形之一的，可以按照《机动车驾驶证申领和使用规定》第十六条第一款和第二十三条的规定直接申请相应准驾车型的机动车驾驶证考试。

1）原机动车驾驶证因超过有效期未换证被注销的。

2）原机动车驾驶证因未提交身体条件证明被注销的。

3）原机动车驾驶证由本人申请注销的。

4）原机动车驾驶证因身体条件暂时不符合规定被注销的。

5）原机动车驾驶证或者准驾车型资格因其他原因被注销的，但机动车驾驶证被吊销或者被撤销的除外。

6）持有的军队、武装警察部队机动车驾驶证超过有效期的。

7）持有境外机动车驾驶证或者境外机动车驾驶证超过有效期的。

有6）、7）项规定情形之一的，还应当提交超过有效期的机动车驾驶证。

特别提醒

（1）机动车驾驶人在一个记分周期内累积记分满12分，机动车驾驶证未被依法扣留或者收到满分教育通知书后30日内拒不参加公安机关交通管理部门通知的满分学习、考试的，由公安机关交通管理部门公告其机动车驾驶证停止使用。

（2）机动车驾驶人有下列行为之一的，由公安机关交通管理部门处20元以上200元以下罚款。

1）机动车驾驶人补换领机动车驾驶证后，继续使用原机动车驾驶证的（同时由公安机关交通管理部门处200元以上500元以下罚款）。

2）在实习期内驾驶机动车不符合《机动车驾驶证申领和使用规定》第七十七条规定的。

3）持有大型客车、重型牵引挂车、城市公交车、中型客车、大型货车驾驶证的驾驶人，未按照《机动车驾驶证申领和使用规定》第八十一条规定申报变更信息的。

有1）规定情形的，由公安机关交通管理部门收回原机动车驾驶证。

（3）机动车驾驶人有下列行为之一的，由公安机关交通管理部门处200元以上500元以下罚款。

1）逾期不参加审验仍驾驶机动车的。

2）机动车驾驶证被依法扣押、扣留或者暂扣期间，采用隐瞒、欺骗手段补领机动车驾驶证的。

（4）机动车驾驶人有下列行为之一的，由公安机关交通管理部门处1000元以下罚款。

1）机动车驾驶人参加审验教育时在签注学习记录、学习过程中弄虚作假的（同时相应学习记录无效，需重新参加审验学习）。

2）机动车驾驶人参加满分教育时在签注学习记录、满分学习考试中弄虚作假的（同时相应学习记录、考试成绩均无效）。

3）机动车驾驶人在参加接受交通安全教育扣减交通违法行为记分中弄虚作假的，由公安机关交通管理部门撤销相应记分扣减记录，恢复相应记分，并处1000元以下罚款。

（5）机动车驾驶人有下列行为之一的，由公安机关交通管理部门处2000元以下罚款。

1）代替实际机动车驾驶人参加审验教育的。

2）代替实际机动车驾驶人参加满分教育签注学习记录、满分学习考试或者接受交通安全教育扣减交通违法行为记分的。

组织他人实施上述行为有违法所得的，由公安机关交通管理部门处违法所得3倍以下罚款，但最高不超过2万元；没有违法所得的，由公安机关交通管理部门处2万元以下罚款。

（6）代为接受交通违法行为处罚和记分并支付经济利益的处罚。

1）机动车驾驶人请他人代为接受交通违法行为处罚和记分并支付经济利益的，由公安机关交通管理部门处所支付经济利益3倍以下罚款，但最高不超过5万元；同时，依法对原交通违法行为作出处罚。

2）代替实际机动车驾驶人接受交通违法行为处罚和记分牟取经济利益的，由公安机关交通管理部门处违法所得3倍以下罚款，但最高不超过5万元；同时，依法撤销原行政处罚决定。

3）组织他人实施上述行为牟取经济利益的，由公安机关交通管理部门处违法所得5倍以下罚款，但最高不超过10万元；有扰乱单位秩序等行为，构成违反治安管理行为的，依法予以治安管理处罚。

第二章

预防违法行为， 一次守住 12 分

一、不饮酒后驾驶机动车， 守住 12 分

违法行为认定

酒驾就是驾驶人饮酒后驾驶机动车的行为，如图 2 - 1 所示。醉驾分饮酒后驾驶
和醉酒驾驶。

图 2 - 1 禁止酒后驾车

饮酒后驾驶机动车的，一次记 12 分。

饮酒后驾驶机动车的违法行为有：①机动车驾驶人在饮用含酒精的饮料后，血
液中的酒精含量已经达到醉酒状态，在醉酒状态下驾驶机动车；②驾驶人饮用含酒
精的饮料后，在酒精作用期间（此时并未进入醉酒状态）驾驶机动车两种情形。

饮酒驾车，是指车辆驾驶人员血液中的酒精含量大于或者等于 20mg/100mL，
小于 80mg/100mL 的驾驶行为。醉酒驾车是指车辆驾驶人员血液中的酒精含量大于
或者等于 80mg/100mL 的驾驶行为。

然而有的情况下，即使没开车也会构成酒驾行为。

（1）酒后车上休息。由于炎炎夏日，酷热难耐，开着车内空调，没有将车辆熄火。

（2）酒后挪车。酒后挪车也属违法，如图2-2所示。

图2-2 禁止酒后挪车

要点提示

（1）八种从重处罚情形。

1）造成交通事故且负事故全部或者主要责任，或者造成交通事故后逃逸，尚未构成其他犯罪的。

2）血液酒精含量达到200mg/100mL以上的。

3）在高速公路、城市快速路上驾驶的。

4）驾驶载有乘客的营运机动车的。

5）有严重超员、超载或者超速驾驶，无驾驶资格驾驶机动车，使用伪造或者变造的机动车牌证等严重违反道路交通安全法的行为的。

6）逃避公安机关依法检查，或者拒绝、阻碍公安机关依法检查尚未构成其他犯罪的。

7）曾因酒后驾驶机动车受过行政处罚或者刑事追究的。

8）其他可以从重处罚的情形。

特别提醒

机动车驾驶人有下列行为之一，又无其他机动车驾驶人即时替代驾驶的，公安机关交通管理部门除依法给予处罚外，可以将其驾驶的机动车移至不妨碍交通的地点或者有关部门指定的地点停放。

（1）不能出示本人有效驾驶证的。

（2）驾驶的机动车与驾驶证载明的准驾车型不符的。

（3）饮酒、服用国家管制的精神药品或者麻醉药品、患有妨碍安全驾驶的疾病，或者过度疲劳仍继续驾驶的。

（4）学习驾驶人员没有教练人员随车指导单独驾驶的。

（2）目前，饮酒驾驶属于违法行为，醉酒驾驶属于犯罪行为，如图2-3所示。

饮酒后驾驶机动车的，处暂扣6个月机动车驾驶证，并处1000元以上2000元以下罚款。因饮酒后驾驶机动车被处罚，再次饮酒后驾驶机动车的，处10日以下扣留，并处1000元以上2000元以下罚款，吊销机动车驾驶证。

对酒驾处罚的累加，具体体现在对因

图2-3 醉酒驾驶属于犯罪行为

饮酒后驾驶机动车被处罚，再次饮酒后驾驶机动车的处罚比酒驾更加严厉。所以，每个驾驶人应该做到饮酒不驾车，驾车不饮酒。

（3）饮酒后驾驶营运机动车的，处15日拘留，并处5000元罚款，吊销机动车驾驶证，5年内不得重新取得机动车驾驶证。

（4）饮酒后驾驶机动车的，依法扣留机动车驾驶证。

（5）醉酒驾驶机动车的，由公安机关交通管理部门约束至酒醒，吊销机动车驾驶证，依法追究刑事责任；5年内不得重新取得机动车驾驶证。

（6）醉酒驾驶营运机动车的，由公安机关交通管理部门约束至酒醒，吊销机动车驾驶证，依法追究刑事责任；10年内不得重新取得机动车驾驶证，重新取得机动车驾驶证后，不得驾驶营运机动车。

（7）饮酒后或者醉酒驾驶机动车发生重大交通事故，构成犯罪的，依法追究刑事责任，并由公安机关交通管理部门吊销机动车驾驶证，终生不得重新取得机动车驾驶证。

特别提醒

（1）在哪些情况下，会成为危险驾驶罪的共犯？

1）在饮酒过程中，行为人明知驾驶人必须驾车出行，仍极力劝酒或胁迫、刺激其饮酒，且饮酒后不给其找代驾的行为。

2）行为人明知驾驶人饮酒，仍教唆、胁迫或命令驾驶人驾驶机动车的行为。

3）车辆所有人明知借车人已经醉酒且要求驾驶机动车时，仍将车辆出借给借用人的行为。

4）在自己远离"酒驾"的同时，不仅要对饮酒后驾车的同伴及时劝阻，更不能为图方便、顾面子搭乘"酒驾"车辆，否则，自己也要承担相应责任。

此外，危险驾驶罪还有多种情形，比如追逐竞驶等，均有可能存在共同犯罪。

（2）喝酒后多长时间可以开车。酒精一般在人体中代谢的时间为10~20h，如果饮酒量较多的话，建议第二天最好别开车，至少得过24h后，体内的酒精方能完全地散发出去，如图2-4所示。

图2-4　酒后第二天最好别开车

（3）什么是"被酒驾"。驾驶人在有些情况下，明明没有喝酒，但是对着酒精检测仪吹气的结果却显示喝了酒，这种情况称为"被酒驾"。

1）可能造成"被酒驾"的成因。

• 藿香正气水。因藿香正气水的成分中含有酒精，因此，在服用藿香正气水之后进行酒精测试，会出现酒精含量数值。

- 口气清新剂。有些口气清新剂含有酒精，因此提醒各位驾驶人一定要挑选不含酒精的产品使用。
- 漱口水。市场上销售的某些品牌漱口水，被查出使用后口腔内会含有酒精成分。
- 豆腐乳。曾有驾驶人做过试验，吃下一块豆腐乳，在1min后使用酒精检测仪竟检测出了酒精含量。
- 加酒精的菜肴。佛跳墙、醉虾、啤酒鸭等在制作过程中加入酒精的菜肴，大量吃了后也会使检测仪显示为酒驾。
- 吃大蒜或吸烟。吃完大蒜或吸烟时进行测试，酒精检测仪也会有反应。但这些反应都只是暂时性的，只要被测者用水漱口，就会恢复正常；而吸烟，只要不是将烟雾直接喷向检测仪，一般也不会有超标数值出现。

2) 避免"被酒驾"的措施。为避免误查，交警会对酒精测试超标的驾驶人，让其休息一会儿再进行测试。以上这些引起"被酒驾"的物质一般挥发较快，只要再次测试，数值就会明显下降或恢复正常，交警就不会进行处罚。

此外，如果驾驶人对交警的判罚确实存在异议，可以通过到医院抽血进行血液测试，以便做出更精确的判断。

二、造成致人轻伤以上或者死亡的交通事故后不逃逸，尚不构成犯罪，守住12分

违法行为认定

造成致人轻伤以上或者死亡的交通事故后逃逸，尚不构成犯罪的，一次记12分。

特别提醒

（1）轻伤鉴定标准。轻微伤、轻伤、重伤，是判断行为人应当承担何种法律责任的主要依据。根据法律规定，轻伤是指有或无器官功能障碍的轻伤。在受伤时或治疗过程中对生命没有危险，治疗后劳动能力下降不超过1/3，则视为轻伤。凡是只引起机体暂时的轻微反应，基本不影响器官功能的，能自行修复的损伤，则属于轻微伤。一般由公安机关、人民法院依法派定的法医担任鉴定人进行鉴定。

（2）对"交通肇事后逃逸"的认定。首先，交通肇事逃逸的前提条件是"为逃避法律追究"；其次，交通肇事逃逸并没有时间和场所的限定，不应仅理解为"逃离事故现场"，对于肇事后未逃离（或未能逃离）事故现场，而是在将伤者送至医院后或者等待交通管理部门处理的时候逃跑的，也应视为"交通肇事后逃逸"。

交通肇事逃逸是指车辆驾驶人因违反道路交通安全法律法规的规定，在交通事

故发生后，当事人明知自己发生了交通事故，为逃避事故责任或法律追究，不向公安机关报案，逃离交通事故现场的一种违法行为，如图 2-5 所示。肇事逃逸有两种情况：①驾驶车辆在事故发生后逃离事故现场；②弃车逃逸，即当事人将车留在现场，人逃离事故现场。

　　认定为交通肇事逃逸的 8 种情况如下：

　　（1）明知发生交通事故，交通事故当事人驾车或弃车逃离事故现场的。

　　（2）交通事故当事人认为自己对事故没有责任，驾车驶离事故现场的。

　　（3）交通事故当事人有酒后和无证驾车等嫌疑，报案后不履行现场听候处理义务，弃车离开事故现场后又返回的。

　　（4）交通事故当事人虽将伤者送到医院，但未报案且无故离开医院的。

图 2-5　肇事逃逸

　　（5）交通事故当事人虽将伤者送到医院，但给伤者或家属留下假姓名、假地址、假联系方式后离开医院的。

　　（6）交通事故当事人接受调查期间逃匿的。

　　（7）交通事故当事人离开现场且不承认曾发生交通事故，但有证据证明其应知道发生交通事故的。

　　（8）经协商未能达成一致或未经协商给付赔偿费用明显不足，交通事故当事人未留下本人真实信息，有证据证明其是强行离开现场的。

要点提示

　　（1）造成交通事故后逃逸，尚不构成犯罪的，由公安机关交通管理部门处 200 元以上 2000 元以下罚款，可以并处 15 日以下拘留。

　　（2）违反道路交通安全法律、法规的规定，造成交通事故后逃逸，构成犯罪的，依法追究刑事责任，并由公安机关交通管理部门吊销机动车驾驶证，且终生不得重新取得机动车驾驶证。

　　（3）交通肇事逃逸后尚不构成犯罪的认定。逃逸后尚不构成犯罪是指交通事故未达到以下情形。

　　1）死亡 1 人或者重伤 3 人以上，负事故全部或者主要责任的。

　　2）死亡 3 人以上负事故同等责任的。

　　3）造成公共财产或者他人财产直接损失负事故全部或者主要责任，无能力赔偿数额在 30 万元以上的。

　　4）酒后、吸食毒品后驾驶机动车辆致 1 人以上重伤负事故全部或者主要责任的。

　　5）无驾驶资格驾驶机动车辆致 1 人以上重伤，负事故全部或者主要责任的。

　　6）明知是安全装置不全或者安全机件失灵的机动车辆而驾驶致 1 人以上重伤，

负事故全部或者主要责任的。

7) 明知是无牌证或者已报废的机动车辆而驾驶致 1 人以上重伤，负事故全部或者主要责任的。

8) 严重超载驾驶致 1 人以上重伤，负事故全部或者主要责任的。

（4）交通肇事后逃逸或者有其他特别恶劣情节的，处 3 年以上 7 年以下有期徒刑；因逃逸致人死亡的，处 7 年以上有期徒刑。

行为人在交通肇事后为逃避法律追究，将被害人带离事故现场或者遗弃，以故意杀人罪或者故意伤害罪定罪处罚。

（5）交通肇事后，单位主管人员、机动车辆所有人、机动车辆承包人或者乘车人指使肇事人逃逸，致使被害人因得不到救助而死亡的，以交通肇事罪的共犯论处。

（6）发生交通事故后当事人逃逸的，逃逸的当事人承担全部责任。但是，有证据证明对方当事人也有过错的，可以减轻责任。当事人故意破坏、伪造现场、毁灭证据的，承担全部责任。

🚗 **特别提醒**

（1）在道路上发生交通事故，未造成人身伤亡，当事人对事实及成因无争议的，可以即行撤离现场，恢复交通，自行协商处理损害赔偿事宜；不即行撤离现场的，应当迅速报告执勤交通警察或者公安机关交通管理部门。

在道路上发生交通事故，仅造成轻微财产损失，并且基本事实清楚的，当事人应当先撤离现场再进行协商处理。

（2）在道路上发生交通事故，车辆驾驶人应当立即停车，保护现场；造成人身伤亡的，车辆驾驶人应当立即抢救受伤人员，并迅速报告执勤的交通警察或者公安机关交通管理部门。因抢救受伤人员变动现场的，应当标明位置。乘车人、过往车辆驾驶人、过往行人应当予以协助。

（3）逃逸是否构成犯罪的确定。在现实交通事故中，肇事逃逸行为往往导致被害人无法得到及时救助，现场损失扩大。也由于责任人的逃逸，造成受害人的损失无法得到赔偿，往往使受害人的生活陷入困境而加重了受害人的痛苦，不利于社会的和谐稳定。

对于逃逸是否构成犯罪，要依所造成的损失程度而定。若逃逸后未造成人员重伤，也未造成 30 万元以上财产损失，就不构成犯罪。若交通肇事逃逸后，造成一人以上重伤或造成的财产损失达到 30 万以上，那么就构成了犯罪。

若造成交通事故后逃逸并构成犯罪，将被终身禁驾。

因此，行为人只有在违反交通运输管理法规以致发生了致人重伤、死亡或者使公私财产遭受重大损失的交通事故时，其行为才构成犯罪。如果行为人并没有违反交通运输管理法规或者有违规行为但没有造成以上严重后果的，即使肇事者有事后逃逸行为，肇事行为亦不构成犯罪。

（4）应当承担相应的民事责任。行为人对受害人造成的伤害，无论是否构成了犯罪承担刑事责任，都应当承担相应的民事责任。受害人遭受人身损害，因就医治疗支出的各项费用以及因误工减少的收入，包括医疗费、误工费、护理费、交通费、住宿费、住院伙食补助费、必要的营养费，赔偿义务人应当予以赔偿。受害人因伤致残的，其因增加生活上需要所支出的必要费用以及因丧失劳动能力导致的收入损失，包括残疾赔偿金、残疾辅助器具费、被扶养人生活费，以及因康复护理、继续治疗实际发生的必要的康复费、护理费、后续治疗费，赔偿义务人也应当予以赔偿。

受害人死亡的，赔偿义务人除应当根据抢救治疗情况赔偿上述的相关费用外，还应当赔偿丧葬费、被抚养人生活费、死亡补偿费以及受害人亲属办理丧葬事宜支出的交通费、住宿费和误工损失等其他合理费用。

新交规加大了对交通肇事逃逸的处罚力度，就是提醒广大驾驶人在发生交通事故后，要立即停车、抢救伤员、保护现场并立即报警，千万不要选择逃避！

三、不使用伪造、变造的机动车号牌、行驶证、驾驶证、校车标牌或者使用其他机动车号牌、行驶证，守住 12 分

违法行为认定

使用伪造、变造的机动车号牌、行驶证、驾驶证、校车标牌或者使用其他机动车号牌、行驶证的，一次记 12 分。

（1）伪造，是指自行制作机动车号牌、行驶证和驾驶证的行为，或者自行购买由非法标牌厂家制作的机动车号牌和行驶证的行为。伪造机动车号牌和行驶证主要有两种情形：①伪造民用机动车号牌和行驶证；②伪造军车、武警车号牌和行驶证。有下列情形之一的，应当认定为使用伪造机动车牌证：

1）非法制作的虚假机动车牌证。

2）通过非法手段从有机动车牌证制作、生产资质的单位取得的机动车牌证。

3）以欺骗、贿赂等不正当手段从车管所取得的机动车牌证。

（2）变造，是指冒领、涂改机动车号牌和行驶证的行为。冒领，是指冒用其他单位、个人的有关凭证、证明申领机动车号牌和行驶证的行为。涂改，是指对已申领的机动车号牌和行驶证进行篡改的行为。有下列情形之一的，应当认定为变造机动车牌证：

1）在机动车号牌上粘贴数字贴、符号贴或者使用胶粘、涂抹、拼接等方式改变号牌原有汉字、数字、字母的。

2）更换行驶证、驾驶证上机动车或者驾驶人照片的。

3）涂改行驶证、驾驶证以及临时行驶车号牌记载的信息的，如图 2-6 所示。

（3）使用其他机动车牌证，是指使用其他机动车依法取得的有效牌证。

图 2-6　私改车牌

执法中查处的机动车号牌不属于该车的，应当区别机动车号牌的真伪，属于使用虚假号牌的，认定为使用伪造机动车号牌违法行为；属于使用其他机动车合法取得的号牌的，认定为使用其他机动车号牌违法行为。

使用其他车辆的号牌及行驶证，通常有挪用、套牌两种情形，主要目的是躲避公安机关对车辆交通安全违法行为的监督，逃避车辆保险及其他费用，将交通安全违法行为处罚转嫁给其他车辆。

• 挪用，是指将本单位或者个人、其他单位或者个人的机动车号牌、行驶证用于本车的行为。挪用是在不增加号牌及行驶证数量的情况下，将原有的车辆号牌及行驶证用到其他车辆。

• 套牌，是指通过伪造、变造的方法挪用其他车辆的号牌。套牌是在增加号牌及行驶证数量的情况下，将原有的车辆号牌及行驶证用到其他车辆。

🏎 要点提示

（1）伪造、变造或者使用伪造、变造的机动车登记证书、号牌、行驶证、驾驶证的，由公安机关交通管理部门予以收缴，扣留该机动车，处 15 日以下拘留，并处 2000 元以上 5000 元以下罚款；构成犯罪的，依法追究刑事责任。

（2）伪造、变造或者使用伪造、变造的检验合格标志、保险标志的，由公安机关交通管理部门予以收缴，扣留该机动车，处 10 日以下拘留，并处 1000 元以上 3000 元以下罚款；构成犯罪的，依法追究刑事责任。

（3）使用其他车辆的机动车登记证书、号牌、行驶证、检验合格标志、保险标志的，由公安机关交通管理部门予以收缴，扣留该机动车，处 2000 元以上 5000 元以下罚款。

（4）有伪造、变造或者使用伪造、变造的机动车登记证书、号牌、行驶证、检验合格标志、保险标志、驾驶证或者使用其他车辆的机动车登记证书、号牌、行驶证、检验合格标志、保险标志嫌疑的，依法扣留车辆。

🚗 特别提醒

（1）什么车辆容易涉牌涉证违法？目前，涉牌涉证违法车辆主要有以下五类。

1）盗抢、走私或者报废车辆。这些车辆为达到上路目的，多使用假牌、假证或套用其他车辆牌证。

2）新车、过户转籍车辆。新车上牌前，过户转籍车辆更换牌照期间，其临时号牌超期使用，形成机动车无牌上路行驶。一些车辆在取得牌照后，仍使用过期临时号牌，有一些则用假临时号牌，意图蒙混过关。

3）遮挡、污损和变造号牌车辆。这些车辆为躲避电子警察处罚，一般在夜晚城市道路无警时段出现。尤其是夜班出租车，使用名片、光盘等物品遮盖号牌。高速公路上遮牌和变造号牌的频率也很高，驾驶人主要为超速方便。

4）套用他人牌照车辆。套牌车中有同车型套挂，也有恶意使用他人车辆号牌的现象。在营运车辆中，民警查获同车型套牌较多，套牌出租车和货运车就属此类。

5）不安装号牌车辆。一些车辆本已取得牌照，为违法方便使用"翻牌器"或可拆卸牌照架，经常不悬挂号牌，或是只挂前车牌，都属于不按规定安装号牌的行为。

（2）什么是涉证车？涉证车，就是在行驶证、驾驶证以及检验合格标志上动手脚，违反交通法规的车辆。涉牌涉证的交通违法行为主要有以下几种。

1）伪造、变造机动车号牌、行驶证、驾驶证的。

2）使用伪造、变造机动车号牌、行驶证、驾驶证或者使用其他机动车号牌、行驶证的。

3）上道路行驶的机动车未悬挂机动车号牌的，或者故意遮挡、污损、不按规定安装机动车号牌的。

4）上道路行驶的机动车未按规定定期进行安全技术检验的。

5）上道路行驶的机动车未放置检验合格标志、保险标志，未随车携带机动车驾驶证、行驶证的。

6）未取得机动车驾驶证、机动车驾驶证被吊销或者被暂扣期间驾驶机动车的。

（3）以欺骗、贿赂等不正当手段取得机动车登记的，由公安机关交通管理部门收缴机动车登记证书、号牌、行驶证，撤销机动车登记；申请人在三年内不得申请机动车登记。对涉嫌走私、盗抢的机动车，移交有关部门处理。

（4）收缴、扣留机动车号牌只能由交警部门实施，主要适用于：伪造、变造或者使用伪造、变造的机动车号牌，以及使用其他车辆的机动车号牌；驾驶非法拼装的机动车、已达到报废标准的机动车上路行驶等。其他部门由于执法的需要，可依照有关法律、法规扣留机动车，但不得单独收缴、扣留机动车号牌。

四、不驾驶校车、公路客运汽车、旅游客运汽车载人超过核定人数20%以上，或驾驶其他载客汽车载人超过核定人数100%以上，守住12分

违法行为认定

驾驶校车、公路客运汽车、旅游客运汽车载人超过核定人数20%以上，或驾驶其他载客汽车载人超过核定人数100%以上，一次记12分。

机动车载人不得超过核定的人数。核定的人数，是指车辆管理机关根据车辆使用性质、载质量、座位数、允许站立面积及正式批准的技术文件核定的乘坐人数。

18、19、20……人齐啦！

核载8人

图2-7 严禁超载

乘坐人数分为驾驶室乘坐人数和车厢乘坐人数。

公路营运车辆超员，是指公路客运车辆载客超过核定人员的行为，包括一般超载和严重超载。公路客运车辆载客超过额定人员的为一般超载；超过额定人员20%的，为严重超载，如图2-7所示。

🚗 要点提示

如果五座私家车里有5名大人，有1人抱着一个孩子或婴儿，算超员。

私家车的载人数是以车辆行驶证上标明的核载人数为准的。交通法规中关于"超员"的规定中，并未对乘车人员的身高、体重、年龄等做出规定，只是规定了数量。因此，一辆核载5人的汽车，多出来一个儿童，即使是父母怀中的婴儿，也属于超员。

大巴车属营运车辆，营运车辆确实有规定可以额外搭载一定比例的孩子，不算入超员范围。但是，私家车没有大人和小孩之分，均算入核载人数。

（1）公路载客汽车不得超过核定的载客人数，但按照规定免票的儿童除外，在载客人数已满的情况上，按照规定免票的儿童不得超过核定载客人数的10%。

（2）公路客运车辆载客超过额定乘员的，处200元以上500元以下罚款；超过额定乘员20%或者违反规定载货的，处500元以上2000元以下罚款。

有前述行为的，由公安机关交通管理部门扣留机动车至违法状态消除。运输单位的车辆有前述情形，经处罚不改的，对直接负责的主管人员处2000元以上5000元以下罚款。

（3）驾驶人应当将超载的乘车人转运，将超载的货物卸载，费用由超载机动车的驾驶人或者所有人承担。

🚘 特别提醒

客运机动车不得违反规定载货。载客汽车除车身外部的行李架和内置的行李舱外，不得载货。客运机动车是专门用于载运乘客及其随身行李的交通工具。客运机动车从车辆设计到使用性能都是专门为乘客服务的，因此，为了保证乘客的乘车安全及良好的乘车环境，客运机动车不能用来装载除随身行李以外的其他货物。

五、 不驾驶校车、 中型以上载客载货汽车、 危险物品运输车辆在高速公路、 城市快速路上行驶超过规定时速 20% 以上， 或者驾驶其他机动车在高速公路、 城市快速路上行驶超过规定时速 50% 以上， 守住 12 分

违法行为认定

驾驶校车、中型以上载客载货汽车、危险物品运输车辆在高速公路、城市快速路上行驶超过规定时速 20% 以上，或者驾驶其他机动车在高速公路、城市快速路上行驶超过规定时速 50% 以上，一次记 12 分。

超速行驶，是指驾驶人驾驶机动车超过道路交通安全管理法律、法规规定的行驶速度以及道路交通标志、标线限定的行驶速度的行为，如图 2-8 所示。

图 2-8　不得超速行驶

使用道路交通标志、标线限制行驶速度的方法有两种：①在设有限制速度标志与解除限制速度标志之间的路段上，机动车行驶速度不准超过限制速度标志上所示数值；②在需要限制车辆最高行驶速度的车道起点和其他适当位置，设置最高速度限制标志。

限速标志标明的最高时速，是指由各级公安机关交通管理部门或者交通行政主管部门规定在高速公路、公路及城市道路右侧设置的限速标志牌规定的最高时速，如图 2-9 所示。

图 2-9　限速标志和解除限速标志

在道路设有限制速度标志与解除限制速度标志之间的路段上，机动车行驶速度超过限制速度标志上所示数值的为超速行驶。在设有最高速度限制标志的路段，超过限制规定速度行驶的为超速行驶。

要点提示

（1）法律上对机动车行驶速度的限制。机动车上道路行驶，不得超过限速标志标明的最高时速。在没有限速标志的路段，应当保持安全距离。夜间行驶或者在容易发生危险的路段行驶，以及遇有沙尘、冰雹、雨、雪、雾、结冰等气象条件时，应当降低行驶速度。

（2）最高行驶速度限制。机动车在道路上行驶不得超过限速标志、标线标明的速度。在没有限速标志、标线的道路上，机动车不得超过下列最高行驶速度。

1）没有道路中心线的道路，城市道路为 30km/h，公路为 40km/h。

2）同方向只有一条机动车道的道路，城市道路为 50km/h，公路为 70km/h。

（3）特殊条件下的最高行驶速度限定。机动车行驶中遇有下列情形之一的，最高行驶速度不得超过 30km/h，其中拖拉机、电瓶车、轮式专用机械车不得超过 15km/h：

1）进出非机动车道，通过铁路道口、急弯路、窄路、窄桥时。

2）掉头、转弯、下陡坡时。

3）遇雾、雨、雪、沙尘、冰雹，能见度在 50m 以内时。

4）在冰雪、泥泞的道路上行驶时。

5）牵引发生故障的机动车时。

（4）高速公路上的速度限制。高速公路上的速度限制分为最高车速限制、最低车速限制和低能见度气象条件下最高车速限制。

1）高速公路应当标明车道的行驶速度，如图 2-10 所示。最高车速不得超过 120km/h，最低车速不得低于 60km/h。在高速公路上行驶的小型载客汽车最高车速不得超过 120km/h，其他机动车不得超过 100km/h，摩托车不得超过 80km/h。同方向有 2 条车道的，左侧车道的最低车速为 100km/h。同方向有 3 条以上车道的，最左侧车道的最低车速为 110km/h，中间车道的最低车速为 90km/h。道路限速标志标明的车速与上述车道行驶的规定不一致的，按照道路限速标志标明的车速行驶。

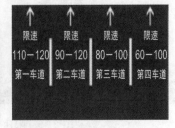

图 2-10　高速公路应当标明车道的行驶速度

2）机动车在高速公路上行驶，遇有雾、雨、雪、沙尘、冰雹等低能见度气象条件时，应当遵守下列规定：

* 能见度小于 200m 时，开启雾灯、近光灯、示廓灯和前后位灯，车速不得超过 60km/h，与同车道前车保持 100m 以上的距离。

* 能见度小于 100m 时，开启雾灯、近光灯、示廓灯、前后位灯和危险报警闪光灯，车速不得超过 40km/h，与同车道前车保持 50m 以上的距离。

* 能见度小于 50m 时，开启雾灯、近光灯、示廓灯、前后位灯和危险报警闪光灯，车速不得超过 20km/h，并从最近的出口尽快驶离高速公路。

（5）机动车行驶超过规定时速 50% 的，将会被处 200 元以上 2000 元以下罚款。

特别提醒

（1）严重超速行驶的危害性。驾驶车辆行驶超过规定时速 20% 以上，甚至超过规定时速的 50% 以上，属于严重的超速行驶，车辆驾驶人一次将要被记满 12 分。不仅要处以罚款，还要进学习班进行交通安全法的学习教育，参加考试，考试合格之后才能重新获得驾驶机动车的资格。如果是驾驶中型以上载客载货汽车、校车、危险物品运输车辆的，不仅要对驾驶人处以高额的罚款，还会降低驾驶资格，甚至吊销驾驶证。因此，驾驶车辆一定要合理控制车速，为了预防交通事故的发生，一定要避免超速行驶的交通安全违法行为。

（2）特种车辆的行驶速度规定。

1）警车、消防车、救护车、工程救险车执行紧急任务时，可以使用警报器、标志灯具；在确保安全的前提下，不受行驶路线、行驶方向、行驶速度和信号灯的限制，其他车辆和行人应当让行。警车、消防车、救护车、工程救险车非执行紧急任务时，不得使用警报器、标志灯具，不享有前款规定的道路优先通行权。

2）警车、消防车、救护车、工程救险车非执行紧急任务时超过道路上行驶速度限制行驶的，属于超速行驶。在执行紧急任务时，在没有确保安全的前提下超过行驶速度限制行驶的，属于特种车违法。

（3）危险驾驶罪。依据我国刑法规定，如果在公路以超过规定时速 50% 的速度驾驶机动车追逐，就会构成危险驾驶罪（见图 2-11），可以追究刑事责任。

《中华人民共和国刑法》第一百三十三条"交通肇事罪；危险驾驶罪"违反交通运输管理法规，因而发生重大事故，致人重伤、死亡或者使公私财产遭受重大损失的，处三年以下有

图 2-11 危险驾驶罪

期徒刑或者拘役；交通运输肇事后逃逸或者有其他特别恶劣情节的，处三年以上七年以下有期徒刑；因逃逸致人死亡的，处七年以上有期徒刑。

第一百三十三条之一 在道路上驾驶机动车，有下列情形之一的，处拘役，并处罚金：

1) 追逐竞驶，情节恶劣的；

2) 醉酒驾驶机动车的；

3) 从事校车业务或者旅客运输，严重超过额定乘员载客，或者严重超过规定时速行驶的；

4) 违反危险化学品安全管理规定运输危险化学品，危及公共安全的。

机动车所有人、管理人对前款第三项、第四项行为负有直接责任的，依照前款的规定处罚。

有前两款行为，同时构成其他犯罪的，依照处罚较重的规定定罪处罚。

六、 不驾驶机动车在高速公路、 城市快速路上倒车、 逆行、 穿越中央分隔带掉头， 守住 12 分

违法行为认定

驾驶机动车在高速公路、城市快速路上倒车、逆行、穿越中央分隔带掉头的，一次记12分。

(1) 机动车驾驶人驾驶机动车在高速公路、城市快速路上倒车。

(2) 机动车驾驶人驾驶机动车在高速公路、城市快速路上逆向行驶，如图2-12所示。

(3) 机动车驾驶人驾驶机动车在高速公路、城市快速路上穿越中央分隔带掉头。

图 2-12 驾驶机动车在高速公路上逆行

🚗 要点提示

机动车在高速公路、城市快速路上行驶，不得倒车、逆行或者穿越中央分隔带掉头。如错过高速路出口可按图2-13所示处理。

图2-13 错过高速路出口的处理方法

特别提醒

车辆逆行，是高速路上最易引发交通事故的违法行为之一。这主要源于高速公路单向流动的快速性，所给予驾驶人反应的时间极为短暂，往往一发现紧接着事故就发生了。而且，一般驾驶人根本不会去预防车辆逆行等情况，因此，一旦出现，极有可能引发事故。

七、不代替实际机动车驾驶人接受交通违法行为处罚和记分牟取经济利益，守住12分

违法行为认定 🚘

代替实际机动车驾驶人接受交通违法行为处罚和记分牟取经济利益（见图2-14），一次记12分。

违反交通法的行为应该谁造成谁承，谁违法处罚谁，替人销分是不允许的，属于违法行为。不论是亲戚、朋友、同事，任何一种关系都不允许代销分。

图2-14 代替实际机动车驾驶人接受交通违法行为处罚和记分

29

🚗 要 点 提 示

警方不仅打击卖分者，对买分者也从严处理。对主动寻求他人替代自己处理、买分达12分以上的，一律治安拘留；对买分未达12分的，视情节轻重及具体情况，做出处罚决定。

(1) 对于买分人。机动车驾驶人请他人代为接受交通违法行为处罚和记分并支付经济利益的，由公安机关交通管理部门处所支付经济利益3倍以下罚款，但最高不超过5万元；同时，依法对原交通违法行为作出处罚。驾驶证将会被扣留6个月，并处以1000~2000元人民币的罚款；再犯者将、组织他们代扣分者将会被处以15日以下拘留，2000~5000元人民币罚款，并且其驾驶证会被吊销。

(2) 对于卖分人。替违章行为人消分来换取金钱的，一经发现，将暂扣驾驶证6个月，并罚款1000~2000元。对方的违规记录会出现在你的档案中，严重影响日后车的保险、车检和车管部门的审核，给自己带来不便；对方违章同时如出现肇事逃逸等违法行为，卖分者可能会承担相应的法律责任；驾驶证如6个有效记分未达到12分可换领10年驾照，如果卖光了12分，将影响更换驾照。

而代扣分带来的行政拘留将会对你的影响。出国签证的办理将受到牵连；影响考公务员行政审核；对于公务员性质工作可能会产生不利影响；单位有权解雇。

代替实际驾驶人接受机动车交通违法处罚和记分并从中牟取经济利益，被处罚后再犯的，以及组织、介绍他人代替实际驾驶人接受机动车交通违法处罚和记分并从中牟取经济利益的，处15日以下拘留，并处2000元以上5000元以下罚款，吊销机动车驾驶证，5年内不得重新取得机动车驾驶证。有违法所得的，予以没收。

代替实际机动车驾驶人接受交通违法行为处罚和记分牟取经济利益的，由公安机关交通管理部门处违法所得3倍以下罚款，但最高不超过5万元。同时，依法撤销原行政处罚决定。

(3) 组织他人实施前两款行为之一牟取经济利益的，由公安机关交通管理部门处违法所得5倍以下罚款，但最高不超过10万元。有扰乱单位秩序等行为，构成违反治安管理行为的，依法予以治安管理处罚。

🚗 特别提醒

进一步规范交通违法行为处理工作，严厉打击买分卖分行为。

(1) 处理他人车辆的电子眼违法，需要先进行面签，绑定该车后才能处理电子眼。未绑定，不允许自助办理电子眼记分。通过警邮便民服务点、警银离柜办理自助机、交管大厅违法处罚自助机、"交管12123"等便民渠道，处理有记分的电子眼时，被处理人必须是机动车所有人，非本车驾驶人通过上述便民渠道处理该车电子眼记分时，需提前到交警大队窗口进行面签绑定。对于非本人名下机动车且未绑定的，将不允许自助办理涉及记分的交通违法。驾驶人可持本人身份证、绑定车辆车主身份证、绑定车辆行驶证，到各交警大队进行现场绑定。比如，你妻子的驾照绑定了你的机动车（非本人名下），可以在自助终端机处理绑定之后发生的违章（绑定之前的不能处理），但是仅限200元以内罚款的违章。这里没有限定需要处理的违章数量，只是说对单笔的罚款数额进行限制。绑定驾驶人必须到场，需要提交个人身份证明及机动车驾驶证原件，并提交绑定车辆所有人的居民身份证及机动车行驶证原件。

（2）对于非本人名下机动车且已绑定，只能自助办理绑定后新增的违法，杜绝了先违章再面签绑定扣分的情况。比如，小王开着小李的车违停了，受到罚款100元的处罚，驾驶证记3分。以前，小王可带上自己身份证、驾驶证、银行卡、车辆行驶证等在自助机上处理，以前现在则需要先面签绑定之后才能处理。如果小王3月5日这天面签绑定成功，他也只能处理小李车辆3月5日以后的电子眼违法，不能处理绑定之前的。

（3）对绑定数量的要求。1个人最多只能同时绑定3辆其他人的车辆，可以随时解绑，再去绑定其他人的；1辆车也最多也只能同时绑定3个其他人的驾驶证；1个人历史累计绑定其他人的车不能超过5辆，累计次数超过5次以后，就没有办法继续绑定其他人的车辆。加上车主本人，1辆车最多可获得4个驾驶证消分。

━ 注意事项 ━

（1）1辆车违法，只能用3本驾照扣分；1本驾照最多只能给3辆车消分。1辆车的违法记分若用第4本驾照来消分，或1本驾照为第4辆车消分，系统将自动锁定，必须通过交警部门的嫌疑审核后才能解锁。

驾驶人或车主可以到各区交警大队，或电子处罚站，经交警审核，确定驾驶人或车主不是恶意倒卖分数，才可以解锁。

（2）同一年内，同一驾驶人非本人所有的3辆车以上不同车牌号机动车，或者3名以上驾驶人为同一辆车接受违法行为的，将暂停其违法处理业务。

（3）一次性被扣12分不可以分几次销分。1次性扣12分，属于严重违法行为。根据机动车驾驶证有关规定，机动车驾驶人在1个记分周期累积记分达到12分的，公安机关交通管理部门应当扣留其机动车驾驶证。驾驶人必须重新学习培训，并考试合格后，方可还回驾驶证。

你能守住几分？
扫码测一下吧！

第三章

预防违法行为， 一次守住 9 分

一、 不驾驶 7 座以上载客汽车载人超过核定人数 50% 以上未达 100%， 守住 9 分

违法行为认定

机动车驾驶人驾驶 7 座以上载客汽车载人时，其实载人数超过行驶证上核定的载人数 50% 以上未达 100% 的违法的，一次记 9 分。

要点提示

（1）机动车载人不得超过核定的人数，载客机动车不得违反规定载货。

（2）载客汽车除车身外部的行李架和内置的行李箱外，不得载货。载客汽车行李架载货，从车顶起高度不得超过 0.5m，从地面起高度不得超过 4m。

（3）对公路客运车辆载客超过核定乘员、货运机动车超过核定载质量的，公安机关交通管理部门应当按照下列规定消除违法状态。

1）违法行为人可以自行消除违法状态的，应当在公安机关交通管理部门的监督下，自行将超载的乘车人转运、将超载的货物卸载。

2）违法行为人无法自行消除违法状态的，对超载的乘车人，公安机关交通管理部门应当及时通知有关部门联系转运；对超载的货物，应当在指定的场地卸载，并由违法行为人与指定场地的保管方签订卸载货物的保管合同。

消除违法状态的费用由违法行为人承担。违法状态消除后，应当立即退还被扣留的机动车。

（4）涉嫌违法运营和超载。未取得道路运输经营许可，擅自从事道路运输经营的，由县级以上道路运输管理机构责令停止经营；没有违法所得或者违法所得不足 2 万元的，处 3 万元以上 10 万元以下的罚款；有违法所得的，没收违法所得，违法所得大于 2 万元的，处违法所得 2 倍以上 10 倍以下的罚款。如果构成犯罪的，追究刑事责任。

二、不驾驶校车、中型以上载客载货汽车、危险物品运输车辆在高速公路、城市快速路以外的道路上行驶超过规定时速50%以上，守住9分

违法行为认定

驾驶校车、中型以上载客载货汽车、危险物品运输车辆在高速公路、城市快速路以外的道路上行驶不超过规定时速50%以上的，一次记9分。

（1）机动车上道路行驶，不得超过限速标志标明的最高时速。"限速标志标明的最高时速"，是指由各级公安机关交通管理部门或者交通行政主管部门规定在高速公路、公路以及城市道路右侧设置的限速标志牌规定的最高时速。

（2）在没有限速标志的路段，应当保持安全车速。"应当保持安全车速"，是根据不同车型、车速，后面的车辆与前面的车辆之间应当保持一个相对安全的行车距离和行车速度，在遇有紧急情况时，可以应付处置而不至于发生交通事故。

（3）夜间行驶或者在容易发生危险的路段行驶，以及遇有沙尘、冰雹、雨、雪、雾、结冰等气象条件时，应当降低行驶速度。

要点提示

目前，我国公路限速主要有标牌限速、法定限速、特殊时段和天气限速3种。

（1）标牌限速：就是公路上设置的限速标志、标线标明的速度，具体的限速值由交通运输部门根据公路的设计速度以及公路的功能类型、几何线形特性、运行交通流量、路侧环境等多种因素综合确定。

（2）法定限速：没有限速标志的路段，要遵守法律法规规定的限速。根据《道路交通安全法》及其实施条例，在没有中心线的公路，城市道路为30km/h，公路为40km/h；同方向只有一条机动车道的公路，城市道路为50km/h，公路为70km/h；进出非机动车道，通过铁路道口、急弯路、窄路、窄桥以及掉头、转弯、下陡坡时，限速为30km/h。高速公路最高限速为120km/h。

（3）特殊时段和天气限速：根据《道路交通安全法》及其实施条例，在普通公路行驶，遇雾、雨、雪、沙尘、冰雹，能见度在50m以内以及在冰雪、泥泞的道路上行驶时，限速为30km/h。为严管客运车辆，在夜间22时至次日凌晨5时行驶时，速度不得超过日间限速的80%。

三、不驾驶机动车在高速公路或者城市快速路上违法停车，守住9分

违法行为认定

驾驶机动车在高速公路或者城市快速路上违法停车的，一次记9分。

机动车驾驶人在高速公路上驾车行驶时，因故没有在高速公路规划的紧急停车带和停车地点停放车辆，而在高速公路行车道上停车的违法行为，如图3-1所示。

（1）车辆在高速公路上行驶，如遇有故障不能继续行车，且又没有规划的紧急

图 3-1 在高速公路车道内停车

停车带和停车地点时，没有将车辆靠右停放。

（2）车辆能继续行驶，因装载货物出现松弛、乘客急需停车的，没有按高速公路规划的紧急停车带和停车地点停放车辆。

（3）机动车发生故障或遭遇交通事故，驾驶人也应当立即开启危险报警闪光灯，并将机动车转移至不妨碍交通的地方停放。只有当车辆实在难以移动时，若能按要求摆放警示标志，这时候即使车辆停留在车道内，也不算违法停车。但若车辆无故在高速公路车道内停车，车辆出现故障能够移动但未移至应急车道或紧急停车带，以及车辆故障无法移动但未按要求摆放警示标志的，就是违法停车。

要点提示

（1）机动车在高速公路或者城市快速路上发生故障时，应当依照《道路交通安全法》第 52 条的有关规定办理。警告标志应当设置在故障车来车方向 150m 以外，车上人员应当迅速转移到右侧路肩上或者应急车道内，并且迅速报警。

（2）在高速公路上机动车发生故障需要停车排除故障的，原则上不允许驾驶人自行在高速公路上修理，必须迅速报警，等待交警的指令。

（3）属于违法停车的，一次记 9 分。不按规定使用灯光和设置警告标志的一次记 3 分，并对当事人处 20 元以上 200 元以下罚款。

特别提醒

营运客车在高速公路上随意停车，上下乘客，极易引发群死群伤的重大交通事故。特别是夜间，受视线等因素的影响，事故的发生率比白天要更高一些。而下车的乘客在穿越高速公路时还有可能引发二次事故，这时营运客车驾驶人也要承担相应的责任。此外，营运客车由于停车仓促，容易发生追尾等交通事故，而未能正确及时摆放警示标志，还容易引发连环事故。而营运客车在高速公路上停车，还有可能是因为存在其他违法行为，如超员等，在半路停车卸客以逃避执法部门的检查。

四、不驾驶未悬挂机动车号牌或者故意遮挡、污损机动车号牌的机动车上道路行驶，守住 9 分

违法行为认定

驾驶未悬挂机动车号牌或者故意遮挡、污损机动车号牌的机动车上道路行驶，

一次记9分。

机动车号牌应当悬挂在车前、车后指定位置，保持清晰、完整。重型、中型载货汽车及其挂车、拖拉机及其挂车的车身或者车厢后部应当喷涂放大的牌号，字样应当端正并保持清晰。机动车喷涂、粘贴标识或者车身广告的，不得影响安全驾驶。

（1）有下列情形之一的，应当认定为上道路行驶的机动车未悬挂机动车号牌。

1）尚未取得机动车号牌（包括临时行驶车号牌，下同）的。

2）已申领机动车号牌但未悬挂或者未粘贴的。

3）使用公告作废的机动车号牌的。

4）使用过期的临时行驶车号牌的。

5）办理变更、转移、注销登记业务后继续使用应当收回的机动车号牌的。

6）因号牌被盗、丢失等原因未悬挂机动车号牌，且当事人能够出具报警记录或者受案回执单等相关证明的，自报警之日起10日（工作日，下同）内被查处的，由公安机关交通管理部门予以警告，责令其到车管所申请补领号牌，并将相关信息录入公安交通管理综合应用平台（以下简称"综合平台"）；自报警之日起10日后被查处的，按照未悬挂机动车号牌行为予以罚款处罚并记分。

（2）有下列情形之一的，应当认定为上道路行驶的机动车故意遮挡、污损机动车号牌：

1）使用纸片、光盘、布条等物品遮住机动车号牌的，如图3-2所示。

图3-2 遮住机动车号牌

2）加装防撞装置、备胎或车厢本身遮挡等遮挡机动车号牌的。

3）使用油漆、泥浆等物质覆盖机动车号牌的；机动车号牌表面被油渍、砂土、灰尘、漆画、黏胶等物品覆盖导致无法识别。

4）人为使机动车号牌变形、折断、油漆脱落的，影响号牌上汉字、字母或者数字识认的。

5）对因雨雪天气、道路等客观原因，来不及清洗车辆导致机动车车身及其号牌被泥浆遮挡或者载货汽车装载货物影响车辆号牌识认的行为，如图3-3所示，由公安机关交通管理部门责令当事人当场予以改正。如果车体干净，而只有号牌沾满污垢，这种情况属于故障遮挡号牌，交警将按照违法行为进行处罚。

被泥污遮盖的号牌
不属于故意遮挡，
但需要及时清洗

图 3-3　应及时清洗汽车

因交通事故导致车辆号牌损坏、残缺或者号牌老化、褪色等非人为因素影响号牌识认的，由公安机关交通管理部门予以警告，责令其在 10 日内到车管所申请换领号牌，并将相关信息录入综合平台；因上述行为 10 日后再次被查处的，按照故意污损机动车号牌行为予以罚款处罚并记分。

要点提示

（1）上道路行驶的机动车应当悬挂机动车号牌、车辆检验的合格证、机动车交通事故责任强制保险的保险标志，并随车携带行驶证。如果是尚未办理机动车注册登记的机动车要通行道路，也必须有合法有效的临时通行证件，即移动证、临时号牌或试车号牌。

（2）驾驶机动车上道路行驶，应当具有机动车检验合格标志和保险标志。机动车检验合格标志、保险标志应当粘贴在机动车前窗台右上角不影响安全驾驶的地方。

（3）按照规定悬挂机动车号牌。机动车生产时都留有悬挂号牌的固定位置，前后各一处，机动车号牌应当悬挂在车前、车后指定位置。重型、中型载货汽车及其挂车、拖拉机及其挂车的车身或者车厢后部应当喷涂放大的牌号，字样应当端正并保持清晰。

（4）号牌要清晰和完整。清晰，就是要求号牌要保持清洁，不得污损。清晰的标准，以一般人在正常范围内可以清楚分辨号牌的内容为要求。完整，就是要求号牌上记载内容的完整性，不得故意遮挡。

（5）任何单位和个人不得收藏、扣留机动车号牌。任何单位是指机关、企事业单位和其他组织，包括道路交通执法部门在内。不过，如果机动车悬挂的是伪造、变造或者挪用的其他车辆的号牌，公安机关交通管理部门应当依法予以收缴。

（6）国家对机动车实行登记制度，机动车经公安机关交通管理部门登记后，方可上道路行驶。尚未登记的机动车，需要临时上道路行驶的，应当取得临时通行牌证。

（7）上道路行驶的机动车未悬挂机动车号牌，未放置检验合格标志、保险标志，或者未随车携带行驶证、驾驶证的，公安机关交通管理部门将会依法扣留机动车，通知当事人提供相应的牌证、标志或者补办相应手续，并可以给予警告或者处以 20元以上 200 元以下罚款。当事人提供相应的牌证、标志或者补办相应手续的，公安机关交通管理部门要及时退还机动车。

🚗 **特别提醒**

> 机动车的号牌是该机动车取得上道路行驶权利的标志，也是发生道路交通违法行为或者发生交通事故后最好的确认违法者或者肇事车的证据线索。因此，机动车号牌应当按规定悬挂，并保持清晰和完整，不得故障遮挡和污损。

五、 不驾驶与准驾车型不符的机动车， 守住9分

违法行为认定 🚗

驾驶与准驾车型不符的机动车，是指机动车驾驶人驾驶不符合驾驶证准驾车型代号的车辆在道路上行驶的行为，一次记 9 分。

（1）驾驶人需要驾驶某种类型的机动车，必须取得相应的准驾车型资格，驾驶车辆与准驾车型不符等同于无证驾驶。机动车驾驶证式样如图 3-4 所示。

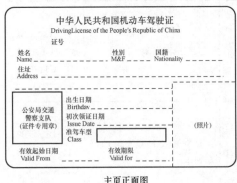

图 3-4 机动车驾驶证式样

驾驶与驾驶证载明的准驾车型不符的机动车，在性质上应当属于无证驾驶，在适用处罚上，依据过罚相当的原则，可以按照未取得驾驶证而驾驶机动车的处罚规定适当从轻处罚。

🚗 **特别提醒**

（1）无证驾驶的情形主要有：①未取得机动车驾驶证；②机动车驾驶证被吊销；③机动车驾驶证被暂扣期间；④通过非法程序取得驾驶证的；⑤使用失效的驾驶证驾驶机动车的；⑥在某段时间内丧失驾驶营运机动车资格的驾驶人驾驶营运机动车的；⑦驾驶机动车时未随身携带机动车驾驶证的。

（2）公安部推出深化公安交管"放管服"改革10项便民、利民服务措施：①推行小型汽车驾驶证全国"一证通考"。②实行小型汽车驾驶证异地分科目考试。③试行大中型客货车驾驶证省内异地申领。④扩大车辆转籍信息网上转递试点。⑤实行摩托车全国通检和6年免检。⑥简化机动车抵押登记手续。⑦扩大使用原号牌号码范围。⑧实行机动车销售企业代发临时行车号牌。⑨全面推行车辆购置税信息联网。⑩推行12123交管语音服务热线。

（2）机动车驾驶人在机动车驾驶证丢失、损毁、超过有效期或者被依法扣留、暂扣期间以及记分达到12分的，不得驾驶机动车。

（3）机动车驾驶人在无法有效地证明自己是否具有驾驶资格，或者机动车驾驶资格被依法暂时剥夺以及依法丧失机动车驾驶资格时，不得驾驶机动车，否则属于无证驾驶。准驾车型及代号见表3-1。

表3-1 准驾车型及代号

准驾车型	代号	图例	准驾的车辆	准予驾驶的其他准驾车型
大型客车	A1		大型载客汽车	A3、B1、B2、C1、C2、C3、C4、M
重型牵引挂车	A2		总质量大于4500kg的汽车列车	B1、B2、C1、C2、C3、C4、C6、M
城市公交车	A3		核载10人以上的城市公共汽车	C1、C2、C3、C4

续表

准驾车型	代号	图例	准驾的车辆	准予驾驶的 其他准驾车型
中型客车	B1		中型载客汽车（含核载10人以上、19人以下城市公共汽车）	C1、C2、C3、C4、M
大型货车	B2		重型、中型载货汽车，大、重、中型专项作业车	
小型汽车	C1		小型、微型载客汽车以及轻型、微型载货汽车，轻、小微型专项作业车	C2、C3、C4
小型自动挡汽车	C2		小型、微型自动挡载客汽车以及轻型、微型自动挡货汽车；上肢残疾人专用小型自动挡载客汽车	—
低速载货汽车	C3		低速载货汽车	C4
三轮汽车	C4		三轮汽车	—
残疾人专用小型自动挡载客汽车	C5		残疾人专用小型、微型自动挡载客汽车（只允许右下肢或双下肢残疾人驾驶）	—

续表

准驾车型	代号	图例	准驾的车辆	准予驾驶的其他准驾车型
轻型牵引挂车	C6		总质量小于（不包含等于）4500kg 的汽车列车	—
普通三轮摩托车	D		发动机排量大于 50ml 或者最大设计车速大于 50km/h 的二轮摩托车	E、F
普通二轮摩托车	E		发动机排量大于 50ml 或者最大设计车速大于 50km/h 的二轮摩托车	F
轻便摩托车	F		发动机排量小于等于 50ml，最大设计车速小于等于 50km/h 的摩托车	—
轮式自行机械车	M		轮式自行机械车	—
无轨电车	N		无轨电车	—
有轨电车	P		有轨电车	—

🚗 **特别提醒**

（1）C1驾照不准准驾的4种车型为老年代步车、摩托车、加长款车型和三轮车摩托车。如果驾驶，属于准驾不符，等同于无证驾驶，一次记9分。

1）老年代步车。国家有很多地区对老年代步车的要求是非常高的，不仅无法上车牌，而且也不允许上路行驶。因为老年代步车的安全系数很低，在道路上行驶不仅会影响到自己的安全，同时也会影响到别人的安全，一旦发生事故将会给车主造成严重的伤害。

2）摩托车。要驾驶摩托车，就需要考取摩托车驾驶证，持有C1驾照是无法驾驶摩托车的，属于违法行为。如果驾驶，按照与准驾车型不符的情况来处理，不仅摩托车要被扣留，而且驾照也会被扣9分。

3）加长款车型。比如加长劳斯莱斯、加长林肯等，这种加长款车型的车身一般都超过了6m，牌照使用的也都是黄色的。虽然说这种车并不属于客运车辆，但是C1驾照是不能驾驶这种车型的，如果违法驾驶，一次记9分。

4）三轮车摩托车。三轮摩托车和摩托车的性质是一样的，如果没有专用驾照，私自驾驶也会受严厉的处罚。

（2）持有摩托车驾驶证才能开电动车。汽车类驾驶证是指大型客车、重型牵引挂车、城市公交车、中型客车、大型货车、小型汽车、小型自动挡汽车、低速载货汽车、三轮汽车、残疾人专用小型自动挡汽车、轻型牵引挂车、轮式专用机械车、无轨电车、有轨电车准驾车型驾驶证。摩托车类驾驶证是指普通三轮摩托车、普通二轮摩托车、轻便摩托车准驾车型驾驶证。如果拥有汽车驾驶证，但驾驶的却是非汽车类机动车，属于准驾不符，等同于无证驾驶。

1）电动车新国标政策自2022年1月15日起开始实施，将电动车和摩托车一样规划到了机动车范畴。两轮电动车包括电动自行车、电动轻便摩托车与电动摩托车3种车型。新国标电动车标准如图3-5所示，电动车重量不得超过55kg，车速低于25km/h，必须有脚蹬，电压和功率应符合标准。此外，电动车不准乘坐12岁以上的人群。

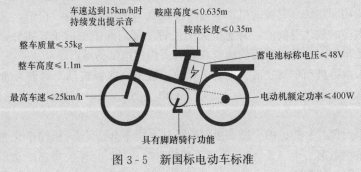

车速达到15km/h时持续发出提示音　鞍座高度≤0.635m　鞍座长度≤0.35m　整车质量≤55kg　蓄电池标称电压≤48V　整车高度≤1.1m　最高车速≤25km/h　电动机额定功率≤400W　具有脚踏骑行功能

图3-5 新国标电动车标准

符合新国标标准的电动车称为电动自行车，这种车型属于非机动车辆，不需要驾照就可以上路。不符合新国标标准的电动车属于机动车辆，按照速度来区分，速度在25～50km/h的电动车为电动轻便摩托车，使用这种车辆需持有F驾照，速度大于50km/h的电动车为电动摩托车，这种车型需要使用E驾照。

如果骑摩托车或者电动摩托车，可以直接学习D证，因为D证包含E、F驾驶证。

2）电动车驾照有年龄限制。电动车驾照最低要求E、F两种驾照，其中E驾照要求年龄为18～60周岁，F驾照要求18周岁以上即可，没有年龄上限，所以说如果60岁以上的老年人要考驾照的话，只能考取F驾照。此外，D驾照可以使用E、F两种驾照的准驾车型，同时D驾照的考取难度与E、F几乎是一样的，如果不考虑年龄限制的话，推荐大家直接考取D驾照，这样既可以使用两轮电动车，还可以驾驶三轮电动车，准驾车型有更多的选择。

3）考试科目。两轮电动车考驾照的内容比较简单，也分为4个科目，分别为科目一、科目二、科目三与科目四。其中科目一与科目四为理论考试，主要考察交通法规与文明驾驶的理论知识，这两个科目是在电脑上进行的，一共100分，满90分合格。科目二与科目三为场地考试，重点考察的是驾驶技术与上路行驶，其中包括绕桩、单边桥、坡道起步、定点停车等内容，总分也是100分，满80分合格。

🚗 要点提示

（1）驾驶机动车，应当依法取得机动车驾驶证；申请机动车驾驶证，应当符合国务院公安部门规定的驾驶许可条件，经考试合格后，由公安机关交通管理部门发给相应类别的机动车驾驶证；驾驶机动车时，应当随身携带机动车驾驶证。

（2）对申领不同机动车驾驶证的考试，在申请人年龄、身体条件，以及考试科目、车辆类型上都有详细的规定，并对不同准驾车型设定了不同的考试内容，以此增加考试的针对性。考试未通过的将不允许驾驶该类车型。因此，即使有驾驶证，如果所驾驶的车型与驾驶证准驾车型不符，也是违法的。

（3）机动车驾驶人驾驶的机动车与驾驶证登载的准驾车型不符的，又无其他机动车驾驶人即时替代驾驶的，公安机关交通管理部门除依法给予处罚外，可以将其驾驶的机动车移至不妨碍交通的地点或者有关部门指定的地点停放。

（4）未取得机动车驾驶证、机动车驾驶证被吊销或者机动车驾驶证被暂扣期间驾驶机动车的由公安交通管理部门处200元以上2000元以下罚款，可以并处15日以下拘留。

（5）因无证驾驶造成的交通事故保险公司可能不会赔偿。《机动车交通事故责任强制保险条例》第二十二条规定："有下列情形之一的，保险公司在机动车交通事故责任强制保险责任限额范围内垫付抢救费用，并有权向致害人追偿：①驾驶人未取得驾驶资格或者醉酒的；②被保险机动车被盗抢期间肇事的；③被保险人故意制造道路交通事故的。有前款所列情形之一，发生道路交通事故的，造成受害人的财产损失，保险公司不承担赔偿责任。"根据此合同条款和交强险保险条例，无证驾驶的情形下，保险公司只应当承担相应的抢救费用，并有权向致害人追偿。

🚗 **特别提醒**

不得申请相关机动车驾驶证的情形。

（1）有下列情形之一的，不得申请机动车驾驶证。

1）有器质性心脏病、癫痫病、美尼尔氏症、眩晕症、癔病、震颤麻痹、精神病、痴呆及影响肢体活动的神经系统疾病等妨碍安全驾驶疾病的。

2）三年内有吸食、注射毒品行为或者解除强制隔离戒毒措施未满三年，或者长期服用依赖性精神药品成瘾尚未戒除的。

3）造成交通事故后逃逸构成犯罪的。

4）饮酒后或者醉酒驾驶机动车发生重大交通事故构成犯罪的。

5）醉酒驾驶机动车或者饮酒后驾驶营运机动车依法被吊销机动车驾驶证未满五年的。

6）醉酒驾驶营运机动车依法被吊销机动车驾驶证未满十年的。

7）因其他情形依法被吊销机动车驾驶证未满两年的。

8）驾驶许可依法被撤销未满三年的。

9）法律、行政法规规定的其他情形。

此外，未取得机动车驾驶证驾驶机动车，有上述第5）～7）项行为之一的，在规定期限内不得申请机动车驾驶证。

（2）不得申请大型客车、牵引车、中型客车、大型货车准驾车型的情形。

1）发生交通事故造成人员死亡，承担同等以上责任的。

2）醉酒后驾驶机动车的。

3）被吊销或者撤销机动车驾驶证未满十年的。

（6）修订后的《机动车驾驶证申领和使用规定》明确将大中型客货车驾驶人和实习期间驾驶人作为重点管理对象，进一步完善驾驶证审验和实习期管理制度。除第一次领取驾驶证的人以外，规定将增驾新取得大型客车、中型客车、牵引车等驾驶证的驾驶人一并纳入实习期管理。考虑到高速公路道路情况的特殊性，实习期驾驶人驾车上高速公路时，必须由持相应或者更高车型驾驶证3年以上的驾驶人陪同。

在实习期内，驾驶员的驾驶资格是受到限制的，不得驾驶公共汽车、营运客车或者执行任务的警车、消防车、救护车、工程救险车以及载有爆炸物品、易燃易爆化学物品、剧毒或者放射性等危险物品的机动车；驾驶的机动车不得牵引挂车，如图3-6所示。

（7）车主如果违规借车给他人，车主也要担责。驾驶人要注意，不能将车借给

公共汽车　　　　　　　客运汽车　　　　　　　救护车

消防车　　　　　　　工程抢险车　　　　　　　警车

装有危险品汽车

图3-6　实习期间不得驾驶的车辆

这3类人驾驶：①未获得驾驶证的人；②驾驶证被暂扣的人；③驾驶证被吊销的人。所以，在借车前一定要核实借车人有没有驾驶资格，如图3-7所示。

图3-7　违规借车给他人

🚗 **特别提醒**

如何增驾C6驾驶证。

C6驾驶证为轻型牵引挂车驾照，轻型牵引挂车是指总质量小于（不包含等于）4500kg的汽车列车，如图3-8所示。注意是要求牵引车与旅居挂车两个的总质量小于4500kg，如果超过了这个总质量，就属于违规驾驶。

C6驾驶证从2022年4月1日开始正式实施，也就是说，从今年4月1日开始，所有驾驶牵引拖挂房车的人，是必须在取得了C6驾驶证之后才可以上路，不然就是与准驾车型不符，驾驶与准驾车型不符的机动车的一次性扣9分。当然，持有重型牵引挂车（A2）驾照的，是可以准驾C6轻型牵引挂车的。

图 3-8　轻型牵引挂车

（1）申领的年限限制。并非所有申请人都能获得 C6 牵引驾照。申领 C6 牵引驾照的年龄需在 20 周岁以上，60 周岁以下。已经获得 C6 驾照且年龄在 70 周岁以上的持有驾驶证包含轻型牵引挂车准驾车型的车主，应当申请变更驾照，降至小型汽车或者小型自动挡汽车的机动车驾驶证（C1/C2），不允许继续驾驶轻型牵引挂车。

注意：如果想在退休后驾驶拖挂房车出游，就必须在 60 岁以前去申领 C6 驾驶，那过了 60 岁以后还是可以继续驾驶轻型牵引挂车的，就是 C6 驾照还是有效的，只有在年龄超过 70 周岁以上，才会强制取消轻型牵引挂车的驾驶。

（2）初次申请不能直接申请轻型牵引挂车驾照，已持有驾驶证的，应当在本记分周期和申请前最近一个记分周期内没有记满 12 分记录的，且必须是取得 C1/C2 驾照资格一年以上的才能申请增驾（C6 驾照）。

（3）C6 考试科目。

1）考试包括科目二和科目三安全文明驾驶常识。

2）科目二考试内容包括桩考、曲线行驶、直角转弯；科目三安全文明驾驶常识考试内容包括安全文明驾驶操作要求、恶劣气象和复杂道路条件下的安全驾驶知识、爆胎等紧急情况下的临危处置方法、防范次生事故处置知识、伤员急救知识等。由于增驾需要拖挂拖车进行考试，相比之下要比初次申领小型客车驾照更难。

3）合格标准。科目二满分 100 分，90 分合格；科目三安全文明驾驶常识考试满分 100 分，90 分合格。

4）申请人申请轻型牵引挂车驾驶证，因当地尚未设立科目二考场的，可以选择省（自治区）内其他考场参加考试。申领期间，已通过部分科目考试后，居住地发生变更的，可以申请变更考试地，在现居住地预约其他科目考试。申请变更考试地不得超过 3 次。

5）报考轻型牵引挂车，需在取得学习驾驶证明满 20 日后预约考试。

六、 未取得校车驾驶资格不得驾驶校车， 守住9分

违法行为认定 🚗

机动车驾驶人未取得校车驾驶资格驾驶校车的，一次记9分。

🚗 要点提示

（1）校车，是指依照《校车安全管理条例》取得使用许可，用于接送接受义务教育的学生上下学的7座以上的载客汽车。

接送小学生的校车应当是按照专用校车国家标准设计和制造的小学生专用校车。

（2）取得校车使用许可应当符合下列条件：

1）车辆符合校车安全国家标准，取得机动车检验合格证明，并已经在公安机关交通管理部门办理注册登记。

2）有取得校车驾驶资格的驾驶人。

3）有包括行驶线路、开行时间和停靠站点的合理可行的校车运行方案。

4）有健全的安全管理制度。

5）已经投保机动车承运人责任保险。

（3）机动车驾驶人未取得校车驾驶资格驾校车的，由公安机关交通管理部门处1000元以上3000元以下的罚款，情节严重的，可以并处吊销机动车驾驶证。

使用未取得校车标牌的车辆提供校车服务，或者使用未取得校车驾驶资格的人员驾驶校车的，由公安机关交通管理部门扣留该机动车，处1万元以上2万元以下的罚款，有违法所得的予以没收。

🚗 特别提醒

申请校车驾驶资格的条件。

（1）取得相应准驾车型驾驶证并具有三年以上驾驶经历，年龄在25周岁以上，不超过60周岁；最近连续三个记分周期内没有被记满12分记录；无致人死亡或者重伤的交通事故责任记录；无酒后驾驶或者醉酒驾驶机动车记录，最近一年内无驾驶客运车辆超员、超速等严重交通违法行为记录、无犯罪记录；身心健康，无传染性疾病，无癫痫病、精神病等可能危及行车安全的疾病病史、无酗酒、吸毒行为记录，只有具备以上条件，才能申请取得校车驾驶资格。

（2）年龄超过60周岁，或者在致人死亡或者重伤的交通事故负有责任，或者有酒后驾驶又或者醉酒驾驶机动车，以及驾驶客运车辆超员、超速等严重交通违法行为，或者有记满12分或者犯罪记录，或者有传染性疾病、癫痫病、精神病等可能危及行车安全的疾病，有酗酒、吸毒行为记录的，都将被注销校车驾驶资格。

（3）申请人隐瞒有关情况或者提供虚假材料申请校车驾驶资格的，公安机关交通管理部门不予受理或者不予办理，处 500 元以下罚款；申请人在 1 年内不得再次申请校车驾驶资格。申请人以欺骗、贿赂等不正当手段取得校车驾驶资格的，公安机关交通管理部门撤销校车驾驶资格，处 2000 元以下罚款；申请人在 3 年内不得再次申请校车驾驶资格。

七、 连续驾驶中型以上载客汽车、 危险物品运输车辆不超过 4h， 应停车休息且停车休息时间不应少于 20min， 守住 9 分

违法行为认定

连续驾驶中型以上载客汽车、危险物品运输车辆超过 4h 未停车休息，或者虽停车休息但休息时间少于 20min 的，一次记 9 分。

（1）机动车驾驶人驾驶中型以上载客汽车或者危险物品运输车辆连续行驶超过 4h 未停车休息的，如图 3-9 所示。

图 3-9 连续驾车 4h 应休息

（2）机动车驾驶人驾驶中型以上载客汽车或者危险物品运输车辆连续行驶超过 4h，虽停车休息，但休息时间少于 20min 的。

要点提示

由于中型以上载客汽车运载乘员多，一旦发生交通意外，有可能造成死伤惨重的恶性交通事故。危险物品运输车辆一旦发生交通事故，将会影响到公共安全。

为了避免汽车驾驶人的疲劳驾驶，长时间行车要注意中途停车休息，连续驾车时间不要超过 4h，连续行车 4h 必须停车休息 20min 以上。如果是夜间跑长途，出车之前应该有一定的睡眠时间，最好是有两人轮换，每人驾车的时间应该控制在 2～4h。在黎明、午后、傍晚的时段，往往容易让人感到疲劳困倦，在这种情况下驾驶车辆更要小心谨慎。

（1）疲劳驾车（见图3-10）的认定方法。

1）检查行驶记录仪。用于公路营运的载客汽车、重型载货汽车、半挂牵引车应当安装、使用符合国家标准的行驶记录仪。交通警察可以对机动车行驶速度、连续驾驶时间以及其他行驶状态信息进行检查。对于公路营运的载客汽车、重型载货汽车、半挂牵引车可以通过检查行驶记录仪认定驾驶人是否疲劳驾车。

2）执勤执法中询问当事人或其他人员。交通警察在执勤执法中，或在交通事

图3-10 疲劳驾驶

故调查取证中，通过询问肇事车辆驾驶人和询问证人，调查驾驶人的驾驶时间以及与疲劳驾驶有关的其他情况，认定其是否疲劳驾车。

（2）机动车驾驶人违反道路交通安全法律、法规关于道路通行规定的，处警告或者20元以上200元以下罚款。

特别提醒

驾驶疲劳，是指驾驶人在长时间连续行车后，产生生理机能和心理机能的失调，而在客观上出现驾驶技能下降的现象。驾驶人睡眠质量差或不足，长时间驾驶车辆，容易出现疲劳。驾驶疲劳会影响到驾驶人的注意、感觉、知觉、思维、判断、意志、决定和运动诸方面。疲劳后继续驾驶车辆，会感到困倦瞌睡、四肢无力、注意力不集中、判断能力下降，甚至出现精神恍惚或瞬间记忆消失，出现运动迟误或过早，操作停顿或修正时间不当等不安全因素，极易发生道路交通事故。因此，疲劳后严禁驾驶车辆。

当驾驶员开始感到困倦时，切勿继续驾驶车辆，应迅速停车，采取有效措施，适当地减轻和改善疲劳程度，恢复清醒。比如，用清凉空气或冷水刺激面部，喝一杯热茶，做弯腰动作，进行深呼吸等。

你能守住几分？
扫码测一下吧！

预防违法行为，一次守住6分

一、不驾驶校车、公路客运汽车、旅游客运汽车载人超过核定人数未达到20%，或者驾驶7座以上载客汽车载人超过核定人数20%以上未达到50%，或者驾驶其他载客汽车载人超过核定人数50%以上未达到100%，守住6分

违法行为认定

驾驶校车、公路客运汽车、旅游客运汽车载人超过核定人数未达到20%，或者驾驶7座以上载客汽车载人超过核定人数20%以上未达到50%，或者驾驶其他载客汽车载人超过核定人数50%以上未达到100%的，一次记6分。

（1）机动车驾驶人驾驶公路客运客车、校车、旅游客运汽车载人超过核定人数未达到20%的行为。

（2）驾驶7座以上载客汽车载人时，其实载人数超过核定人数20%以上未达到50%的行为。

（3）驾驶其他载客汽车载人时，实际载人数超过核定人数50%以上未达到100%的行为。

要点提示

（1）机动车载人不得超过核定的人数，客运机动车不得违反规定载货。

（2）公路营运客车不得超过核定的载客人数，但按照规定免票的儿童除外，在载客人数已满的情况下，按照规定免票的儿童不得超过核定载客人数的10%。

（3）公路客运载客汽车超过核定乘员、载货汽车超过核定载质量的，公安机关交通管理部门依法扣留机动车后，驾驶人应当将超载的乘车人转运，将超载的货物卸载，费用由超载机动车的驾驶人或者所有人承担。

（4）公路客运车辆或者货运机动车超载的，依法扣留车辆。

（5）超载处罚。

1）公路客运车辆载客超过额定乘员的，处200元以上500元以下罚款。

2）有前款行为的，由公安机关交通管理部门扣留机动车至违法状态消除。

3) 运输单位的车辆有前款规定的情形, 经处罚不改的, 对直接负责的主管人员处 2000 元以上 5000 元以上罚款。

特别提醒

> 对公路客运车辆载客超过核定乘员、货运机动车超过核定载质量的, 公安机关交通管理部门应当按照下列规定消除违法状态。
>
> (1) 违法行为人可以自行消除违法状态的, 应当在公安机关交通管理部门的监督下, 自行将超载的乘车人转运, 将超载的货物卸载。
>
> (2) 违法行为人无法自行消除违法状态的, 对超载的乘车人, 公安机关交通管理部门应当及时通知有关部门联系转运; 对超载的货物, 应当在指定的场地卸载, 并由违法行为人与指定场地的保管方签订卸载货物的保管合同。
>
> 消除违法状态的费用由违法行为人承担。违法状态消除后, 应当立即退还被扣留的机动车。

二、 不驾驶校车、 中型以上载客载货汽车、 危险物品运输车辆在高速公路、 城市快速路上行驶超过规定时速未达到 20%, 或者在高速公路、 城市快速路以外的道路上行驶超过规定时速 20% 以上未达到 50%, 守住 6 分

违法行为认定

驾驶校车、中型以上载客载货汽车、危险物品运输车辆在高速公路、城市快速路上行驶超过规定时速未达到 20%, 或者在高速公路、城市快速路以外的道路上行驶超过规定时速 20% 以上未达到 50% 的, 一次记 6 分。

(1) 驾驶校车、中型以上载客载货汽车、危险物品运输车辆在高速公路、城市快速路上行驶超过规定时速未达到 20% 的违法行为。

(2) 在高速公路、城市快速路以外的道路上行驶超过规定时速 20% 以上未达到 50% 的违法行为。

要点提示

机动车上道路行驶, 不得超过限速标志标明的最高时速。在没有限速标志的路段, 应当保持安全车速。夜间行驶或者在容易发生危险的路段行驶, 以及遇有沙尘、冰雹、雨、雪、雾、结冰等气象条件时, 应当降低行驶速度。

特别提醒

> 与其他情形扣分的区别。
>
> (1) 注意与一次记 12 分的情形的区别。驾驶校车、中型以上载客载货汽车、危险物品运输车辆在高速公路、城市快速路上行驶超过规定时速 20% 以上, 或者驾驶其他机动车在高速公路、城市快速路上行驶超过规定时速 50% 以上的, 一次记 12 分。

（2）注意与一次记9分的情形的区别。驾驶校车、中型以上载客载货汽车、危险物品运输车辆在高速公路、城市快速路以外的道路上行驶超过规定时速50%以上的，一次记9分。

（3）注意与一次记6分的情形的区别。驾驶校车、中型以上载客载货汽车、危险物品运输车辆以外的机动车在高速公路、城市快速路上行驶超过规定时速20%以上未达到50%，或者在高速公路、城市快速路以外的道路上行驶超过规定时速50%以上的，一次记6分。

（4）注意与一次记3分的情形的区别。驾驶校车、中型以上载客载货汽车、危险物品运输车辆以外的机动车在高速公路、城市快速路以外的道路上行驶超过规定时速20%以上未达到50%的，一次记3分。

（5）注意与一次记1分的情形的区别。驾驶校车、中型以上载客载货汽车、危险物品运输车辆在高速公路、城市快速路以外的道路上行驶超过规定时速10%以上未达到20%的，一次记1分。

三、不驾驶校车、中型以上载客载货汽车、危险物品运输车辆以外的机动车在高速公路、城市快速路上行驶超过规定时速20%以上未达到50%，或者在高速公路、城市快速路以外的道路上行驶超过规定时速50%以上，守住6分

违法行为认定

驾驶校车、中型以上载客载货汽车、危险物品运输车辆以外的机动车在高速公路、城市快速路上行驶超过规定时速20%以上未达到50%，或者在高速公路、城市快速路以外的道路上行驶超过规定时速50%以上的，一次记6分。

（1）驾驶校车、中型以上载客载货汽车、危险物品运输车辆以外的机动车在高速公路、城市快速路上行驶超过规定时速20%以上未达到50%的行为。

（2）驾驶校车、中型以上载客载货汽车、危险物品运输车辆以外的机动车在高速公路、城市快速路以外的道路上行驶超过规定时速50%以上的行为。

要点提示

（1）机动车上道路行驶，不得超过限速标志标明的最高时速。"限速标志标明的最高时速"，是指由各级公安机关交通管理部门或者交通行政主管部门规定在高速公路、公路以及城市道路右侧设置的限速标志牌规定的最高时速。

（2）在没有限速标志的路段，应当保持安全车速。"应当保持安全车速"是指根据不同车型、车速，后面的车辆与前面的车辆之间应当保持一个相对安全的行车距离和行车速度，在遇有紧急情况时，可以应付处置而不至于发生交通事故。

（3）夜间行驶或者在容易发生危险的路段行驶，以及遇有沙尘、冰雹、雨、雪、

雾、结冰等气象条件时，应当降低行驶速度。

四、 驾驶载货汽车载物不超过最大允许总质量50％以上， 守住6分

违法行为认定 🚗

驾驶载货汽车载物超过最大允许总质量50％以上的，一次记6分。

机动车载物应当符合核定的载质量，不得超过不得机动车行驶证上核定的载质量。严禁超载。

（1）机动车驾驶人驾驶货车运载货物不得超过最大允许总质量50％以上。

（2）货运机动车载人不得超过行驶证上核定的人数。载货汽车车厢不得载客。载客指在车厢内搭乘除作业人员以外的任何人员，车厢内不准乘坐任何非作业人员。

🐎 **要点提示**

（1）机动车载物应当符合核定的载质量，严禁超载；载物的长、宽、高不得违反装载要求，不得遗洒、飘散载运物。

（2）禁止货运机动车载客。载货汽车车厢不得载客。货运机动车需要附载作业人员的，应当设置保护作业人员的安全措施。在城市道路上，货运机动车在留有安全位置的情况下，车厢内可以附载临时作业人员1～5人；载物高度超过车厢栏板时，货物上不得载人。

（3）货运机动车超过核定载质量的，处200元以上500元以下罚款；超过核定载质量30％或者违反规定载客的，处500元以上2000元以下罚款。有前述行为的，由公安机关交通管理部门扣留机动车至违法状态消除。

五、 驾驶机动车载运爆炸物品、 易燃易爆化学物品以及剧毒、 放射性等危险物品， 应按指定的时间、 路线、 速度行驶或者悬挂警示标志并采取必要的安全措施， 守住6分

违法行为认定 🚗

危险化学品是指列入《危险化学品目录》的具有毒害、腐蚀、爆炸、燃烧、助燃等性质，对人体、设施、环境具有危害的剧毒化学品和其他化学品（见图4-1）。

驾驶机动车载运爆炸物品、易燃易爆化学物品及剧毒、放射性等危险物品，未按指定的时间、路线、速度行驶或者未悬挂警示标志并采取必要的安全措施的，一次记6分。

图4-1 运输危险化学品

⚒ 要点提示

国家标准将化学品按其危险性分为8大类：①爆炸品；②压缩气体和液化气体；③易燃液体；④易燃固体、自然物品和遇湿易燃物品；⑤氧化剂和有机过氧化物；⑥毒害品和感染性物品；⑦放射性物品；⑧腐蚀品。危险化学品包装标志如图4-2所示。

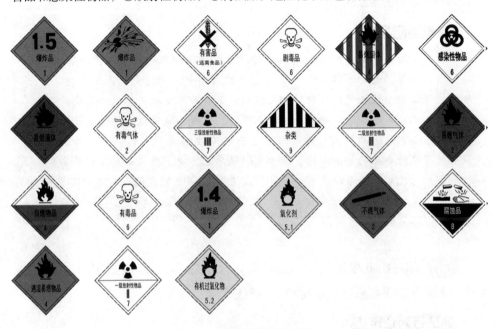

图4-2 危险化学品包装标志

（1）在载运此类危险物品时，首先应经过公安机关批准，确认已采取必要的安全措施，由公安机关交通管理部门根据道路及交通状况，结合道路周围环境，批准车辆按指定的时间、路线、速度行驶，悬挂警示标志并采取必要的安全措施，提示过往车辆注意避让，必要时由公安机关沿途指挥、疏导交通。

（2）运输化学危险物品，必须严格遵守国家有关危险货物运输管理规定。驾驶人在驾车行驶中应当格外谨慎，严防发生碰撞、翻车等事故。

（3）在装运时应严格检查，发现有下列情况之一者，不得装运：

1）包装不牢、破损、泄漏，品名标签、标志不明显者。

2）不符合安全要求的罐体，没有瓶帽的气体钢瓶等。

3）化学性质、安全防护、灭火方法互相抵触的化学危险物品。

4）遇热容易燃烧、爆炸或产生有毒气体的化学危险物品，在高温季节无隔热降温措施者。

5）遇潮容易引起燃烧、爆炸或产生有毒气体的化学危险物品，在阴雨天无防潮遮雨设备者。

6）装运过化学危险物品车辆，未经彻底清扫、冲洗者，不得继续装运其他化学危险物品。

（4）严禁烟火。装有化学危险物品的车辆，在运输途中，运输人员不得随便吸烟和动用明火。无关人员不得搭乘装有化学危险物品的运输工具。在装卸化学危险物品时，一律不准吸烟和动用明火。

特别提醒

（1）危险品运输是特种运输的一种，是指专门组织或技术人员对非常规物品使用特殊车辆进行的运输。一般只有经过国家相关职能部门严格审核，并且拥有能保证安全运输危险货物的相应设施设备，才有资格进行危险品运输。

（2）机动车运载爆炸物品、易燃易爆物品以及剧毒、放射性等危险物品时，遇急刹车车内危险品之间碰撞或与其他车辆发生碰撞后，易引起爆炸和剧毒、放射性等危险物品的扩散，除了影响交通秩序外，更重要的是危及公共安全。

（3）对发生交通事故负有全部责任或者主要责任的危险化学品道路运输企业，由公安机关责令消除安全隐患，未消除安全隐患的危险化学品运输车辆，禁止上道路行驶。

六、驾驶机动车运载超限的不可解体的物品，应按指定的时间、路线、速度行驶或者悬挂警示标志，守住6分

违法行为认定

驾驶机动车运载超限的不可解体的物品，未按指定的时间、路线、速度行驶或者未悬挂警示标志的，一次记6分。

机动车运载超限的不可解体的物品是指整体超过机动车运载所应遵守的长、宽、高规定的物品，如果将该物品解体，就破坏了该物品的作用和价值。不可解体的物品通常有建筑工程预制件、大型设备等，如图4-3所示。

图4-3 机动车运载超限的不可解体的物品

要点提示

（1）机动车运载超限的不可解体的物品，影响交通安全的，应当按照公安机关交通管理部门指定的时间、路线、速度行驶，悬挂明显标志。

（2）在公路上运载超限的不可解体的物品，应当依照《公路法》的规定执行。机动车运载超限的不可解体的物品在公路上行驶时，除需经公安机关批准外，同时要经县级以上地方人民政府交通主管前部门批准，按照指定的时间、路线、时速行驶，并悬挂明显标志。

特别提醒

（1）超限车辆上路前，应在当地交通局办理《超限运输通行证》并悬挂明显标志，按公路管理机构核定的时间、路线和速度行驶。承运人不得涂改、伪造、租借、转让《超限运输通行证》。每张通行证只能用于一次运输，当本次运输结束时通行证即作废。

（2）超过公路、公路桥梁、公路隧道或者汽车渡船的限载、限高、限宽、限长标准的车辆，不得在有限定标准的公路、公路桥梁上或者公路隧道内行驶，不得使用汽车渡船。

七、驾驶机动车运输危险化学品，应经批准进入危险化学品运输车辆限制通行的区域，守住6分

违法行为认定

驾驶机动车运输危险化学品，未经批准进入危险化学品运输车辆限制通行的区域，一次记6分。

公安机关负责危险化学品的公共安全管理，核发剧毒化学品购买许可证、剧毒化学品道路运输通行证，并负责危险化学品运输车辆的道路交通安全管理。危险化学品运输车辆限制通行的区域由县级人民政府公安机关划定，并在禁止运输危险物品车辆驶入路段的入口处设置明显的禁止运输危险物品车辆驶入标志，如图4-4所示。

图4-4　禁止运输危险物品车辆驶入标志

未经公安机关批准，运输危险化学品的车辆，不得进入危险化学品运输车辆限制通行的区域。确需进入禁止通行区域的，应当事先向当地公安交通管理部门报告，经批准后按指定行车时间、速度和路线行驶，或者悬挂警示标志并采取必要的安全措施。

要点提示

（1）危险品运输车需要的证件及运输中注意事项。

1）运输企业必须具有《道路运输经营许可证》、驾驶人员要有《道路运输证》，鉴于化学品种类不同，所运输化学品必须与运输证所列范围一致。此外，还需要《从业资格证》、并配备押运人员。车况良好，车顶安装危险品标志灯，针对所运输危化品，应配备应急器材，如泄漏收集工具，泄漏警戒用到的雪糕筒，相应灭火器材等。

2）运输时要注意按规定路线行驶，有些道路是不允许危险品运输车辆进入的。危险品运输车更不能在闹市区、人多的公共场所停留。

（2）办理通行证审批流程如图4-5所示。

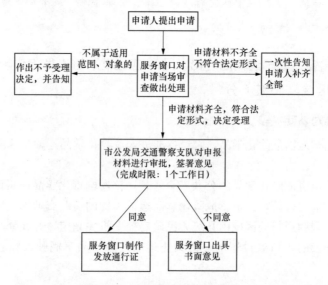

图4-5 办理通行证审批流程

（3）违反《道路危险货物运输管理规定》规定，有下列情形之一的，由县级以上道路运输管理机构责令停止运输经营，有违法所得的，没收违法所得，处违法所得2倍以上10倍以下的罚款；没有违法所得或者违法所得不足2万元的，处3万元以上10万元以下的罚款；构成犯罪的，依法追究刑事责任。

1）未取得道路危险货物运输许可，擅自从事道路危险货物运输的。

2）使用失效、伪造、变造、被注销等无效道路危险货物运输许可证件从事道路危险货物运输的。

3）超越许可事项，从事道路危险货物运输的。

4）非经营性道路危险货物运输单位从事道路危险货物运输经营的。

（4）根据《治安管理处罚法》第三十条，违反国家规定，制造、买卖、储存、运输、邮寄、携带、使用、提供、处置爆炸性、毒害性、放射性、腐蚀性物质或者传染病病原体等危险物质的，处 10 日以上 15 日以下拘留；情节较轻的，处 5 日以上 10 日以下拘留。

八、驾驶机动车按交通信号灯指示通行，守住6分

违法行为认定

驾驶机动车不按交通信号灯指示通行的，一次记6分。

道路交通信号灯的种类有机动车道信号灯、人行横道信号灯、非机动车道信号灯、方向指示信号灯、移动式交通信号灯和太阳能闪光警告信号灯等。

交通信号灯由红灯、绿灯、黄灯、绿色箭头灯、红色叉形灯组成。红灯、红色叉形灯表示禁止通行；绿灯、绿色箭头灯表示准许通行；黄灯表示警示。

车道信号灯有绿色箭头灯和红色叉形灯，如图 4-6 所示。

图 4-6　车道信号灯

人行横道灯有绿灯和红灯。

通常，不按交通信号灯通行包括：闯红灯（即红灯闪亮时未通过停车线却继续通行）、闯黄灯（即黄灯闪烁时未通过停车线却继续通行），以及不按交通信号灯的指示而借道行驶、在左转弯或右转弯车道占道直行等行为。

违反交通信号灯的行为，主要有下列几种。

（1）红灯亮时，车辆未能及时停在停车线以外。

（2）红灯亮时，车辆继续直行，即所谓"闯红灯"。

（3）黄灯闪亮时，车辆尚未越过停车线，但加速抢过停车线。

（4）虽然行进方向是放行信号，但路口已经出现阻塞情况，仍不顾安全与道路

畅通而驶入路口，加剧阻塞程度。

（5）虽然是绿灯，但转弯时妨碍直行车辆行驶。

（6）右转弯车辆遇到同车道内前车正在等候放行信号，强行从前车左侧绕行转弯，妨碍对面车辆行驶。

（7）违反指挥手势规定。

🚗 要点提示

（1）机动车通过交叉路口，应当按照交通信号灯、交通标志、交通标线或者交通警察的指挥通过。机动车通过有交通信号灯控制的交叉路口时，应当按照下列规定通行。

1）在画有导向车道的路口，按所需行进方向驶入导向车道。

2）准备进入环形路口的让已在路口内的机动车先行。

3）向左转弯时，靠路口中心点左侧转弯。转弯时开启转向灯，夜间行驶开启近光灯。

4）遇放行信号时，依次通过。

5）遇停止信号时，依次停在停止线以外。没有停止线的，停在路口以外。

6）向右转弯遇有同车道车正在等候放行信号时，依次停车等候。

7）在没有方向指示信号灯的交叉路口，转弯的机动车让直行的车辆、行人先行。相对方向行驶的右转弯机动车让左转弯车辆先行。

🚗 特别提醒

左转待转区与左转虚线的通行。

（1）左转待转区与左转虚线的区别。

1）左转待转区用于指示左转弯车辆可在直行绿灯亮且左转红灯亮时，进入待转区等待左转，如图4-7所示。等待区有两个明显的特点：①左转弯箭头；②停止线。右转待转区常常设置在单向三车道及以上等级的道路，位于左转弯专用车道前端，伸入交叉路口内，不妨碍对向直行车辆的正常行驶。

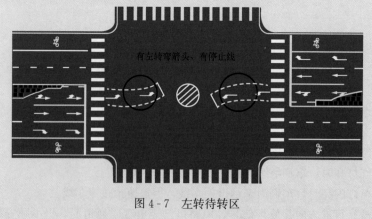

有左转弯箭头、有停止线

图4-7　左转待转区

2）左转虚线可以说是左转时的导向线，是用来引导该条路上的左转车辆进行左转的，如图4-8所示。左转虚线一般会被设置在不太规则的路口，路况复杂的情况下就很容易走错路。左转虚线与左转待转区名字不一样，划线不一样，用处也不一样。

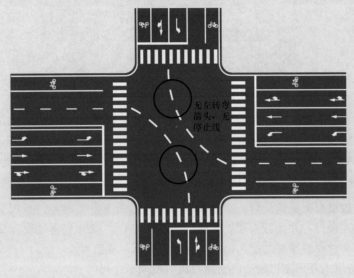

无左转弯箭头、无停止线

图4-8 左转虚线

左转虚线其实左转待转区非常形似，它们的两侧都是虚线，不同之处是左转虚线除了两侧的两条虚线以外，前方没有停止线，也没有转向箭头；左转待转区前方有明显的停止线，这条线是实线，而且标有转向箭头，形成的是一个封闭区域。很多车主开车时不会观察很多，而左转虚线与左转待转区又实在太像，就很容易搞错。

（2）左转待转区与左转虚线的通行。不要在左转虚线上停车等待左转，因为它是没有停止线的。如果将左转虚线当成左转待转区驶入，就会被当作是闯红灯处理，是要扣6分的，在深圳则要被处罚500元。

1）左转和直行是红灯。如图4-9所示，当直行和左转都是红灯时，车辆不得进入"左转等待区"，需要在停车线外等待，否则就是闯红灯行为，扣6分。

2）直行是绿灯。当同向直行绿灯亮时，即使左转灯显示的是红灯，左转弯的车辆也要进入左转待转区等候放行信号。

3）左转是绿灯。当左转弯信号灯绿灯亮时，等候在待转区的车辆应迅速通过路口。

4）左转是黄灯。当左转灯是黄灯时，还未进入待转区的车辆，应该停在左转车道停止线前，不能进入待转区。

图4-9　左转和直行是红灯

　　不进入左转等待区不属于违法行为，但如果在应该进入待转区时，还是停留在停车线前不走，可能会堵住后方直行的车辆，影响了道路通行效率，严重的将会造成路面拥堵现象，面临后方车主按喇叭催促或者大灯闪烁是不可避免的。所以在该驶入左转等待区域时就应该及时驶入，以免对其他车辆造成影响。

　　(2) 通过没有交通信号灯、交通标志、交通标线或者交通警察指挥的交叉路口时，应当减速慢行，并让行人和优先通行的车辆先行。机动车通过没有交通信号灯控制也没有交通警察指挥的交叉路口，应当遵守下列规定：

　　1) 准备进入环形路口的让已在路口内的机动车先行。

　　2) 向左转弯时，靠路口中心点左侧转弯。转弯时开启转向灯，夜间行驶开启近光灯。

　　3) 有交通标志、标线控制的，让优先通行的一方先行。

　　4) 没有交通标志、标线控制的，在进入路口前停车瞭望，让右方道路的来车先行。

　　5) 转弯的机动车让直行的车辆先行。

　　6) 相对方向行驶的右转弯的机动车让左转弯的车辆先行。

　　(3) 机动车驾驶人违反道路交通安全法律、法规关于道路通行规定的，处警告或者20元以上200元以下罚款。

　🚗 **特别提醒**

　　(1) 当汽车临近路口时，要谨慎驾驶。最好多观察，并提前减速，同时注意保持安全车距。否则误闯红灯，轻则扣分，重则引发交通事故。只要在意识到车头越线或是车体越线后，立刻停止移动，就不会被处罚，如图4-10所示。避免闯红灯的方法如下。

　　1) 有箭头指示灯时看箭头灯，否则看圆灯。

　　2) 红灯亮时，车头不得再越过停止线。

　　3) 黄灯亮时，车头不得再越过停止线。

图 4-10 越线后立即停止

4）绿灯刚闪时，距离近且速度快时，应该通过，因为此时可能刹不住而越过停止线；距离远或速度慢或路口拥塞时，应该停止。

5）城市开车，要养成只要见到斑马线或停止线，就找交通灯的习惯，遇路口也要第一时间找交通灯，在视野范围内包括交通灯。

（2）违反交通信号灯后可以申请撤销罚单的情形。

1）避让警车、消防车、救护车、工程抢险车执行紧急任务的。

2）机动车被盗抢期间发生的。

3）有证据证明是为救助危险或者紧急避险造成的。

4）现场已被交通警察处理的。

5）因交通信号指示不一致造成的。

6）记录的机动车号牌信息错误的。

7）因使用伪造、变造或者其他机动车号牌发生违法行为造成合法机动车被记录的。

8）其他应当消除的情形。

九、机动车驾驶证被暂扣或者扣留期间不得驾驶机动车，守住6分

违法行为认定

机动车驾驶证被暂扣或者扣留期间驾驶机动车的，一次记6分。

无证驾驶的情形主要有：①未取得机动车驾驶证；②机动车驾驶证被吊销；③机动车驾驶证被暂扣期间通过非法程序取得驾驶证的；④使用失效的驾驶证驾驶机动车的；⑤在某段时间内丧失驾驶公路客运汽车资格的驾驶人驾驶公路客运汽车的。

（1）无证驾驶是指没有依法取得驾驶资格或行为人已经取得机动车驾驶证，但是在驾驶机动车过程中，因违反《道路交通安全法》，受到县级以上公安机关交通管理部门作出暂扣机动车驾驶证处罚，在处罚期间有驾驶机动车的行为。所以，驾驶

证被暂扣期间驾驶机动车的，仍属于无证驾驶。

（2）机动车驾驶人在机动车驾驶证丢失、损毁、超过有效期或者被依法扣留、暂扣期间以及记分达到 12 分的，驾驶机动车的，仍属于无证驾驶，如图 4-11 所示。

🔧 要点提示

（1）驾驶机动车，应当依法取得机动车驾驶证；驾驶机动车时，应当随身携带机动车驾驶证。

图 4-11　无证驾驶

（2）未取得机动车驾驶证、机动车驾驶证被吊销或者机动车驾驶证被暂扣期间驾驶机动车；或者将机动车交由未取得机动车驾驶证或者机动车驾驶证被吊销、暂扣的人驾驶的，将会被处 200 元以上 2000 元以下罚款。第一种情况下，可以并处吊销机动车驾驶证。第二种情况下，可以并处 15 日以下拘留。

（3）机动车驾驶人不能出示本人有效驾驶证的，又无其他机动车驾驶人即时替代驾驶的，公安机关交通管理部门除依法给予处罚外，可以将其驾驶的机动车移至不妨碍交通的地点或者有关部门指定的地点停放。

十、造成致人轻微伤或者财产损失的交通事故不逃逸，尚不构成犯罪，守住 6 分

违法行为认定 🔖

造成致人轻微伤或者财产损失的交通事故后逃逸，尚不构成犯罪，一次记 6 分。

（1）轻微伤的鉴定。轻微伤、轻伤、重伤，是判断行为人应当承担何种法律责任的主要依据。根据法律规定，轻伤是指有或无器官功能障碍的轻伤。在受伤时或治疗过程中对生命没有危险，治疗后劳动能力下降不超过 1/3 的，视为轻伤。凡是只引起机体暂时的轻微反应，基本不影响器官功能且能自行修复的，则属于轻微伤。一般由公安机关、人民法院依法派定的法医生担任鉴定人进行鉴定。

轻微伤属于情节显著轻微的行为，不构成犯罪，但是触犯了治安管理处罚法的规定，会被追究行政责任，其次，还需要承担民事赔偿责任。

（2）财产损失的评估。按照公开、公平、便民、效率的处理事故原则，在事故发生后，首先召集各方事故当事人协商财产损失。对于拒绝协商或者协商不成的，公安机关交通管理部门可以向当事人介绍符合条件的评估机构，由当事人自行选择。

（3）交通肇事逃逸。是指车辆驾驶人因违反道路交通安全法律法规的规定，在发生道路交通事故后，当事人为逃避法律追究，驾驶车辆或者遗弃车辆逃离道路交通事故现场的行为。肇事逃逸有两种情况：①驾驶车辆在事故发生后逃离事故现场；②弃车逃逸，即当事人将车留在现场，人逃离事故现场。

要点提示

(1) 轻微伤不构成刑事责任,只能要求民事赔偿。主要的赔偿项目有:医疗费、误工费、护理费、交通费、住宿费、住院伙食补助费、必要的营养费等。公安机关进行双方调解赔偿医疗费等达成协议,如果赔偿达不成协议,可以向当地法院提起民事诉讼,要求赔偿伤害所受的损失。

(2) 造成交通事故后逃逸,尚不构成犯罪的,由公安机关交通管理部门处 200 元以上 2000 元以下罚款。

十一、不驾驶机动车在高速公路或者城市快速路上违法占用应急车道行驶, 守住6分

违法行为认定

驾驶机动车在高速公路或者城市快速路上违法占用应急车道行驶,一次记分 6 分。

"应急车道"又叫生命通道,如图 4 - 12 所示,主要在城市环线、快速路及高速路两侧施划,专门当道路有事故发生,让救护车、清障车快速前往处理时预留的专用车道。也供工程救险、消防救援、医疗救护或民警执行紧急公务等处理应急事务的车辆使用,任何社会车辆禁止驶入或者以各种理由在车道内停留。

图 4 - 12 应急车道

在高速公路违法占用应急车道的行为主要有四种:借道应急车道行驶,路堵时在应急车道上排队等候,非临时紧急特殊情况下在应急车道上停车,以及骑压应急车道和行车道分道线行驶。

如果遇到交通管制时,驾驶人不听从现场民警劝阻,强行占用应急车道。对此,警方可按机动车违反交通管制规定强行通行的违法行为处罚,即处 1000 元以上、2000 元以下罚款,可并处 15 日以下拘留。

对营运客车、危险化学品运输车等重点车辆违法占用应急车道的,将违法驾驶人列入"黑名单"管理,一个记分周期内记满 12 分的,对其驾驶证进行降级处理,并注销其最高准驾车型的驾驶资格。

⚖ 要点提示

高速公路在交通流量特别大时，车辆行驶缓慢，由于交通拥挤，无法在行车道内超车，于是有些车辆便进入应急车道内行驶，利用应急车道超车，这属于交通安全违法行为。即便高速公路上发生拥堵，也不能随意使用应急车道。驾驶人应在主车道和超车道内依次等候通行，尾随前车行驶，不要随意进入应急车道行驶。如果遇到前方塞车，更不可妨碍应急车道的通行顺畅。

若驾驶营运客车以外的机动车在高速公路车道内停车，或驾驶机动车在高速公

图 4-13 紧急避险车道

路或者城市快速路上违法占用应急车道行驶，罚款 200 元，一次记 6 分。

高速公路避险车道是在高速公路长陡下坡路段行车道外侧增设的，供速度失控车辆驶离高速路，使其安全减速的专用车道，如图 4-13 所示。

紧急避险车道对失控的车辆有紧急避险的作用，但同样也有很大的安全隐患，在紧急避险车道随意停车属于违法行为。因此，为了自己和他人的生命安全，请远离紧急避险车道。

🚗 特别提醒

（1）机动车在高速公路或者城市快速路上行车中，如果确实遇到故障等无法解决的问题，应将车停在紧急停靠带内，开启危险警示灯，在车后方 150m 处摆放警告标志，夜间、雨、雾等天气还应当同时开启示宽灯、尾灯和后雾灯。其他人员一定要撤到安全区域内，必要时应及时拨打高速公路救援电话（112 或 12122）或高速公路紧急（报警）电话，如图 4-14 所示，请求援助。

(a)

(b)

图 4-14 高速公路报警（救援）电话和紧急电话

(a) 高速公路救援电话；(b) 高速公路紧急电话

紧急停车带或紧急行车道，指的是在高速公路和一级公路上，供车辆临时发生故障或其他原因紧急停车使用的临时停车地带。应急车道在遇有交通事故等突发事件造成交通中断等情况时，对抢救伤员、快速处置事故现场、保证及时恢复通车发挥着重要作用，是高速公路的"生命通道"。

（2）什么情况可以使用紧急停车带。

1）机动车发生交通事故或者故障，确需停车等待救援时，可以在应急车道内临时停放。

2）供警车、消防车、救护车、工程救险车在执行紧急任务时使用。

3）其他车辆在警察指挥下才可以通行，如交警示意机动车立即停车的。

除上述3种情形外，其他情况则不允许在紧急停车带停车。当然，特殊情况除外，例如驾驶人突发紧急病症等。

知识拓展

高速公路救援电话与紧急电话的区别。

（1）电话本质的区别。高速公路救援电话和紧急电话不是同一个号码。

1）高速公路紧急电话是一部安装在高速公路上的实体电话（电话亭），供车辆发生故障时请求牵引，或发生事故时报警之用。在高速公路上每隔一段距离就会设置一部紧急电话，且在公路的右侧可以看到紧急电话的指示牌（只是一个黑色的听筒，下面没有数字）。

2）高速公路救援电话是个电话号码，是全国高速公路报警救援电话号码12122，在紧急高速公路事故报警时使用。救援电话有"救援"两个字，还有一个号码（12122为全国高速公路报警救援电话），报警电话图标下面有SOS字样。在高速公路上不分区域使用。

（2）拨打方式的区别。

1）高速公路紧急电话是一部只能通向高速公路交通指挥中心的专线电话。使用时无需拨号，在电话机的面板上设有一个按钮，只需用食指单击按钮，然后松开稍后即可与交通指挥中心通话。通话前应确认自己所在位置的公里数，时间，车辆的故障情况，或事故规模，伤亡情况，以便有关部门统筹安排。

2）救援电话是一个电话号，需要自己用手机拨打号码进行求救。

你能守住几分？
扫码测一下吧！

第五章

预防违法行为， 一次守住 3 分

一、 不驾驶校车、 公路客运汽车、 旅游客运汽车、 7 座以上载客汽车以外的其他载客汽车载人超过核定人数 20％ 以上 （未达到 50％）， 守住 3 分

违法行为认定

驾驶校车、公路客运汽车、旅游客运汽车、7 座以上载客汽车以外的其他载客汽车载人超过核定人数 20％ 以上未达到 50％ 的，一次记 3 分。

特别提醒

房车可乘坐几人需要看整车合格证上标明的准乘人数，新标准对旅居车核定乘员数应小于等于 9 人，但车长小于 6m 时的核定乘员数应小于等于 6 人。上蓝牌的自行式房车允许准载人数最多 6 人。行车途中拖挂式房车禁止坐人。

要点提示

（1）机动车载人不得超过核定的人数，客运机动车不得违反规定载货。

（2）公路客运客车不得超过核定的载客人数，但按照规定免票的儿童除外，在载客人数已满的情况下，按照规定免票的儿童不得超过核定载客人数的 10％。

（3）公路客运载客汽车超过核定乘员、载货汽车超过核定载质量的，公安机关交通管理部门依法扣留机动车后，驾驶人应当将超载的乘车人转运，将超载的货物卸载，费用由超载机动车的驾驶人或者所有人承担。

（4）公路客运车辆或者货运机动车超载的，依法扣留车辆。

（5）超载处罚。

1）公路客运车辆载客超过额定乘员的，处 200 元以上 500 元以下罚款。

2）有前款行为的，由公安机关交通管理部门扣留机动车至违法状态消除。

特别提醒

与其他情形扣分的区别。

（1）注意与一次记12分的情形的区别。驾驶校车、公路客运汽车、旅游客运汽车载人超过核定人数20%以上，或驾驶其他载客汽车载人超过核定人数100%以上的，记12分。

（2）注意与一次记9分的情形的区别。驾驶7座以上载客汽车载人超过核定人数50%以上未达到100%的，记9分。

（3）注意与一次记6分的情形的区别。驾驶校车、公路客运汽车、旅游客运汽车载人超过核定人数未达到20%，或者驾驶7座以上载客汽车载人超过核定人数20%以上未达到50%，或者驾驶其他载客汽车载人超过核定人数50%以上未达到100%的，记6分。

二、不驾驶校车、中型以上载客载货汽车、危险物品运输车辆以外的机动车在高速公路、城市快速路以外的道路上行驶超过规定时速20%以上（未达到50%），守住3分

违法行为认定

驾驶校车、中型以上载客载货汽车、危险物品运输车辆以外的机动车在高速公路、城市快速路以外的道路上行驶超过规定时速20%以上未达到50%的，一次记3分。

要点提示

（1）机动车上道路行驶，不得超过限速标志标明的最高时速。"限速标志标明的最高时速"，是指由各级公安机关交通管理部门或者交通行政主管部门规定在高速公路、公路以及城市道路右侧设置的限速标志牌规定的最高时速。

（2）在没有限速标志的路段，应当保持安全车速。"应当保持安全车速"，是根据不同车型、车速，后面的车辆与前面的车辆之间应当保持一个相对安全的行车距离和行车速度，在遇有紧急情况时，可以应付处置而不至于发生交通事故。

（3）夜间行驶或者在容易发生危险的路段行驶，以及遇有沙尘、冰雹、雨、雪、雾、结冰等气象条件时，应当降低行驶速度。

特别提醒

与其他情形扣分的区别。

（1）注意与一次记6分的情形的区别。驾驶校车、中型以上载客载货汽车、危险物品运输车辆以外的机动车在高速公路、城市快速路上行驶超过规定时速20%以上未达到50%，或者在高速公路、城市快速路以外的道路上行驶超过规定时速50%以上的，记6分。

（2）注意与一次记1分的情形的区别。驾驶校车、中型以上载客载货汽车、危险物品运输车辆在高速公路、城市快速路以外的道路上行驶超过规定时速10%以上未达到20%。

三、驾驶机动车在高速公路或者城市快速路上应按规定车道行驶，守住3分

违法行为认定

驾驶机动车在高速公路或者城市快速路上不按规定车道行驶的，一次记3分。

要点提示

（1）城市快速路是指城市道路中设有中央分隔带，具有四条以上的车道，全部或部分采用立体交叉与控制出入，供车辆以较高的速度行驶的道路。

（2）高速公路相应车道行驶规则如下：

1）机动车从匝道驶入高速公路，应当开启左转向灯，在不妨碍已在高速公路内的机动车正常行驶的情况下驶入车道。

2）机动车驶离高速公路时，应当开启右转向灯，驶入减速车道，降低车速后驶离。

3）如图5-1所示，同方向有2条车道的，左侧车道的最低车速为100km/h；同方向有3条以上车道的，最左侧车道的最低车速为110km/h，中间车道的最低车速为90km/h。道路限速标志标明的车速与上述车道行驶车速的规定不一致的，按照道路限速标志标明的车速行驶。没有达到该车道规定车速而在该车道行驶的，属于违法占道行驶。

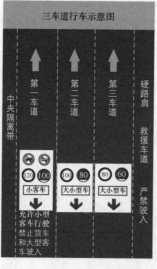
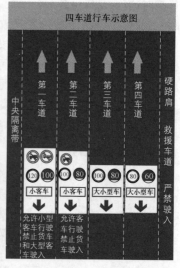

图 5-1 按车道行驶

4）不得在匝道、加速车道或者减速车道上超车。

5）不得骑、轧车行道分界线或者在路肩上行驶，如图5-2所示。

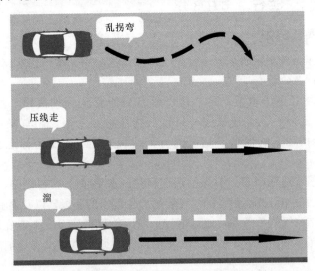

图5-2　不得骑、轧车行道分界线或者在路肩上行驶

6）不得在非紧急情况时在应急车道行驶或者停车。

未达到规定时速而在相应车道行驶，可界定为不按规定车道行驶，根据法律规定处以记3分的处罚。同时，高速公路已经标明车道的行驶速度，超过标明时速值行驶，将视为超速行驶。

不按规定车道行驶的违法行为如下：

7）轧线行驶。

8）骑线行驶。

9）右转弯车道直行。

10）左转弯车道直行。

11）直行车道左转弯或者右转弯。

🚗 **特别提醒**

　　如果机动车行驶在直行车道，通过路口时违法左右转弯，这种行为属于不按规定车道行驶，需要根据道路性质而定。如果机动车在高速公路、城市快速路不按照规定车道通行，记3分，处20元以上200元以下罚款；如果机动车在高速公路、城市快速路以外的道路上不按规定车道行驶，不记分，处20元以上200元以下罚款。

　　另外，如果机动车违反右转信号灯转弯，应属于违反遵守交通信号灯通行，要处20元以上200元以下罚款，记6分。

四、驾驶机动车应按规定超车、让行，或者在高速公路、城市快速路以外的道路上不逆行，守住3分

违法行为认定

驾驶机动车不按规定超车、让行，或者在高速公路、城市快速路以外的道路上逆行的，一次记3分。

（1）不按规定违法超车，是指违反道路交通安全管理法律、法规关于超车行驶的有关规定的行为。违法超车可以分为3种：①违反超车操作程序规定的行为；②在禁止超车的情形下超车的行为；③违反道路交通标志、标线超车的行为。

下列行为属于违法超车：不具备超车条件，威逼前车靠右让路，强行超车的；超车中不能正确使用灯光、信号的；在容易发生危险的路段，以及遇有沙尘、冰雹、雨、雪、雾、结冰等气象条件，能见度较低或不能保证安全，不能确认有充足的安全距离，强行超车的；从前车的右侧超车的；驶回原车道时没有与被超车辆拉开必要的安全距离的。

驾驶机动车在道路上行驶违反超车有关规定的行为，主要有下列几种。

1）前车正在左转弯、掉头、超车的，如图5-3所示。

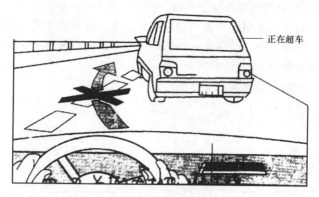

图5-3 前车正在超车时禁止超车

2）与对面来车有会车可能的。

3）前车为执行紧急任务的警车、消防车、救护车、工程救险车的。

4）行经铁路道口、交叉路口、窄桥、弯道、陡坡、隧道、人行横道、市区交通流量大的路段等没有超车条件的。

机动车遇有前方车辆停车排队等候或者缓慢行驶时，不得借道超车。不得借道超车，不等于不能变更车道。如果驾驶人变更车道向前继续行驶的，不属于违法超车。

机动车在高速公路上行驶，不得在匝道、加速车道或者减速车道上超车。

（2）不按规定让行是在驾驶机动车时未履行法定的安全避让义务的行为。未按规定让行可分为：违反《道路交通安全法》规定的让行义务；违反《道路交通安全法实施条例》规定的让行义务；违反道路交通标志、标线规定的让行义务；违反地方性法规、地方政策规章规定的让行义务四种。驾驶机动车在道路上行驶不按规定让行的行为，主要有下列几种。

1）在狭窄的坡路，下坡的一方抢行。

2）准备进入环形路口的未让已在路口内的机动车先行。

3）在没有方向指示信号灯的交叉路口，相对方向行驶的右转弯机动车不让左转弯车辆先行。

4）有交通标志、标线控制的，不让优先通行的一方先行。

5）没有交通标志、标线控制的，不让右方道路的来车先行。

6）转弯的机动车不让直行的车辆先行。

7）相对方向行驶的右转弯的机动车不让左转弯的车辆先行。

凡是有特殊规定的，如会车中的让行规定，按照相应的违法行为认定，不再作为不按规定让行来认定。不按规定让行，主要是在道路通行中，双方都拥有通行权利，遇到冲突时，道路交通安全管理法律、法规为协调双方权利，规定一方先行的权利和另一方避让的义务。如果一方没有在此道路空间的通行权，则不存在不按规定让行的问题。

（3）逆向行驶是指机动车违反右侧通行的规则，违反道路交通安全管理法律、法规及交通标志、标线的有关规定，占用对向车道行驶的行为。

机动车驾驶人在非借道超车的情况下，违反右侧通行原则逆向行驶的行为。

要点提示

（1）超车。

1）违反超车操作程序规定。超车前，超车者要认真观察被超车的行驶状态、行驶速度，目测超车地段的道路宽度、路面状况、行人和其他车辆的动态，判断是否能够安全超车。

机动车超车时，应当提前开启左转向灯、变换使用远、近灯光或者鸣喇叭。在没有道路中心线或者同方向只有1条机动车道的道路上，前车遇后车发出超车信号时，在条件许可的情况下，应当降低速度、靠右让路。后车应当在确认有充足的安全距离后，从前车的左侧超越，在与被超车辆拉开必要的安全距离后，开启右转向灯，驶回原车道。

2）在禁止超车的情形下超车。

3）违反道路交通标志、标线超车。

a. 在设有禁止超车标志和解除禁止超车标志之间的路段超车的行为为违法超车。

b. 在划有中心黄色双实线的路段上，车辆跨线、压线、越线超车的行为为违法超车。

c. 在划有中心黄色虚实线的路段上，实线一侧车辆跨线、越线超车的行为为违法超车。

d. 在划有中心黄色单实线的路段上，车辆跨线、压线、越线超车的行为为违法超车。

e. 在划有禁止变换车道线的路段上，车辆借道超车的行为为违法超车。禁止变换车道线，用于禁止车辆变换车道和借道超车。

f. 在划有车行道宽度渐变段标线的路段，超车的行为为违法超车。车行道宽度渐变段标线，用以警告车辆驾驶人路宽缩减或车道数减少，应谨慎行车，并禁止超车。

4）允许越线超车的情形。

a. 同车道行驶的机动车，后车应与前车保持足以采取紧急制动措施的安全距离。

b. 机动车遇有前方车辆停车排队等候或者缓慢行驶时，不得借道超车或者占用对面车道，不得穿插等候的车辆。

c. 机动车超车时，应当提前开启左转向灯，变换使用远、近光灯或者鸣喇叭。在没有道路中心线或者同方向只有一条机动车道的道路上，前车遇后车发出超车信号时，有条件许可的情况下，应当降低速度，靠右让路。后车应当在确认有充足的安全距离后，从前车的左侧超越，在与被超车辆保持必要的安全距离后，开启右转向灯，驶回的原车道。

d. 机动车应当按照下列规定使用转向灯：

• 向左转弯、向左变更车道、准备超车、驶离停车地点或者掉头时，应当提前开启左转向灯。

• 向右转弯、向右变更车道、超车完毕驶回原车道、靠路边停车时，应当提前开启右转向灯。

e. 机动车在高速公路上行驶，不得在匝道、加速车道或者减速车道上超车。

（2）让行。

1）《道路交通安全法》规定的让行义务。

a. 机动车通过交叉路口。应当按照交通信号灯、交通标志、交通标线或者交通警察的指挥通过；通过没有交通信号灯、交通标志、交通标线或者交通警察指挥的交叉路口时，应当减速慢行，并让行人和优先通行的车辆先行。

b. 机动车避让行人。机动车经人行横道时，应当减速行驶；遇行人正在通过人行横道，任何条件下必须停车让行。机动车行经没有交通信号的道路时，遇行人横过道路，采取各种措施避让，甚至停车让行。

c. 避让执行紧急任务的警车、消防车、救护车、工程救险车，如图5-4所示。警车、消防车、救护车、工程救险车执行紧急任务时，可以使用警报器、标志灯具；在确保安全的前提下，不受行驶路线、行驶方向、行驶速度和信号灯的限制，其他车辆和行人应当让行。

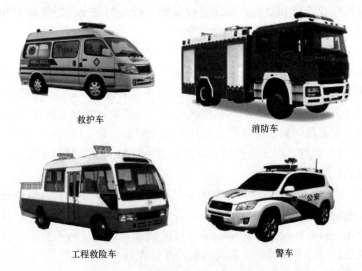

救护车 消防车

工程救险车 警车

图 5-4 前方为执行紧急任务的车辆

特别提醒

（1）如果在避让急救车时被抓拍到交通违法，公安机关交通管理部门将进行严格核实，情况属实的将依法撤销。因此，如果在避让急救车时发生了交通违法行为或是被抓拍，避让的驾驶人可记好急救车的号牌，这是在向公安机关交通管理部门申请撤销时的关键。此外，驾驶人最好记住避让的路段及具体位置和时间。驾驶人只需要提供这些简单资料即可，调查过程由公安机关交通管理部门完成。

（2）对特种车让行有两个前提：一是特种车必须是在执行紧急任务时，才享受所赋予的特权；二是要在确保安全的原则下，才享受所赋予的特权。

（3）如果和4种特种车同时相遇，应按消防车、警车、救护车、工程救险车顺序依次避让。

执行任务的特种车是不受各行其道、按交通信号通行制约的。它不论是顺行还是逆行，只要是执行紧急任务的需要，在确保安全的前提下，凡所行经的人行道、车行道，都享有优先通行权。行人和其他车辆不论是否在其本道内通行都必须无条件地让执行任务的特种车先行。行人和其他车辆在发现特种车显示标志灯光和警报音响时，不论来自何方，凡是可能妨碍特种车通行的都应立即避让。遇有警车护卫的车队时，还要避让整个车队，不准穿插或超越，待尾车过去后，方可横穿。

d. 注意避让执行作业任务的道路养护车辆、工程作业车。道路养护车辆、工程作业车进行作业时，在不影响过往车辆通行的前提下，其行驶路线和方向不受交通标志、标线限制，过往车辆和人员应当注意避让。

为了保障作业速度和质量，保证过往车辆、行人的安全，过往车辆和人员有注意避让道路养护车辆和工程作业车的义务。

2)《道路交通安全法实施条例》规定的让行义务。

a. 被超车应当按规定让行。在没有道路中心线或者同方向只有1条机动车道的道路上，前车遇后车发出超车信号时，在条件许可的情况下，应当降低速度、靠右让路。条件许可，是指被超车的右侧路面尚有一定宽度，并且无坑穴、塌陷、隆起、障碍物、行人和其他车辆。有条件靠右让路而不靠右让路，即为"故意不让"，应按"不按规定让行"处理。但无条件靠右让路而靠右让路发生了交通事故的，属于侵犯他人通行权利。

b. 机动车通过有交通信号灯控制的交叉路口应当按规定让行。机动车通过有交通信号灯控制的交叉路口，应当按照下列规定通行：准备进入环形路口的让已在路口内的机动车先行；在没有方向指示信号灯的交叉路口，转弯的机动车让直行的车辆、行人先行；相对方向行驶的右转弯机动车让左转弯车辆先行。

其中，转弯的机动车既包括左转弯，又包括右转弯。直行的车辆、行人既包括同向行驶的车辆、行人，也包括相对方向行驶的车辆、行人。

相对方向的右转弯机动车让左转弯车辆先行，是因为左转弯车辆转弯时占用的交叉路口的面积比相对方向右转弯机动车占用的路口面积要大，对路口通行效率影响明显。确立左转弯车辆的优先通行，可以提高交叉路口的通行效率。

c. 机动车通过没有交通信号灯控制也没有交通警察指挥的交叉路口应当按规定让行。机动车通过没有交通信号灯控制也没有交通警察指挥的交叉路口，应当遵守下列规定：准备进入环形路口的让已在路口内的机动车先行；有交通标志、标线控制的，让优先通行的一方先行；没有交通标志、标线控制的，在进入路口前停车瞭望，让右方道路的来车先行；转弯的机动车让直行的车辆先行；相对方向行驶的右转弯的机动车让左转弯的车辆先行。

由于没有交通信号灯的指示，也没有交通警察的指挥，因此，机动车进入路口，只能通过自己合理的判断，依照《道路交通安全法》规定的安全原则，确认安全后谨慎通过。右方道路的来车包括机动车和非机动车。直行的车辆中的车辆包括机动车和非机动车。

左转弯的车辆转弯半径大，占用道路时间长、面积大，让这些车辆先行，可以有效节约时间，尽快腾清路口，减少车辆在路口内的延误，提高路口通行能力。这里左转弯的车辆同样也应当包括机动车和非机动车。

d. 因非机动车道被占用无法在本车道内行驶的非机动车，可以在受阻的路段借用相邻的机动车道行驶，并在驶过被占用路段后迅速驶回非机动车道。机动车遇此情况应当减速让行。

因非机动车道被占用无法在本车道内行驶的非机动车，在受阻的路段内准许驶入机动车道行驶，这不属于借道。其在规定的机动车道内行驶路段为其临时车道。这是出于被迫而得到道路交通安全管理法规所赋予的通行权利。这种通行权利又由道路交通安全管理法律、法规规定的后面驶来的机动车须减速让行的义务来保障。这里包括两层含义：①非机动车可以在受阻的路段借用相邻的机动车道行驶，并在驶过被占用路段后迅速驶回非机动车道。规定非机动车只准在受阻的路段驶入机动车道，是考虑到非机动车在本车道内的通行权利受到"侵犯"，而用准许驶入机动车道予以调整；②非机动车在受阻路段驶入机动车道是被迫而为的，因此，既不按借道看待，也不以违法论处，而应视为理应享受的正当通行权利，因此机动车遇此情况应当减速让行。

3）道路交通标志、标线规定的让行义务。

a. 在设有窄路标志的地点遇有来车应予减速避让。窄路标志，用以促使车辆驾驶人注意前方车行道或路面狭窄情况，遇有来车应予减速避让。

b. 在设有停车让行标志的地点应当停车让行。停车让行标志如图 5-5（a）所示，表示车辆必须在停止线以外停车瞭望，确认安全后，才准许通行。

c. 在设有减速让行标志的地点应当减速让行。减速让行标志如图 5-5（b）所示，表示车辆应减速让行，告示车辆驾驶员必须慢行或停车，观察道路行车情况，在确保相关道路车辆优先通行的前提下，认为安全时方可继续通行。

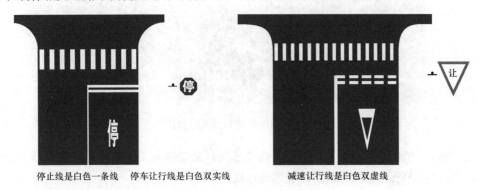

停止线是白色一条线　停车让行线是白色双实线　　　减速让行线是白色双虚线

图 5-5 停车让行线

（a）停车让行；（b）减速让行

停车让行线是在没有信号灯状态下。停止线是遇有信号灯红灯时表示车辆等候放行信号的位置，不能超越或压此线。

d. 在设有环岛行驶标志的地点，车辆进入环岛时应当让内环车辆优先通行。环岛行驶标志，表示只准车辆靠右环行，设在环岛面向路口来车方向的适当位置。车辆进入环岛时应让内环车辆优先通行。

e. 在设有避车道标志的地点应当按规定避让来车。避车道标志，用于指示前方设有避让来车之处所。

f. 在划有停车让行线的地点应当停车让行。停车让行线，表示车辆在此路口必须停车让相交道路车辆先行。设有停车让行标志的路口，应设停车让行标线。

g. 在划有减速让行线的地点应当减速让行。减速让行线，表示车辆在此路口必须减速让相交道路车辆先行。设有减速让行标志的路口，应设减速让行标线。

4) 地方性法规、地方政府规章规定的让行义务。各地地方性法规、地方政府规章如果有规定让行义务的，应当遵守。

a. 机动车通过没有交通信号灯、交通标志、交通标线或者交通警察指挥的交叉路口时，应当减速慢行，并让行人和优先通行的车辆先行。

b. 机动车行经人行横道时，应当减速行驶；遇行人正在通过人行横道，应当停车让行。机动车行经没有交通信号的道路时，遇行人横过道路，应当避让。

c. 警车、消防车、救护车、工程救险车执行紧急任务时，可以使用警报器、标志灯具；在确保安全的前提下，不受行驶路线、行驶方向、行驶速度和信号灯的限制，其他车辆和行人应当让行如图5-6所示。

图5-6　其他车辆和行人应当让行

警车、消防车、救护车、工程救险车非执行紧急任务时，不得使用警报器、标志灯具，不享有前款规定的道路优先通行权。

d. 在没有中心隔离设施或者没有中心线路的道路上，机动车遇相对方向来车时应当遵守下列规定：

• 在有障碍的路段，无障碍的一方先行；但有障碍的一方先驶入障碍路段而无障碍的一方未驶入时，有障碍的一方先行。

• 在狭窄的坡路，上坡的一方先行；但下坡的一方已行至中途而上坡的一方未上坡时，下坡的一方先行。

• 在狭窄的山路，不靠山体的一方先行。

e. 机动车通过有交通信号灯控制的交叉路口，应当按照下列规定通行：

• 准备进入环形路口的让已在路口内的机动车先行。

• 在没有方向指示信号灯的交叉路口，转弯的机动车让直行的车辆、行人先行；相对方向行驶的右转弯机动车让左转弯车辆先行。

f. 机动车通过没有交通信号灯控制也没有交通警察指挥的交叉路口，还应当遵守下列规定：

- 有交通标志、标线控制的，让优先通行的一方先行。
- 没有交通标志、标线控制的，在进入路口前停车瞭望，让右方道路的来车先行。
- 转弯的机动车让直行的车辆先行如图5-7所示。

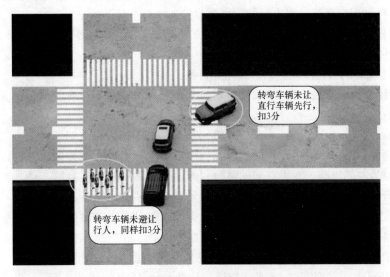

图 5-7　转弯的机动车让直行的车辆先行

- 相对方向行驶的右转弯的机动车让左转弯的车辆先行如图5-8所示。

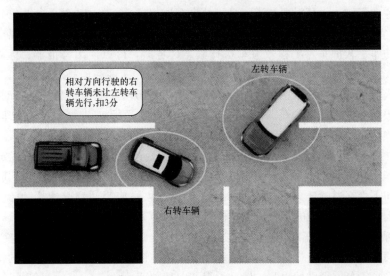

图 5-8　相对方向行驶的右转弯的机动车让左转弯的车辆先行

（3）逆向行驶。

1）机动车、非机动车实行右侧通行。

2）道路养护车辆、工程作业车进行作业时，在不影响过往车辆通行的前提下，其行驶路线和方向不受交通标志、标线限制，过往车辆和人员应当注意避让。洒水车、清扫车等机动车应当按照安全作业标准作业；在不影响其他车辆通行的情况下，可以不受车辆分道行驶的限制，但是不得逆向行驶。

3）机动车在高速公路上行驶不得逆行。

4）机动车驾驶人违反道路交通安全法律、法规关于道路通行规定的，处警告或者20元以上200元以下罚款。

a. 违反右侧通行原则，在道路左侧行驶。

《道路交通安全法》第35条规定，机动车、非机动车实行右侧通行。即平时所说的靠右通行，不准逆行。

右侧通行，是指驾驶机动车、非机动车上路时，如道路上划、设中心线的，以中心线为界；不划、设中心线的，以几何中心线为界，以面对方向定左右，即左手一侧道路为左侧道路，右手一侧道路为右侧道路，除有特殊规定的车辆外，一律靠右道路行驶。右侧通行的原则只适用于机动车和非机动车，行人可不适用右侧通行的原则，自行车推行可视为行人。右侧通行要求机动车停靠时按顺行方向靠右侧停留；道路行驶中低速靠右；超速或掉头靠左侧。

b. 违反道路交通安全管理法律、法规规定，在道路左侧行驶。

• 排队占用对面车道。《道路交通安全法》第45条第1款规定："机动车遇有前方车辆停车排队等候或者缓慢行驶时，不得借道超车或者占用对面车道，不得穿插等候的车辆。"机动车遇有前方车辆停车排队等候或者缓慢行驶时占用对面车道的行为为逆向行驶。占用对面车道，是指整个车道都越过道路中心线的行为。

• 特种车辆非执行紧急任务左侧行驶。《道路交通安全法》第53条规定："警车、消防车、救护车、工程救险车执行紧急任务时，可以使用警报器、标志灯具；在确保安全的前提下，不受行驶路、行驶方向、行驶速度和信号灯的限制，其他车辆和行人应当让行。警车、消防车、救护车、工程救险车非执行紧急任务时，不得使用警报器、标志灯具，不享有前款规定的道路优先通行权。"警车、消防车、救护车、工程救险车非执行紧急任务时，在道路左侧行驶的行为为逆向行驶。

• 特殊车辆非作业时左侧行驶。《道路交通安全法》第54条第1款规定："道路养护车辆、工程作业车进行作业时，在不影响过往车辆通行的前提下，其行驶路线和方向不受交通标志、标线限制，过往车辆和人员应当注意避让。"道路养护车辆、工程作业车非作业时，在道路左侧行驶的行为为逆向行驶。

• 洒水车、清扫车左侧行驶。《道路交通安全法》第54条第2款规定："洒水车、清扫车等机动车应当按照安全作业标准作业；在不影响其他车辆通行的情况下，可以不受车辆分道行驶的限制，但是不得逆向行驶。"洒水车、清扫车等机动车不论是否作业均不得逆向行驶。

c. 违反道路交通标志、标线规定，在道路左侧行驶。

• 在由单向行驶的路段进入双向行驶的路段时，违反双向交通标志，在道路左侧通行为逆向行驶。双向道路标志，用以促使车辆驾驶员注意会车。

• 在划有双向两车道路面黄色中心虚线的道路上，在非超车的情况下，越线行驶的行为（指整个车体都越过黄色中心虚线）为逆向行驶。黄色中心虚线用于指示车辆驾驶员靠右行驶，各行其道，分道行驶。

• 在划有中心黄色双实线的道路上，在任何情况下，车辆整个车体越过中心黄色双实线、在线的左侧行驶的行为都为逆向行驶。中心黄色双实线表示严格禁止车辆跨线超车或压线行驶。

• 在划有中心黄色虚实线的道路上，在非超车的情况下，整个车体都越过中心黄色虚实线行驶的行为为逆向行驶。中心黄色虚实线表示实线一侧禁止车辆越线超车或向左转弯，虚线一侧准许车辆越线超车或向左转弯。

• 在划有中心黄色单实线的道路上，在任何情况下，车辆整个车体越过中心黄色单实线、在线的左侧行驶的行为都为逆向行驶。中心黄色单实线表示不准跨线超车或压线行驶。

• 在设有单向行驶标志的路段反方向行驶的行为为逆向行驶。单向行驶标志表示一切车辆都必须单向行驶。

d. 不属于逆向行驶的情形。

根据道路交通安全管理法律、法规的规定，车辆遇有下列情况，可以在道路中心左侧行驶，不以逆行违法处罚：

• 在单向行驶的道路内可以在道路中心左侧行驶。

• 执行紧急任务的警车、消防车、救护车、工程救险车，在保证交通安全的前提下，越过中心线靠左行驶。道路养护车辆、工程作业车进行作业时，在不影响过往车辆通行的前提下，行驶方向不受交通标志、标线限制。

• 在划有中心虚线准许越线超车的路段，在保证安全的原则下，越过中心线超车。

• 机动车向左转弯时，靠路口中心点左侧转弯。

🚗 **特别提醒**

（1）逆向行驶与其他违法行为的区别。

1）在非超车的情况下跨压道路中心线行驶，属于违反道路交通标线的违法行为，不属于逆向行驶。在非超车的情况下，只有整个车体越过道路中心线行驶，才属于逆向行驶。在超车的情况下，跨压道路中心线（包括虚线）行驶的行为属于违法超车。

2）违法占道行驶是违反同向各行其道的规定，而逆向行驶是进入逆行路线行驶。

3）在禁止超车的路段，车辆越过道路中心线超车，属于违法超车，不属于逆向行驶。

（2）路口逆向行驶主要发生在路口左拐弯的时候。道路中央的黄实线下方与路口的停止线一样，都已被埋下了感应装置，只要车辆触碰到这些就会产生感应，路口的监控摄像头便会拍下照片进行取证。而对于那些车辆行驶到路口，由于方向打的过大了而造成车辆部分压过黄实线的行为，虽然会被监控探头拍照，但交警部门只是以警告为主，不会对其进行处罚。整个车身全部车轮压过黄实线的，交警部门将按照逆向行车，对其进行罚款200元，记3分的处罚。

五、 驾驶机动车遇前方机动车停车排队或者缓慢行驶时， 不借道超车或者占用对面车道、 穿插等候车辆， 守住3分

违法行为认定

驾驶机动车遇前方机动车停车排队或者缓慢行驶时，借道超车或者占用对面车道、穿插等候车辆的，一次记3分。

车辆在交通阻塞路口不依次等候是指，因路口通行受阻引起交通堵塞时，后方车辆为提前通行，随意变道、穿插、挤压正常排队通行的车辆，导致路口通行受阻、车流量饱和的行为。对在交通阻塞路口不依次等候的车辆处以警告，或者20元以上200元以下罚款，并记3分的处罚。

在车道减少的路段、路口，或者在没有交通信号灯、交通标志、交通标线或者交通警察指挥的交叉路口，遇前方机动车停车排队或者缓慢行驶时，借道超车或者占用对面车道、穿插等候车辆的行为是违法的，如图5-9所示。

（1）借道超车，如图5-10所示。机动车在通行较为缓慢或者停车排队等候通行的路段时，越过道路分隔线（白色实线或黄色实线）进行超车的行为。

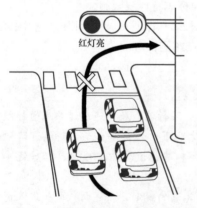

图 5-9　借道超车或者占用对面车道的违法行为

图 5-10　借道超车

（2）占用对面车道，如图5-11所示。在机动车遇有前方车辆停车排队等候或者缓慢行驶时，由原本行驶的车道变道、占用对向车道的行为。

图5-11　占用对面车道

（3）穿插等候的车辆，如图5-12所示。对借道超车、占用对面车道或穿插等候车辆的行为处以警告，或者20元以上200元以下罚款，并记2分的处罚。

图5-12　穿插等候的车辆

违反交替通行规定，是指在车道减少的路段、路口，或者在没有交通信号灯、交通标志、交通标线或者交通警察指挥的交叉路口遇到停车排队等候或者缓慢行驶时，没有遵守交替通行的规定，争道抢行的行为。

🏍 **要点提示**

（1）道路划设专用车道的，在专用车道内，只准许规定的车辆通行，其他车辆不得进入专用车道内行驶。

（2）机动车遇有前方车辆停车排队等候或者缓慢行驶时，不得借道超车或者占用对面车道，不得穿插等候的车辆。应当依次排队，不得从前方车辆两侧穿插或者超越行驶，不得在人行横道、网状线区域内停车等候。

在车道减少的路段、路口，或者在没有交通信号灯、交通标志、交通标线或者交通警察指挥的交叉路口遇到停车排队等候或者缓慢行驶时，机动车应当依次交替通行。

机动车在车道减少的路口、路段，遇有前方机动车停车排队等候或者缓慢行驶的，应当每车道一辆依次交替驶入车道减少后的路口、路段。

（3）机动车驾驶人违反道路交通安全法律、法规关于道路通行规定的，处警告或者20元以上200元以下罚款。《道路交通安全法》另有规定的，依照规定处罚。

（4）机动车遇有前方交叉路口交通阻塞时，应当依次停在路口以外等候，不得进入路口。

特别提醒

车辆"加塞"就是占用其他车道变道插队超车的情况。在排队等候或者缓慢通行时，从排队等候的车辆两侧强行挤压、穿插、阻碍正常通行车辆的行为。

（1）交通拥挤时不要加塞。如图5-13所示，在同方向有多条机动车道的道路上，交通高峰时段车辆行驶缓慢，有的车辆频繁变更车道，左右穿插绕行，许多剐蹭事故就是在此时发生。

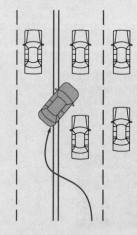

在遇到前方因红绿灯或者因车流量大造成的行驶缓慢，应在本车道内排队依次通行，不能跨越道路中的白色实线，借助应急车道行驶，更不能跨越道路中的黄色实线借助对向车道行驶加塞抢行。

（2）遇到有人加塞抢行的时候，也不要意气用事，能让就让。其实，即便遇到堵车或行车缓慢，只要驾驶人按着顺序走，互相谦让，不仅行车安全有保障，道路的通行效率也会大大提高。

图5-13 不要加塞

（3）有些不文明的驾驶习惯，还可能会引发路怒症，导致交通纠纷，甚至造成交通暴力，如图5-14所示。

图5-14 路怒症

路怒症是一种典型的社会心理综合征，不仅仅存在于某个人或者某个阶层，而是带有群体性和普遍性特征，是报复心理作用下的一种应激反应，行为者实施某种行为并非出于理性，而是出于情绪。

1）要警惕自己成为路怒症的肇事者，车辆行驶中驾驶人遇到不顺心的事，一定要克制恶劣情绪的增长，要尽力避免交通纠纷，要防止交通纠纷爆发为肢体冲突。

2）要警惕自己成为路怒症的受害者，在车辆行驶中要文明礼让，严格遵守通行规则，这样才不至于冒犯别人。假如遇到那些寻衅滋事制造事端的人，不要用以牙还牙的方式为自己解气，要立即意识到对方可能有人格障碍，或者是属于精神不正常的人，或者是处在酒驾、毒驾的状态，用不着与这样的人计较，离这样的人远一点。

（4）4种"加塞"的处罚。

1）在实线区加塞的，按违反禁止标线处罚，罚款20元以上200元以下，记3分。

2）在虚线处遇前方机动车停车排队等候或者缓慢行驶时，借道超车或者占用对面车道、穿插等候车辆的，罚款20元以上200元以下，记2分。

3）机动车通过路口不按导向车道行驶，罚款20元以上200元以下，记2分。

4）机动车逆向行驶，罚款20元以上200元以下，记3分。

六、驾驶机动车不拨打、接听手持电话，守住3分

违法行为认定

驾驶机动车有拨打、接听手持电话等妨碍安全驾驶的行为的，一次记3分。

驾驶人在驾车行驶过程中有通过手持方式操作移动电话通话或者收发短信、观看手机视频、操作手机软件等情形的，认定为驾驶机动车有拨打、接听手持电话的违法行为，如图5-15所示。

对驾驶人使用无需手持的车载电话、手机耳机或者免提功能进行通话且不影响安全的，不认定为拨打、接听手持电话违法行为。

图5-15 拨打、接听手持电话的违法行为

要点提示

（1）驾驶机动车不得有拨打、接听手持电话，观看电视等妨碍安全驾驶的行为。

（2）机动车驾驶人违反道路交通安全法律、法规关于道路通行规定的，处警告或者 20 元以上 200 元以下罚款。

🚗 **特别提醒**

（1）翻看车载导航是违法行为。驾驶机动车在行驶过程中翻看车载导航属于违法行为。因为拨打、接听手持电话，浏览电子设备等妨碍安全驾驶的行为在实践操作中，主要看手的位置是否离开方向盘，手上是否有电子设备。浏览操作电子设备时，就已经脱离了正常行车视野，出现了驾车隐患。确实需要使用手机等电子设备时，应提前设置语音提醒或将车辆依法妥善停稳后再使用。

（2）只要不是双手持方向盘，例如发短信、抽烟等行为都存在安全隐患，查实后都要按记 2 分处理。

七、 驾驶机动车行经人行横道按规定减速、 停车、 避让行人， 守住 3 分

违法行为认定 🔖

驾驶机动车行经人行横道，不按规定减速、停车、避让行人的，一次记 3 分。

机动车驾驶人驾驶机动车通过人行横道时，不按规定减速、停车、避让行人，危及行人安全通行的行为如图 5-16 所示。

图 5-16　通过人行横道时应减速、停车、避让行人

在机动车道上行驶时，遇到如下情况不减速礼让行人的属于违法行为。

（1）"机动车不礼让斑马线"包括机动车行经人行横道未减速行驶和机动车遇行人正在通过人行横道时，汽车未停车减速并让汽车完全停止的。

（2）机动车行经无交通信号灯控制也无交警指挥的人行横道时，未减速行驶的。

（3）有下列情形之一的，应当认定为机动车遇行人正在通过人行横道时未停车让行：

1）在无交通信号灯控制的路段，行人在人行横道的路边准备通过人行横道，机动车未停车让行的，如图5-17所示。

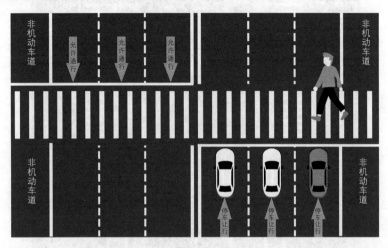

图5-17 行人准备通过人行横道，机动车应让行

2）在无交通信号灯控制的路段，行人正在通过人行横道，机动车未停车让行的如图5-18～图5-20所示。

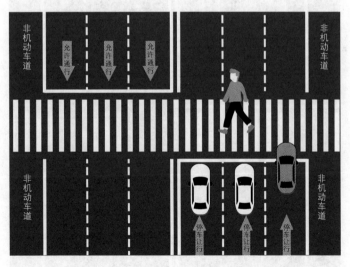

图5-18 行人正在通过人行横道，机动车应让行

3）在交通信号灯控制的路口，当机动车车道信号灯转为绿灯时，行人尚未完全通过人行横道，未停车让行的，如图5-21所示。

4）在交通信号灯控制的路口，允许车辆转弯和行人直行时，转弯的机动车影响直行的行人的如图5-22所示。

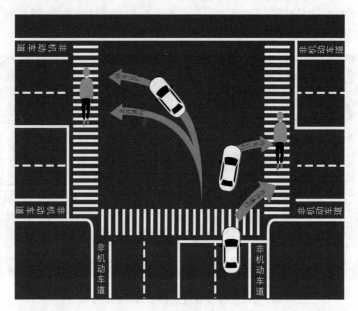

图 5-19　行人正在通过人行横道，行人身后机动车可通行

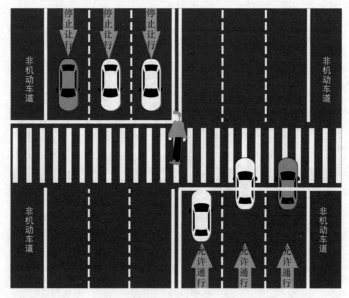

图 5-20　中心线另一侧车道在确保安全的情况下可以通行

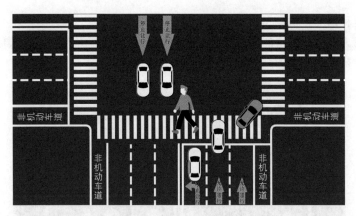

图5-21 行人尚未完全通过人行横道，机动车应让行

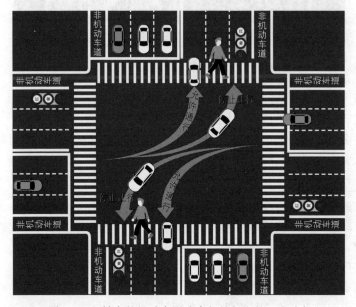

图5-22 转弯的机动车影响直行的行人的，应让行

特别提醒

4种常见违法行为如下。

（1）遇行人行经斑马线，鸣笛催促抢行的。

（2）遇行人队伍行经斑马线，强行穿插，造成行人行进中断的。

（3）同方向有2个以上车道，已经有机动车停车避让行人，其他机动车仍强行通过的。

（4）机动车通过机动车信号灯（圆屏灯）或者右转黄闪路口时右转弯未避让绿灯放行行人的。

以下几种情况，机动车是不会被认为不礼让行人的：

（1）行人在人行横道的路边等待时，机动车停车让行等待后，行人停滞不前或者主动示意机动车先行的，如图5-23所示。

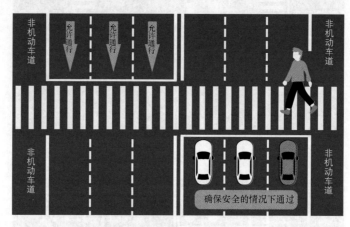

图5-23　行人在人行横道的路边等待

（2）行人在机动车临近时突然加速横穿或是中途倒退、折返的。

（3）在有信号灯的路口，行人违反交通信号灯通行的。

（4）在多车道马路上，如果行人已经走过你的车道，车辆可以即刻起步通过无需等待行人完全走过斑马线。

要点提示

人行横道（俗称斑马线）是指在车行道上用斑马线等标线或其他方法标志的规定行人横穿车道的步行范围，是行人横过车行道的安全通道。在人行横道内，车辆具有通行权，行人不仅具有通行权，而且拥有先行权。车辆与行人在人行横道内相遇，车辆必须确保行人横过车行道的安全。

（1）遇到行人穿越人行横道时，无论人行横道是否位于街区中央，路口有无交通信号灯，也无论人行横道是否具有涂线标识，都务必停车。遇到前方车辆在人行横道处停驶时，切勿超车。

（2）在没有交通信号的道路上，车辆要主动避让行人，如图5-24所示。这也就是说，遇行人横过这类道路时，机动车应当采取各种措施避让，甚至停车让行。

（3）无论行人是否违反信号灯通行，机动车驾驶人在发现行人通过人行横道时，都应让行。

（4）机动车驾驶人违反道路交通安全法律、法规关于道路通行规定的，处警告或者20元以上200元以下罚款。

图 5 - 24 车辆要主动避让行人

🚗 **特别提醒**

（1）必须要坚持的原则就是"走后不走前"，礼让行人，千万不要把车子开到行人的前面阻挡行人过马路。但是当行人走过之后，可以从行人的后方通行。

（2）行人目前还在对向车道，而车这一边是没有行人的，那么这种情况车子可不可以过去？这种情况不能一概而论，假如目前这条马路的中间没有安全岛，也没有绿化带，只是一条单黄线或者一条双黄线，那就必须得等行人过完马路，才能从行人的后面把车开过去。但是假如中间有安全岛，或者中间有隔离绿化带，行人有躲避的地方，只要没走到你这边车道，车子都可以正常通行。

（3）不论左转弯还是右转弯，只要斑马线上有行人，即使是在转弯绿灯的情况下，也一定要礼让行人，绝不可以从行人的前面开过去，应遵循"走后不走前"的原则。

八、驾驶机动车应按规定避让校车，守住 3 分

违法行为认定

驾驶机动车不按照规定避让校车的，一次记 3 分（见图 5 - 25）。

图 5 - 25 应按规定避让校车

🚗 要点提示

校车停靠、上下学生，是校车通行的重要环节，也是容易引发道路交通事故的关键环节。

图 5-26 校车在道路上停靠、上下学生

校车在道路上停靠、上下学生（见图 5-26），应当靠道路右侧停靠，开启危险警示灯，打开停车指示标志；校车在同方向只有一条机动车道的道路上停靠时，后方车辆应当停车等待，不得超越；校车在同方向有两条以上机动车道的道路上停靠时，校车停靠车道后方和相邻机动车道上的机动车应当停车等待，其他机动车道上的机动车应当减速通过，校车后方停车等待的机动车不得鸣喇叭或者使用灯光催促校车。

机动车驾驶人违反《校车安全管理条例》规定，不避让校车的，由公安机关交通管理部门处 200 元罚款。

🚗 **特别提醒**

　　观察校车是否处于停车接送学生的状态主要看两点：①观察校车停车的位置，应当在校车停靠的专用区域，靠道路右侧停靠；②校车顶部的危险报警闪光灯应该亮起，同时校车车体两侧应打开停车指示标志，如图 5-27 所示。

图 5-27 观察校车是否处于停车接送学生状态

九、 不驾驶载货汽车载物超过最大允许总质量30%以上未达到50%的， 或者违反规定载客， 守住3分

违法行为认定

驾驶载货汽车载物超过最大允许总质量30%以上未达到50%的，或者违反规定载客的，一次记3分。

机动车载物应当符合核定的载质量，不得超过机动车行驶证上核定的载质量。严禁超载。

（1）机动车驾驶人驾驶货车运载货物不得超过行驶证上核定载质量30%以上，未达到50%时记3分。

（2）货运机动车载人不得超过行驶证上核定的人数。载货汽车车厢不得载客。载客指在车厢内搭乘除作业人员以外的任何人员，车厢内不准乘坐任何非作业人员。

（3）在允许拖拉机通行的道路上，拖拉机可以从事货运，但是不得用于载人。

要点提示

（1）机动车载物应当符合核定的载质量，严禁超载；载物的长、宽、高不得违反装载要求，不得遗洒、飘散载运物。

（2）禁止货运机动车载客。载货汽车车厢不得载客。货运机动车需要附载作业人员的，应当设置保护作业人员的安全措施。在城市道路上，货运机动车在留有安全位置的情况下，车厢内可以附载临时作业人员1～5人；载物高度超过车厢栏板时，货物上不得载人。

（3）货运机动车超过核定载质量的，处200元以上500元以下罚款；超过核定载质量30%或者违反规定载客的，处500元以上2000元以下罚款。有前述行为的，由公安机关交通管理部门扣留机动车至违法状态消除。

运输单位的车辆有前述情形，经处罚不改的，对直接负责的主管人员处2000元以上5000元能以下罚款。

特别提醒

（1）公路客运载客汽车超过核定乘员、载货汽车超过核定载质量的，公安机关交通管理部门依法扣留机动车后，驾驶人应当将超载的乘车人转运，将超载的货物卸载，费用由超载机动车的驾驶人或者所有人承担。

（2）货运机动车需要附载作业人员的，应当设置保护作业人员的安全措施。货运机动车禁止载客，但是可以附载作业人员。附载，是指货运机动车根据运输货物的需要，在车厢内附载有关人员。作业人员，是指为了保护货物和行车安全的押运人员或者装卸人员。附载作业人员有两个条件：①运输货物需要押运或装卸人员；②必须在有安全措施的情况下。两个条件缺一不可。安全措施，指车厢内保证作业人员安全的固定或可移动的座位，加固的车厢栏板、车扶手、密闭车厢等。

在城市道路上，货运机动车车厢内可以附载临时作业人员1～5人，但是，必须在车厢内留有安全位置。留有安全位置，是指为押运或装卸人员预设的乘坐位置，必须保证行车中不因制动、转向、颠簸等情况，使货物发生移动造成附载人员滑落、被挤压等危险。

当机动车载物高度未超出车厢栏板时，随车押运或装卸人员可紧靠驾驶室乘坐，载物高度超出车厢栏板时，货物上不准坐人。

挂车不得载人。

（3）在高速公路上行驶的载货汽车车厢不得载人。在高速公路上，即使货运机动车车厢留有安全的位置，也不得附载作业人员。至于在城市快速路上货运机动车车厢是否可以附载作业人员，城市快速路的道路交通安全管理，参照高速公路的特别规定执行，因此在城市快速路上像在高速公路上一样严格禁止货车车厢载人。

十、驾驶应按规定安装机动车号牌的机动车上道路行驶，守住3分

违法行为认定

驾驶不按规定安装机动车号牌的机动车上道路行驶的，一次记3分。

有下列情形之一的，应当认定为上道路行驶的机动车未按规定安装机动车号牌：

（1）将机动车号牌以反装、倒装、弯折等形式安装的。

（2）使用外置锁式、内藏锁式、电子自动遮挡或更换式活动牌照架进行安装的。

（3）2009年1月1日以后注册的机动车辆，未使用符合国家标准的专用固封装置对机动车号牌进行固定，或号牌固封装置上压有的省、自治区、直辖市简称和发牌机关代号与号牌不相对应的。

（4）号牌前方采用有机玻璃、固定防护装置遮挡，影响号牌字符的识别的。

（5）在车辆号牌安装处同时安装有其他标牌的。

（6）使用号牌架辅助安装时，号牌架内侧边缘距离机动车登记字符边缘小于5mm的。

（7）车辆出厂时号牌安装位置即处于固定防护装置之后，导致不能有效识别号牌字符的，以及号牌破损未及时更新而影响有效识别号牌字符的。

（8）其他未按规定安装，影响机动车安全行驶和号牌识别的情形。

对未按规定粘贴有效临时行驶车号牌或者使用的号牌架内侧边缘距离号牌上汉字、字母或者数字边缘不足5mm且影响号牌识认的行为，可以当场改正的，由公安机关交通管理部门予以警告，并将相关信息录入综合平台。对机动车已安装号牌但未使用号牌专用固封装置的，由公安机关交通管理部门予以警告，责令其在10日内到车管所申请换领并使用号牌专用固封装置，并将相关信息录入综合平台；因上述

行为10日后再次被查处的，按照未按规定安装机动车号牌行为予以罚款处罚并记分。小型汽车（含新能源汽车）号牌规格如图5-28所示。

图5-28　小型汽车号牌规格

（a）小型汽车；（b）新能源汽车

🏍 要点提示

（1）驾驶机动车上道路行驶，应当悬挂机动车号牌。机动车号牌应当按照规定悬挂并保持清晰、完整，不得故意遮挡、污损。

（2）机动车号牌灭失、丢失或者损毁的，机动车所有人应当向登记地车辆管理所申请补领、换领。申请时，机动车所有人应当确认申请信息并提交身份证明。

车辆管理所应当审查提交的证明、凭证，收回未灭失、丢失或者损毁的号牌，自受理之日起15日内补发、换发号牌，原机动车号牌号码不变。

（3）补发、换发号牌期间，申请人可以申领有效期不超过15日的临时行驶车号牌。补领、换领机动车号牌的，原机动车号牌作废，不得继续使用。

（4）因号牌制作的原因，无法在规定时限内核发号牌的，车辆管理所应当核发有效期不超过15日的临时行驶车号牌。

（5）机动车所有人申请机动车使用性质登记为危险货物运输、公路客运、旅游客运的，应当具备相关道路运输许可；实现与有关部门联网核查道路运输许可信息、车辆使用性质信息的，车辆管理所应当核对相关电子信息。

申请危险货物运输车登记的，机动车所有人应当为单位。

车辆管理所办理注册登记时，应当对牵引车和挂车分别核发机动车登记证书、号牌、行驶证和检验合格标志。

🚗 **特别提醒**

(1) 同一机动车所有人名下机动车的号牌号码需要互换，符合以下情形的，可以向登记地车辆管理所申请变更登记。

1) 两辆机动车在同一辖区车辆管理所登记。

2) 两辆机动车属于同一号牌种类。

3) 两辆机动车使用性质为非公路客运。

机动车所有人应当确认申请信息，提交机动车所有人身份证明、两辆机动车的登记证书、行驶证、号牌。申请前，应当将两车的道路交通安全违法行为和交通事故处理完毕。

车辆管理所应当自受理之日起 1 日内，审查提交的证明、凭证，在机动车登记证书上签注变更事项，收回两车的号牌、行驶证，重新核发号牌、行驶证和检验合格标志。

同一机动车一年内可以互换变更一次机动车号牌号码。

(2) 办理机动车变更登记、转让登记或者注销登记后，原机动车所有人申请机动车登记时，可以向车辆管理所申请使用原机动车号牌号码。

申请使用原机动车号牌号码应当符合下列条件。

1) 在办理机动车迁出、共同所有人变更、转让登记或者注销登记后两年内提出申请。

2) 机动车所有人拥有原机动车且使用原号牌号码一年以上。

3) 涉及原机动车的道路交通安全违法行为和交通事故处理完毕。

(3) 夫妻双方共同所有的机动车将登记的机动车所有人姓名变更为另一方姓名，婚姻关系存续期满一年且经夫妻双方共同申请的，可以使用原机动车号牌号码。

十一、在道路上车辆发生故障、事故停车后，应按规定使用灯光和设置警告标志，守住 3 分

违法行为认定 🚗

在道路上车辆发生故障、事故停车后，不按规定使用灯光和设置警告标志的，一次记 3 分。

在道路上行车时，车辆因发生故障或者发生交通事故停车后，机动车驾驶人不遵守有关规定使用灯光和设置警告标志的行为，主要有下列几种情形。

(1) 车辆发生故障，能够移动而未移动至妨碍交通的地方。

(2) 车辆发生故障后不能移动，但没有开启危险报警闪光灯，且未在来车方向设置警告标志。

(3) 车辆发生故障，移动至不妨碍交通的地方后，没有开启危险报警闪光灯。

（4）在高速公路上发生故障，没有在150m以外设置警告标志（见图5-29）。

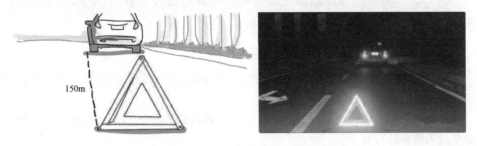

图5-29 在高速公路上发生故障

（5）未能及时报警。

要点提示

（1）机动车在道路上发生故障，需要停车排除故障时，驾驶人应当立即开启危险报警闪光灯，将机动车移至不妨碍交通的地方停放；难以移动的，应当持续开启危险报警闪光灯，并在来车方向设置警告标志等措施扩大示警距离，必要时迅速报警。

（2）机动车在高速公路上发生故障时，应当依照《道路交通安全法》有关规定办理。但是，警告标志应当设置在故障来车方向150m以外，车上人员应当迅速转移到右侧路肩上或者应急车道内，并且迅速报警。

（3）机动车在道路上发生故障或者发生交通事故，妨碍交通又难以移动的，应当按照规定开启危险报警闪光灯并在车后50～100m处设置警告标志，夜间还应当同时开启示廓灯和后位灯。

注意：

1）设置危险警告牌时，如果在夜晚或光线条件差的环境，设置危险警告牌的距离应相应增加，以确保自身及道路通行安全。如果遇上风大的环境，还要使用石头等压住危险警告牌，避免其被吹倒。

2）设立危险警告牌时，要双手拿着警告牌，反光面向外，向来车方向走。设置危险警告牌前，一定要把故障或事故车辆的危险警告灯打开。

3）危险警告牌应放在车辆所在车道内。如果车辆停放在紧急停车道上，危险警告牌应放在车道后方偏左一点儿的车道内。千万不要出现车辆停在中间车道，却把危险警告牌放在最外或者最内侧车道的情况。

4）如果车辆在坡路出现故障无法移动，一定要把危险警告牌放在坡顶或坡底，这样才能提早提示后车注意。

5）在弯路行驶出现事故，更要特别注意，一定要将危险警告牌放在入弯前的道路上，告知其他车辆减速慢行。

（4）机动车驾驶人违反道路交通安全法律、法规关于道路通行规定的，处警告或者20元以上200元以下罚款。

十二、 驾驶按规定定期进行安全技术检验的公路客运汽车、 旅游客运汽车、 危险物品运输车辆上道路行驶, 守住3分

违法行为认定 🚗

驾驶未按规定定期进行安全技术检验的公路客运汽车、旅游客运汽车、危险物品运输车辆上道路行驶的,一次记3分。

机动车驾驶人驾驶机动车上道路行驶时,其所驾驶的机动车未按规定定期进行安全技术检验的行为。

🚗 **要点提示**

对登记后上道路行驶的机动车,应当依照法律、行政法规规定,根据车辆用途、载客载货数量、使用年限等不同情况,定期进行安全技术检验(见图5-30)。

图 5-30 年检应按规定进行

（1）机动车所有人可以在机动车检验有效期满前3个月内向车辆管理所申请检验合格标志。除大型载客汽车、校车以外的机动车因故不能在登记地检验的,机动车所有人可以向车辆所在地车辆管理所申请检验合格标志。

（2）申请前,机动车所有人应当将涉及该车的道路交通安全违法行为和交通事故处理完毕。

（3）进行安全技术检验的时间规定为:营运载客汽车5年以内每年检验1次;达到和超过5年的,每6个月检验1次。

十三、 驾驶校车上道路行驶前, 应对校车车况是否符合安全技术要求进行检查, 或者不驾驶存在安全隐患的校车上道路行驶, 守住3分

违法行为认定 🚗

驾驶校车上道路行驶前,未对校车车况是否符合安全技术要求进行检查,或者驾驶存在安全隐患的校车上道路行驶的,一次记3分。

🚗 **要点提示**

（1）校车驾驶人驾驶校车上道路行驶前,应当对校车的制动、转向、外部照明、轮胎、安全门、座椅、安全带等车况是否符合安全技术要求进行检查,不得驾驶存在安全隐患的校车上道路行驶,如图5-31所示。

（2）驾驶校车上道路行驶前,未对校车车

图 5-31 校车应定期进行检查

况是否符合安全技术要求进行检查，或者驾驶存在安全隐患的校车上道路行驶，由公安机关交通管理部门责令改正，可以处200元罚款。

特别提醒

校车应当每半年进行一次机动车安全技术检验。

十四、连续驾驶载货汽车不超过4h，应停车休息且停车休息时间不应少于20min，守住3分

违法行为认定

连续驾驶载货汽车超过4h未停车休息或者停车休息时间少于20min的，一次记3分。

疲劳驾车，是指驾驶人因驾驶机动车时间过长或者其他原因，在生理上或心理上产生了疲劳，从而使驾驶机能失调，在失去正常安全驾驶机动车能力的状态下驾驶机动车的行为。

驾驶人不得连续驾驶机动车超过4h未停车休息或者停车休息时间少于20min（见图5-32）。该规定可以看作对《道路交通安全法》"过度疲劳影响安全驾驶"规定的量化标准。

别着急！休息，休息20min……

图5-32 停车休息

要点提示

（1）公安部、交通部、国家安全生产监督管理局2001年10月19日发布的《关于加强公路客运交通安全管理的通告》规定，严禁驾驶员过度疲劳驾驶车辆。单程在400km以上（高速公路600km以上）的客运汽车，必须配备两名以上驾驶员。从事公路客运的驾驶员一次连续驾驶车辆不得超过3h，24h内实际驾驶时间累计不得超过8h。

（2）驾驶人疲劳时判断能力下降、反应迟钝和操作失误增加。驾驶人处于轻微疲劳时，会出现换挡不及时、不准确；驾驶人处于中度疲劳时，操作动作呆滞，有时甚至会忘记操作；驾驶人处于重度疲劳时，往往会下意识操作或出现短时间睡眠现象，严重时会失去对车辆的控制能力。驾驶人疲劳时，会出现视线模糊、腰酸背疼、动作呆板、手脚发胀或精力不集中、反应迟钝、思考不周全、精神涣散、焦虑、急躁等现象。如果仍勉强驾驶车辆，则可能导致交通事故的发生。长时间驾驶车辆感到疲劳时，应该及时停车休息，也可采取以下方法：

1）用清凉空气或冷水刺激面部。

2）喝一杯热茶或热咖啡，吃、喝一些酸或辣的刺激事物。

3）停车到驾驶室外活动肢体，呼吸新鲜空气，进行刺激，促使精神兴奋。

4）收听轻音乐或将音响适当调大，促使精神兴奋。

5）做弯腰动作，进行深呼吸，使大脑尽快得到氧气和血液补充，促使大脑兴奋。

6）用双手以适当的力度拍打头部，疏通头部经络和血管，加快人体气血循环，促进新陈代谢和大脑兴奋。

🚗 **特别提醒**

预防驾驶疲劳的措施。

（1）保证足够的睡眠时间和良好的睡眠效果。身为驾驶人，一定要睡眠充足，每天7h的睡眠时间必不可少。睡前2h内不宜饮食，1h内不宜多喝水，也不宜进行过度的脑力劳动。卧室内应保持通风、清洁，床不宜太软，被子不要过重、过暖，枕头不宜过高，并注意睡眠姿势。

（2）养成良好的饮食习惯，提高身体素质。膳食宜选择易消化、营养价值高的食品。如多吃含维生素的食物，有利于防止眼睛干燥、疲劳或夜盲症的发生。而多吃含钙量较高的食物，可以减轻驾驶员的焦虑和烦躁感等。尽量做到定时就餐。

（3）科学安排行车时间，注意劳逸结合。应科学、合理地安排行车时间和行车计划。对于跑长途的驾驶人来说，连续驾车的时间千万不要超过4h。一般，每2h就要主动停车休息10～15min，扭动扭动身体，放松放松脚踝。若夜间长时间行车，应由两人轮流驾驶，交替休息。尽量不要在深夜行车。

（4）保持良好的驾驶环境。行车时，保持驾驶室空气畅通，温度和湿度适宜。座椅位置一定要调整好。因为适当的座椅位置，不但方便驾驶人操作，而且可减轻身体疲劳。若没有座椅腰部支撑功能，可以在背部与座椅空隙处加个腰垫，长途驾驶感觉更舒适。

（5）保持身体健康和好心情。好身体是享受驾驶快乐的基础，若身体不好，即便看似很轻微的不舒服，也会加速身体的疲劳。同时，也要维护好心情，不让各种琐碎事情影响情绪，分散注意力。

（6）控制速度，避免激烈驾驶。高速行驶容易导致驾驶员神经紧张，因此在不影响交通的情况下，以较低的速度行驶可减轻精神压力，降低疲劳。同时，行驶时应尽量减少超车、紧急制动等行为，也可减轻疲劳。

十五、 驾驶机动车在高速公路上行驶不低于规定最低时速，守住3分

违法行为认定 🚗

驾驶机动车在高速公路上行驶低于规定最低时速的，一次记3分。

机动车驾驶人驾驶机动车在高速公路上行驶时，车速低于规定最低时速的行为如图5-33所示。主要有下列几种情形。

图5-33 低于限速

（1）最低车速低于60km/h的。

（2）同方向有两条车道的，在左侧车道内的行车速度低于100km/h的。

（3）同方向有三条以上车道的，在最左侧车道内的行车速度低于110km/h的；在中间车道内的行车速度低于90km/h的。

（4）在特殊路段行驶时，车速低于道路标志标定的最低行车速度的。

🚗 要点提示

我国高速公路对最低车速有规定，在正常行驶时，最低车速不得低于60km/h。但是，在遇有大风、雨、雪、雾天或者路面结冰时，应当减速行驶。在这些情况下，以保证行车安全为主，可以低于规定最低车速行驶。

道路限速标志标明的车速与上述车道行驶车速的规定不一致的，按照道路限速标志标明的车速行驶。

你能守住几分？
扫码测一下吧！

第六章

预防违法行为，一次守住1分

一、不驾驶校车、中型以上载客载货汽车、危险物品运输车辆在高速公路、城市快速路以外的道路上行驶超过规定时速10%以上（未达到20%），守住1分

违法行为认定

驾驶校车、中型以上载客载货汽车、危险物品运输车辆在高速公路、城市快速路以外的道路上行驶超过规定时速10%以上未达到20%，一次记1分。

要点提示

机动车上道路行驶，不得超过限速标志标明的最高时速。在没有限速标志的路段，应当保持安全车速。夜间行驶或者在容易发生危险的路段行驶，以及遇有沙尘、冰雹、雨、雪、雾、结冰等气象条件时，应当降低行驶速度。

特别提醒

与其他情形扣分的区别。

（1）注意与一次记12分的情形的区别。驾驶校车、中型以上载客载货汽车、危险物品运输车辆在高速公路、城市快速路上行驶超过规定时速20%以上，或者驾驶其他机动车在高速公路、城市快速路上行驶超过规定时速50%以上的，记12分。

（2）注意与一次记9分的情形的区别。驾驶校车、中型以上载客载货汽车、危险物品运输车辆在高速公路、城市快速路以外的道路上行驶超过规定时速50%以上的，记9分。

（3）注意与一次记6分的情形的区别。驾驶校车、中型以上载客载货汽车、危险物品运输车辆在高速公路、城市快速路上行驶超过规定时速未达到20%，或者在高速公路、城市快速路以外的道路上行驶超过规定时速20%以上未达到50%的，记6分。

二、驾驶机动车按规定会车，或者在高速公路、城市快速路以外的道路上按规定倒车、掉头，守住1分

违法行为认定

驾驶机动车不按规定会车，或者在高速公路、城市快速路以外的道路上不按规定倒车、掉头的，记1分。

1. 违法会车的行为

违法会车，是指在没有中心隔离设施或者没有中心线的道路上，相对方向行驶的机动车违反《交通安全法实施条例》第48条规定的行为。

驾驶机动车在道路上行驶时，不按规定会车的行为主要是：会车时不减速靠右行驶，会车时靠右过大，影响右边其他车辆、行人安全的。夜间会车时，在距相对方向来车150m以外没有改用近光灯，如图6-1所示。在窄路、窄桥上与非机动车会车时没有使用近光灯的；以及在设有会车让行、会车先行标志的路段，不按规定会车。

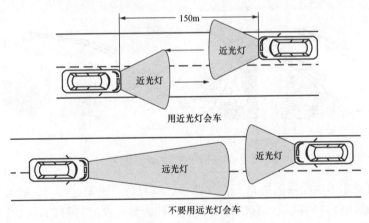

图6-1 夜间会车

2. 违法倒车的行为

在高速公路、城市快速路以外的道路上违法倒车是指违反倒车安全操作规定或在不准倒车的地点倒车的行为。凡是违反倒车安全操作规定或在不准倒车的地点倒车的行为，都属于违法倒车。

（1）违反倒车安全操作规定倒车。机动车倒车时，应当察明车后情况，确认安全后倒车。倒车时，由于受到车体的遮挡，驾驶员对倒车方向的环境不易觉察。因此，不论是行进中通过倒车掉头行驶，还是停止后起步倒车，驾驶都必须运用驾驶室后窗或打开驾驶室门伸头瞭望，甚至亲自绕车查看车后或车下有没有人，或有无物品放置，确认无妨碍倒车的情况时，开启倒车灯和蜂鸣器，示意其他车辆和行人注意，回首观察车后可能随时出现的新情况，低速倒行。

（2）在不准倒车的地点倒车，如图 6-2 所示。

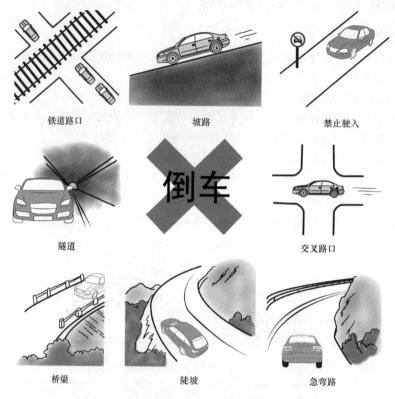

铁道路口　　　　　　　　坡路　　　　　　　　禁止驶入

隧道　　　　　　　　　　　　　　　　　　交叉路口

桥梁　　　　　　　　　陡坡　　　　　　　　急弯路

图 6-2　不准倒车的地点倒车

1）机动车不得在铁路道口、交叉路口、单行路、桥梁、急弯、陡坡或者隧道中倒车。铁路道口的区域，有栏杆的，以栏杆为界；没有栏杆的，以铁路部门管辖区域为准。交叉路口的区域，有导向车道线的，以导向车道线起点为界；没有导向车道线，有机动车停止线的，以停止线为界；没有导向车道线，也没有停止线的，以路口路缘石圆弧切线的起点为界。单行路以单行路开始处为界。桥梁从引桥开始。急弯、陡坡是指设有急弯、陡坡交通标志的路段。隧道以隧道入口为准。

2）机动车在高速公路上行驶时不得倒车。

3. 违法掉头的行为

机动车在高速公路、城市快速路以外的道路上有禁止掉头或者禁止左转弯标志、标线的地点，跨越实线掉头，道路中间护栏或绿岛紧挨停止线，红灯时掉头以及在铁路道口、人行横道、桥梁、急弯、陡坡、隧道或者容易发生危险的路段掉头的，属于违法掉头的行为。禁止掉头的路段和地点如图 6-3 所示。

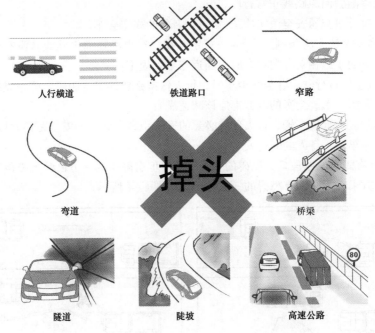

图 6-3 禁止掉头的路段和地点

（1）路口如有"禁止掉头"或"禁止左转"标志禁止掉头。只要有禁止掉头的指示牌，该路口就不能掉头。掉头的动作其实可看作是左转的一种延伸，因此路口如果有禁止左转的指示牌，该路口也禁止掉头。

（2）斑马线处禁止掉头。如果是在允许掉头的路口，要越过斑马线后再掉头，不能轧在斑马线上掉头。

（3）无左转车道时禁止掉头。即使是在最左侧车道，如果没有允许左转的标志，也是不允许掉头的。当车辆停在第二条左转车道内时，不能掉头。在没有任何指示标志的情况下，车辆只能在最内侧左转车道掉头。

（4）禁止在黄色实线处掉头。即使有允许掉头的标志，也要等到绿灯亮起时，越过停止线掉头。机动车在没有禁止掉头或者没有禁止左转弯标志、标线的地点可以掉头，但不得妨碍正常行驶的其他车辆和行人的通行。

要点提示

1. 机动车会车

会车前应观察对面来车及道路和交通情况，适当选择会车地点。会车时应选择道路较宽处，当道路宽度受限时，应选择双方右前方均无障碍处会车。适当降低车速，把稳转向盘，同时保持两车间留足够的侧向距离。会车时应遵守交通法规，本着礼让三先（先让、先慢、先停）的原则，各自靠道路右侧通过或停车避让。会车后视情况逐渐驶回原路线正常行驶。

（1）违反《交通安全法实施条例》第48条的规定会车。

《交通安全法实施条例》第48条规定，在没有中心隔离设施或者没有中心线的道路上，机动车遇相对方向来车时应当遵守下列规定：

1）减速靠右行驶，并与其他车辆、行人保持必要的安全距离，防止碰撞前方右侧的行人和骑车人。会车的双方都应该减速靠右。

会车时应与其他车辆、行人保持必要的安全距离。必要的安全距离，以不威胁、影响到其他车辆、行人的通行安全为限。

2）在有障碍的路段，无障碍的一方先行。但有障碍的一方已驶入障碍路段而无障碍的一方未驶入时，有障碍的一方先行，如图6-4所示。

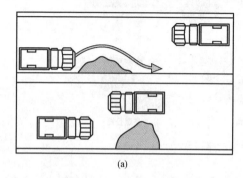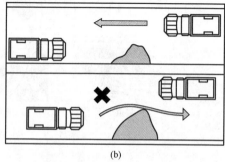

(a)　　　　　　　　　　　　　　　(b)

图6-4　在有障碍的路段会车

(a) 会车让行；(b) 不得抢行

3）在狭窄的坡路，上坡的一方先行；但下坡的一方已行至中途而上坡的一方未上坡时，下坡的一方先行。此规定只适用于双方在进入坡路前都能看见对方或者未进入坡路的车辆能看见已进入坡路的对方车辆的情况。如果双方进入坡路时无法看到对方的，则不适用这一规定。

4）在狭窄的山路，不靠山体的一方先行。这是从安全的角度确定优先权，靠山体一方相对比较安全，因此让不靠山体的一方先行。

5）夜间会车应当在距离相对方向来车150m以外改用近光灯，在窄路、窄桥与非机动车会车时应当使用近光灯。使用近光灯可以避免对对向车辆驾驶员的视觉产生不良影响。

如果是夜晚会车，还应特别注意来车后面是否有车或人，以免其突然冲入道路中间，导致闪避不及。

（2）违反道路交通标志的规定会车。

1）违反会车让行标志的规定。会车让行标志 ⬆ 表示车辆会车时，必须停车让对方先行。

2）违反会车先行标志的规定。会车先行标志 ↕ 表示车辆在会车时可以优先行驶。

（3）机动车驾驶人违反道路交通安全法律、法规关于道路通行规定的，处警告或者20元以上200元以下罚款。

特别提醒

（1）会车时，如果遇到障碍物，只能单车通过，应避免"三点一线"，如图6-5所示。

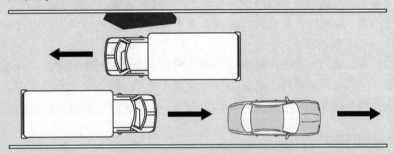

图6-5 不可"三点"并排交会

（2）车辆交会时，应遵守距离较近、车速较快、前方无障碍物一方车辆先行的原则。如果来车速度较慢或离障碍物较远时，应果断加速超越障碍物后驶入右侧并交会，也可根据需要适当降低车速，在超越障碍物前与来车交会。

（3）有的公路路基土质较松软，注意不要因过于靠边压坏路基而造成翻车。

（4）在窄于5m的道路上会车，车速要控制在15km/h以下。

（5）在没有隔离带的双车道上会车，可先减速然后靠右，控制车速，稳住方向盘，同时照顾道路两旁的情况，以保证会车时有足够的横向间距。

（6）在窄而陡的坡道上会车困难时，下坡车应让上坡车先行，避免在坡道上交会。

（7）尽量避免在特殊道路环境下会车，如桥梁、隧道、涵洞、急弯等处。

（8）会车时，还要特别注意道路上的行人和非机动车情况，看清预计会车地点的行人动态。当行人被来车挡住时，要防止这些行人忽略本车，因此，要鸣号示意。总之，在有行人处会车时，必须防止发生各种突发情况，做好随时停车的准备。

（9）一般情况下的会车，须遵守的规则是：空车让重车，单车让拖挂货车，大车让小车，货车让客车，教练车让其他车辆，普通车让执行任务的特种车，下坡车让上坡车。

2. 机动车倒车

机动车倒车时，应当察明车后情况，确认安全后倒车。不得在铁路道口、交叉路口、单行路、桥梁、急弯、陡坡或者隧道中倒车。

🚗 **特别提醒**

车库倒车应注意事项。

(1) 有人指挥倒车时也要进行安全确认、有效控制车速,同时为了能与指挥人员有效沟通,应当降下车窗。此外,在倒车过程中,应严格控制车速,低速平稳倒车。倒车时即使后方路况较好,也不应加速倒车。

(2) 为他人指挥倒车时要注意自身安全。在为他人指挥倒车时,一定要保证自身安全,要能够准确判断车轮运动方向,远离车辆,不要站在车后盲区内,也不要站在车辆与障碍物之间以防被夹在中间,同时指挥时要确保与驾驶人之间的沟通及时有效。

(3) 车辆运行中身体任何部位都不要伸出车外。如倒车时确需向外察看车辆位置,一定要将车停稳、挂空挡(自动挡车挂 IP 挡)、实施驻车制动、确认周围安全后再察看。

🔧 **知识拓展**

全景倒车影像系统。

全景倒车影像系统又叫全景泊车影像系统或全景停车影像系统(有别于市面上把汽车四周画面在显示屏幕上进行分割显示的"全景"系统),有的地方也称全车可视系统、全景可视系统、360°全车可视系统等,它是后视倒车影像系统的升级换代产品,是更为安全的泊车辅助系统。可通过车载显示屏幕观看汽车四周 360°全景融合、超宽视角、无缝拼接的适时图像信息(鸟瞰图像),了解车辆周边视线盲区,帮助汽车驾驶人更为直观地泊车。

全景倒车影像系统在汽车周围安装能覆盖车辆周边所有视场范围的 4 个广角摄像头,对同一时刻采集到的多路视频影像处理成一幅车辆周边 360°的车身俯视图,最后在中控台的屏幕上显示(有别于分割图像),可彻底消灭车辆周围的视觉盲点,它能让驾驶人实时在车内监控车外前、后、左、右视频画面的情况,避免意外事件发生。同时配备的前后超声波倒车雷达辅助倒车,更是驾驶人的"第三只眼睛",可让驾驶人清楚查看车辆周边是否存在障碍物并准确了解障碍物的相对方位与距离,避免了倒车时因驾驶人看不到车后和左右两边的情况而发生刮碰与车祸,并可以通过画面的指示调整揉库、倒库的角度,帮助驾驶人安全轻松停泊车辆。比同样是刚兴起的自动泊车系统来说,更加实用,是非常好的泊车利器。

全景倒车影像系统可更加直观和安全可靠的辅助倒车,成为泊车系统的新趋势。市场上仅宝马 X6、英菲尼迪 EX35 等极少数豪华车型引入了该系统。

然而,依赖倒车影像是不行的,最主要的是要多看,慢,稳。慢慢地找到最适合自己的倒车姿势。

3. 机动车掉头

机动车掉头时，必须遵守交通规则，在确保安全的前提下，应选择交通量小的交叉路口、平坦、宽广、路肩坚实的安全地段进行掉头。避免在坡道、狭窄的路段或交通繁杂的地方进行掉头。机动车在有禁止掉头或者禁止左转弯标志、标线的地点以及在铁路道口、人行横道、桥梁、急弯、陡坡、隧道或者容易发生危险的路段，不得掉头。

机动车在没有禁止掉头或者没有禁止左转弯标志、标线的地点可以掉头，但不得妨碍正常行驶的其他车辆和行人的通行。以下几种情况可以掉头。

（1）有掉头信号灯或指示牌的。路口有允许掉头的信号灯时，在掉头指示灯为绿灯时可以掉头；路口有允许掉头的指示牌或车道上有允许掉头指示标识，在确保自身及他人安全情况下可以掉头。

（2）无掉头标志但允许左转（未设置禁止掉头标志）。车辆在允许左转，且没有设置禁止掉头标志标线的路口可以掉头。

注意：车辆要在不影响其他车辆正常行驶的情况下，根据左转车道信号灯指示通行。

而如果要在有左转弯待转区的路口掉头，可以在直行绿灯时，先进入左转待转区内等待，等到左转绿灯亮起时再掉头。

（3）虚线处可以掉头。无论是白色虚线还是黄色虚线处，都是允许掉头的。如果是双黄虚实线，要看自己所在的一侧是否是虚线，如果是，则可以掉头。

如果是在路口遇到双黄虚实线，可以在虚线一侧进行掉头，但是不得越过前方的停止线。

（4）黄色网格线处可以掉头。黄色网格线区域禁止停车，但只要中央没有隔离护栏，在避让正常行驶的车辆后，可以在此掉头。

（5）绿化带虚线一侧可掉头。绿化带前方为虚线时，该侧的车辆就可以从此处掉头。

当绿化带前方为实线时，车辆必须遵守交通信号灯指示，越过斑马线后再掉头，禁止轧实线或轧斑马线掉头。

三、驾驶机动车应按规定使用灯光，守住 1 分

违法行为认定

不按规定使用灯光，即违背灯光的安全使用通则，妨碍安全行驶的行为。如在没有中心隔离设施或中心线的道路上，当夜间会车距对方来车 150m 以内时，机动车没有改用近光灯；或同方向跟随前车近距离行驶时，后车仍然使用远光灯；或在夜间没有路灯、照明不良或遇雾、雨等低能见度情况下，行车途中没有开启前照灯、示宽灯和后位灯；或机动车雾天行驶没有开启雾灯和危险报警闪光灯；或当机动车转弯、变更车道时，没有开启转向灯或转向灯使用错误等。

机动车驾驶人驾驶机动车在道路上行驶，不按规定使用转向灯、防眩目近光灯、远光灯、示廓灯、后位灯、雾灯和危险报警闪光灯的行为，主要有下列几种。

（1）车辆在道路上发生故障后没有及时开启危险报警闪光灯的。机动车在道路上发生故障，需要停车排除故障时，驾驶在应当立即开启危险报警闪光灯，将机动车移至不妨碍交通的地方停放；难以移动的，应当持续开启危险报警闪光灯，并在车后50～100m处设置警告标志，夜间还应当同时开启示廓灯和后位灯。

（2）夜间没有同时开启示廓灯和后位灯的。

（3）在夜间没有路灯、照明不良或者遇有雾、雨、雪、沙尘、冰雹等能见度低的情况下行驶时，没有开启前照灯、示廓灯和后位灯等。但同方向行驶的后车与前车近距离行驶时，不得使用远光灯。机动车雾天行驶应当开启雾灯和危险报警闪光灯。

（4）当夜间车辆通过照明条件好的路段（如城市道路）时，不使用近光灯。

（5）在窄路、窄桥与非机动车会车时不使用近光灯。若夜间在没有中心隔离设施或中心线的道路上会车，没有在距对方来车150m以外改用近光灯。

（6）机动车雾天行驶没有开启雾灯和危险报警闪光灯的。

（7）机动车在夜间通过急弯、坡路、拱桥、人行横道或者没有交通信号灯控制的路口时，没有交替使用远、近光灯示意的。

（8）机动车从匝道驶入高速公路时没有开启左转向灯的。

（9）驶离高速公路时没有开启转向灯的。

（10）向左转弯、向左变更车道、准备超车、驶离停车地点或者掉头时，没有提前开启左转向灯的。

（11）向右转弯、向右变更车道、超车完毕驶回原车道、靠路边停车时，没有提前开启右转向灯的。

（12）机动车行驶中需要超越前车或者变更车道的，没有提前开启转向灯的。

（13）夜间行驶中需要超越前车或者变更车道时，除需要提前开启转向灯外，没有变更使用远、近光灯的。

（14）不按规定使用灯光，如不开启转向灯，不按规定开远光灯的，将被处50～200元不等，罚款记1分。

🚜 要点提示

违法使用灯光，是指违反《道路交通安全法实施条例》第57条第1项、第58条、第59条第1项、第81条第1项关于机动车灯光使用规定的行为。

（1）《道路交通安全法实施条例》第57条第1项规定，机动车驶离停车地点时，应当提前开启左转向灯。

《道路交通安全法实施条例》第58条规定："机动车在夜间没有路灯、照明不良或者遇有雾、雨、雪、沙尘、冰雹等低能见度情况下行驶时，应当开启前照灯、示廓灯和后位灯，但同方向行驶的后车与前车近距离行驶时，不得使用远光灯。机动车雾天行驶应当开启雾灯和危险报警闪光灯。"

（2）《道路交通安全法实施条例》第59条第1项规定："机动车在夜间通过急弯、坡路、拱桥、人行横道或者没有交通信号灯控制的路口时，应当交替使用远近光灯示意。"

（3）《道路交通安全法实施条例》第81条第1项规定，机动车在高速公路上行驶，遇有雾、雨、雪、沙尘、冰雹等低能见度气象条件时，应当遵守下列规定：

1）能见度小于200m时，开启雾灯、近光灯、示廓灯和前后位灯，车速不得超过60km/h，与同车道前车保持100m以上的距离。

2）能见度小于100m时，开启雾灯、近光灯、示廓灯、前后位灯和危险报警闪光灯，车速不得超过40km/h，与同车道前车保持50m以上的距离。

3）能见度小于50m时，开启雾灯、近光灯、示廓灯、前后位灯和危险报警闪光灯，车速不得超过20km/h，并从最近的出口尽快驶离高速公路。

违反特殊规定，如停车使用灯光、变更车道使用灯光、会车使用灯光、超车使用灯光等，一般认定为相应的违法行为。

（4）机动车驾驶人违反道路交通安全法律、法规关于道路通行规定的，处警告或者20元以上200元以下罚款。

特别提醒

（1）黄昏时，打开前照灯的时间宜迟不宜早，以免给来车造成眩目并影响自己的视觉。如果在较颠簸的路段行驶，宜提前打开前照灯，这样可以把坑洼路段看得更清楚一些。

（2）黎明时，关闭前照灯宜早不宜迟，这样会将路上的物体看得更清楚。

（3）夜晚超车时，利用远近光灯交替转换的方法警示前车，前车更容易感知被超时两车之间的实际距离。但转换次数最多不要超过两次，并且要把握好两车之间较为适宜的距离。

（4）夜间车辆抛锚被迫停车时，除了要在车辆前后约150m处放置故障标志外，还须打开危险警示灯、示宽灯提醒过往车辆注意。如果停车时间过长，需要控制用电时，至少要将驾驶室里的顶灯打开。

（5）正在超车时，前方有车疾速驶来，已经无法退让时，应赶快将前照灯转换旋钮向上拉起，远光便会发出亮光显示，以提示对方赶快减速。

（6）夜遇大雨或大雾时，宜将远光及时转换为近光，这样会把路面看得更清楚一些。与此同时，再将雾灯打开，以提示过往车辆。

（7）夜路会车时，如果遇到对方来车不做近光转换，一直远光照射，自车应立即换成近光，切不可两车远光对射。

（8）夜路通过视觉盲区时，一定要用转换远近光灯的方法做1～2次闪烁，以提醒盲区行进的人、车做好避让准备。

（9）夜路如遇骑车人、行人较多时，一要减速慢行，二要增加远近光灯转换的次数，这样会将骑车人、行人看得更清楚。

（10）大货车的腰灯违法。为帮助在夜间开车时能随时看见后轮轮胎情况，让后面的车辆在远处就能看清自己，起到提示作用，不少大货车驾驶人在货车上装了腰灯。但是，由于腰灯多安装在货车车身中段两侧及尾部，夜间开启后光线异常刺眼，后射距离又较远，会给后方驾驶人造成短时视觉障碍，极易发生事故。

货车安装腰灯属于私自违法加装车辆照明设施，一旦被公安机关交通管理部门发现，就会被立即要求拆除整改，并处以 200 元以上 2000 元以下罚款，记 3 分的处罚。

四、驾驶机动车不违反禁令标志、禁止标线指示，守住 1 分

违法行为认定

驾驶机动车违反禁令标志、禁止标线指示的，记 1 分。

机动车驾驶人驾驶机动车违反禁令标志、禁止标线指示的违法行为如图 6-6 所示。

图 6-6 违反禁令标志、禁止标线指示的违法行为

一般来说，驾驶人违反禁止标线指示的主要表现有：①行驶过程中，压单、双黄实线；②交叉路口，不按导向标线行驶在相应的车道；③违反标线指示临时或长期停车；④在不允许掉头的路段掉头，或在禁止左转弯的路段左转弯等。

要点提示

（1）禁令标志是一种禁止或限制车辆、行人交通行为的标志，对各种车辆的流量、流向起调节、疏导和控制作用。它可以根据道路的交通状况实行单向通行、限制某种车辆通行或定时通行等。禁令标志共有 42 种，形状绝大多数为圆形，只有两个分别为等边八角形和顶角向下的等边三角形。除个别标志外，颜色多为白底、红圈、红杠、黑图案，图案压杠。

（2）禁止标线是一种表示严格禁止车辆越线超车、向右转弯或压线行驶的交通标线。禁止标线共有 29 种，常见的有禁止超车线、停止线、让行线等。

（3）驾驶机动车违反禁令标志、禁止标线指示的有下列几种：

1）机动车上道路行驶，不得超过限速标志标明的最高时速。在没有限速标志的路段，应当保持安全车速。

2）在高速公路上行驶，道路限速标志标明的车速与上述车道行驶车速的规定不一致的，按照道路限速标志标明的车速行驶。

3）机动车通过交叉路口，应当按照交通信号灯、交通标志、交通标线或者交通警察的指挥通过；通过有交通信号灯、交通标志、交通标志或者交通警察指挥的交叉路口时，应当减速慢行，并让行人和优先通行的车辆先行。

4）道路养护车辆、工程作业车进行作业时，在不影响过往车辆通行的前提下，其行驶路线和方向不受交通标志、标线限制，过往车辆和人员应当注意避让。

5）机动车在有禁止掉头或者禁止左转弯标志、标线的地点以及在铁路道口、人行横道、桥梁、急弯、陡坡、隧道或者容易发生危险的路段，不得掉头。机动车在没有禁止掉头或者没有禁止左转弯标志、标线的地点可以掉头，但不得妨碍正常行驶的其他车辆和行人的通行。

6）在设有禁停标志、标线的路段，在机动车道与非机动车道、人行道之间设有隔离设施的路段以及人行横道、施工地段，不得停车。

7）机动车在道路上行驶不得超过限速标志、标线标明的速度。

8）高速公路匝道口处 V 形划线区域有一个或几个根据路口地形设置的白色 V 形线或斜纹线区域，白色斜纹线就是导流线，如图 6 - 7 所示，它主要起到引导和分流车辆的作用。驾驶人必须按规定的路线行驶，不得压线或越线行驶。

图 6 - 7　导流线

导流线不是"停车带"，若将车停在导流线，容易被后方来车碰撞追尾酿成悲剧。导流线属禁止标线，车辆如果压到导流线或越线行驶，不仅要罚款 200 元，还要记 3 分。

（4）机动车驾驶人违反道路交通安全法律、法规关于道路通行规定的，处警告或者 20 元以上 200 元以下罚款。

特别提醒

（1）在行驶过程中，驾驶人要随时留意相关道路交通信息，尽早发现并从中选择有用的讯息，严格按照交通标志、标线行驶。特别在交叉路口，是多种禁令标志、禁止标线指示的集中场所，进入路口前一定要非常留意，按照标志标线的指示通行。应提前选择好车道，不乱挤乱插或违法借道通过等。

（2）在市区，最常见的禁令标志主要有单行线标志、，禁止左转标志 等。开车时，应看清楚路口的标志，如果有标志，就说明，这条路从这个方向是禁止驶入的，只能从另外一个方向进入。还有许多道路在高峰时间是禁止左转的，如果在高峰时间闯禁，也会被抓拍下来。

(3) 违反禁止标线的行为。

1) 单、双黄实线都属于禁止标线,行驶过程中压线、越线都属于违法。

2) 如果在路上遇到有虚线和实线相结合的标线就一定要注意了,不论标线是黄色还是白色,只要机动车从实线压线到旁边(或对向)车道就属于违法行为,若从虚线处压线到旁边(或对向)车道,则不属于违法行为。

五、 驾驶机动车载货长度、 宽度、 高度不超过规定, 守住1分

违法行为认定

驾驶机动车载货长度、宽度、高度超过规定的,记1分。

载物长度是指货物前后超出车厢部分不能超过规定的总长度;载物宽度是指机动车载物左右准许的最大宽度;载物高度是指从地面起至货物顶端之间的准许距离,如图6-8所示。

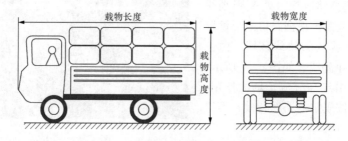

图6-8 载物长、宽、高的规定

驾驶机动车载物超长、超宽、超高及违反其他装载规定的行为,主要有下列几种。

(1) 重型、中型载货汽车,半挂车载物,高度从地面起超过4m的。

(2) 载运集装箱的车辆高度超过4.2m的。

(3) 其他载货的机动车载物,高度从地面起超过2.5m的。

(4) 摩托车载物,高度从地面起超过1.5m,长度超出车身0.2m的。

(5) 两轮摩托车载物宽度左右各超出车把0.15m的。三轮摩托车载物宽度不得超过车身。

(6) 三轮摩托车载物宽度超过车身的。

(7) 载客汽车行李架载货,从车顶起高度超过0.5m,从地面起高度超过4m的。

机动车载物装载长度不得超出车厢。摩托车载物,长度不得超出车身0.2m。

机动车载物装载宽度不得超出车厢。两轮摩托车载物宽度左右各不得超出车把0.15m;三轮摩托车载物宽度不得超过车身。

载客汽车除车身外部的行李架和内置的行李箱外，不得载货。载客汽车的规定如图6-9所示。

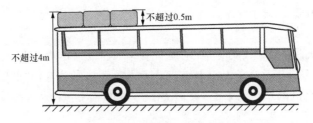

图6-9 载客汽车的规定

要点提示

（1）机动车载物应当符合核定的载质量，严禁超载；载物的长、宽、高不得违反装载要求，不得遗洒、飘散载运物。防止货物脱落、扬散等。

（2）载客汽车除车身外部的行李架和内置的行李箱外，不得载货。

（3）机动车驾驶人违反道路交通安全法律、法规关于道路通行规定的，处警告或者20元以上200元以下罚款。

特别提醒

私家车怎样拉货才算不违法？

一般私家车都有后备厢，那么在后备厢装载货物，是绝对允许的。另外，不少越野车的车顶行李架也可以拉载物品，但是不允许超过车身的长度和宽度。如果是自驾游或者购物，后备厢放不下了，也可以放在后排座椅下，但不允许将大量物品摆放在前排座椅上。

六、不驾驶载货汽车载物超过最大允许总质量（未达到30%），守住1分

违法行为认定

驾驶载货汽车载物超过最大允许总质量未达到30%的，记1分。

特别提醒

最大总质量是指汽车装备齐全，并按规定装满客（包括驾驶员）、货时的质量。有时又称为"厂家最大总质量"和"允许最大总质量"。这两个概念是有区别的，前者是由汽车制造厂根据特定的使用条件，考虑到材料的强度、轮胎承载能力等因素而核定出的，后者则是由主管部门根据汽车的使用条件而规定的。

> 汽车总质量的确定：对于轿车，汽车总质量＝整备质量＋驾驶员及乘员质量＋行李质量；对于客车，汽车总质量＝整备质量＋驾驶员及乘员质量＋行李质量＋附件质量；对于货车，汽车总质量＝整备质量＋驾驶员及助手质量＋行李质量。
>
> 根据最大总质量定义的货车："重型货车"指最大总质量大于 14t 的货车；"轻型货车"指最大总质量大于 1.8t 及小于或等于 6t 的货车；"中型货车"指最大总质量大于 6t 及小于或等于 14t 的货车；"微型货车"指最大总质量小于或等于 1.8t 的货车。

要点提示

（1）机动车载物应当符合核定的载质量，严禁超载；载物的长、宽、高不得违反装载要求，不得遗洒、飘散载运物。

（2）机动车载物不得超过机动车行驶证上核定的载质量，装载长度、宽度不得超出车厢。

（3）公路客运载客汽车超过核定乘员、载货汽车超过核定载质量的，公安机关交通管理部门依法扣留机动车后，驾驶人应当将超载的乘车人转运，将超载的货物卸载，费用由超载机动车的驾驶人或者所有人承担。

（4）公路客运车辆或者货运机动车超载的，依法扣留车辆。

（5）交通警察应当在扣留车辆后 24h 内，将被扣留车辆交所属机关交通管理部门。

公安机关交通管理部门扣留车辆的，不得扣留车辆所载货物。对车辆所载货物应当通知当事人自行处理，当事人无法自行处理或者不自行处理的，应当登记并妥善保管，对容易腐烂、损毁、灭失或者其他不具备保管条件的物品，经县级以上公安机关交通管理部门负责人批准，可以在拍照或者录像后变卖或者拍卖，变卖、拍卖所得按照有关规定处理。

（6）对公路客运车辆载客超过核定乘员、货运机动车超过核定载质量的，公安机关交通管理部门应当按照下列规定消除违法状态。

七、驾驶按规定定期进行安全技术检验的机动车（公路客运汽车、旅游客运汽车、危险物品运输车辆以外）上道路行驶，守住1分

违法行为认定

驾驶未按规定定期进行安全技术检验的公路客运汽车、旅游客运汽车、危险物品运输车辆以外的机动车上道路行驶的，记1分。

驾驶人驾驶机动车上道路行驶时，其所驾驶的机动车未按规定定期进行安全技术检验的行为。

要点提示

（1）对登记后上道路行驶的机动车，应当依照法律、行政法规的规定，根据车辆用途、载客载货数量、使用年限等不同情况，定期进行安全技术检验。进行安全技术检验的时间规定如下。

1）载货汽车和大型、中型非公路客运载客汽车10年以内每年检验1次；超过10年的，每6个月检验1次。

2）小型、微型非公路客运载客汽车10年以内每2年检验1次；超过10年的，每年检验1次；超过15年的，每6个月检验1次。

3）摩托车4年以内每2年检验1次；超过4年的，每年检验1次。

4）拖拉机和其他机动车每年检验1次。

（2）车辆免检制度。车辆免检为新车注册日期为6年之内（不包含第6年）。自2020年11月20日起，在实行6年内6座以下非公路客运小微型客车免检基础上，将6年以内的7至9座非公路客运小微型客车（面包车除外）纳入免检范围（实为免上线检验）。

1）免检车辆类型。免检车辆必须同时满足以下条件：①上述车辆注册登记超过10年（含10年）的，由每年检验1次调整为每2年检验1次；超过15年（含15年）的，仍按规定，每年检验2次。使用性质为非公路客运；②核定载人数为9人及以下；③行驶证上注明的车型为微型轿车、小型轿车、中型轿车、大型轿车、小型普通客车、小型越野客车、小型专用客车、微型普通客车、微型越野客车这9种之一。

2）不适用免检的情形。车辆年限及车辆类型均符合规定，但存在以下情形的车辆不适用免检：①自车辆出厂之日起，超过4年未办理上牌手续的；②期间发生过致人伤亡事故的；③车辆的交通违法行为、交通事故未处理完毕的。

特别提醒

根据规定，属于免检范围的车辆，6年内不用上线检测（不含第六年，车辆到第六年时需要正常线上检测才行），但需要每两年定期申领检验合格标志。如果没有及时领取年检标志的，仍然算作脱审。如果汽车脱审了，被交警查到会罚款扣分，并且要立即去车管所进行检测。而且机动车如果发生事故，年审是过期的状态，保险公司是不予理赔的。

3）符合免检要求申领检验合格标志前，机动车所有人应当将涉及该车的道路交通安全违法行为和交通事故处理完毕。机动车所有人提供交通事故强制责任保险凭证、车船税纳税或者免征证明后，可以直接向公安交通管理部门申请领取检验标志，无需到检验机构进行安全技术检验。但车辆如果发生过造成人员伤亡的交通事故的，仍应按原规定的周期进行检验。

4）机动车所有人可以在机动车检验有效期满前3个月内向车辆管理所申请检验合格标志。除大型载客汽车、校车以外的机动车因故不能在登记地检验的，机动车所有人可以向车辆所在地车辆管理所申请检验合格标志。

5）公安机关交通管理部门应当实行机动车检验合格标志电子化，在核发检验合格标志的同时，发放检验合格标志电子凭证。检验合格标志电子凭证与纸质检验合格标志具有同等效力。

6）对提供机动车行驶证和机动车第三者责任强制保险单的，机动车安全技术检验机构应当予以检验，任何单位不得附加其他条件。对符合机动车国家安全技术标准的，公安机关交通管理部门应当发给检验合格标志。

7）机动车检验合格标志灭失、丢失或者损毁，机动车所有人需要补领、换领的，可以持机动车所有人身份证明或者行驶证向车辆管理所申请补领或者换领。对机动车交通事故责任强制保险在有效期内的，车辆管理所应当自受理之日起一日内补发或者换发。

八、不驾驶擅自改变已登记的结构、构造或者特征的载货汽车上道路行驶，守住1分

违法行为认定

驾驶擅自改变已登记的结构、构造或者特征的载货汽车上道路行驶的，记1分。

擅自改变已登记的结构、构造或者特征，是指对车辆的外观、动力系统、传动系统、制动系统进行非国家法律允许及厂商同意的超出原车设计负载能力及功能的改装。包括更换关键部件的行为。

未经交警部门批准，私自将面包车改装成房车，涉及车辆安全数据，是违法行为。

要点提示

汽车的型号、发动机型号、车架号不能改，不能破坏车身结构；汽车改变颜色，更换发动机、车身或者车架的，必须交验汽车，汽车的改装范围不得超过法律规定。

（1）任何单位或者个人不得拼装机动车或者擅自改变机动车已登记的结构、构造或者特征；擅自改变机动车外形和已登记的有关技术数据的，由公安机关交通管理部门责令恢复原状，并处警告或者500元以下罚款。

（2）加宽轮胎，对进气系统、排气系统等进行改装，均是不允许的。根据公安部《机动车登记办法》有关规定，在用汽车轮胎规格、进气系统、排气系统都不是国家允许的变更项目。如在用汽车进行上述改装，可能会改变发动机功率，影响到行车安全，对进行非法改装的机动车所有人，将依法处以500～1000元的罚款，并责令其恢复原状。

更换前保险杠属于改变汽车外形，经过审批后是可行的，但对升高底盘等提升汽车越野性能的改装是不允许的。年审中一旦发现违规改装，必须恢复原状。

（3）驾驶拼装的机动车或者已达到报废标准的机动车上道路行驶的，公安机关交通管理部门应当予以收缴，强制报废。

对驾驶前款所列机动车上道路行驶的驾驶人，处200元以上2000元以下罚款，并吊销机动车驾驶证。

出售已达到报废标准的机动车的，没收违法所得，处销售金额等额的罚款，对该机动车依照本条第一款的规定处理。

🚗 **特别提醒**

（1）严格遵守道路交通安全法规对车辆报废的规定，应当报废的机动车必须及时办理注销登记。达到报废标准的机动车，不得上道路行驶。驾驶拼装车上路行驶，处200元以上2000元以下罚款，并吊销机动车驾驶证。

国家对达到一定行驶里程的机动车引导报废。达到下列行驶里程的机动车，其所有人可以将机动车交售给报废机动车回收拆解企业，由报废机动车回收拆解企业按规定进行登记、拆解、销毁等处理，并将报废的机动车登记证书、号牌、行驶证交公安机关交通管理部门注销。

1）小、微型出租客运汽车行驶60万km，中型出租客运汽车行驶50万km，大型出租客运汽车行驶60万km。

2）租赁载客汽车行驶60万km。

3）小型和中型教练载客汽车行驶50万km，大型教练载客汽车行驶60万km。

4）公交客运汽车行驶40万km。

5）其他小、微型营运载客汽车行驶60万km，中型营运载客汽车行驶50万km，大型营运载客汽车行驶80万km。

6）专用校车行驶40万km。

7）小、微型非营运载客汽车和大型非营运轿车行驶60万km，中型非营运载客汽车行驶50万km，大型非营运载客汽车行驶60万km。

8）微型载货汽车行驶50万km，中、轻型载货汽车行驶60万km，重型载货汽车（包括半挂牵引车和全挂牵引车）行驶70万km，危险品运输载货汽车行驶40万km，装用多缸发动机的低速货车行驶30万km。

9）专项作业车、轮式专用机械车行驶50万km。

10）正三轮摩托车行驶10万km，其他摩托车行驶12万km。

（2）车辆全国"通检"，6年免检可网上申领。

1）全国推行小型汽车、货车和中型车跨省异地年检，申请人可在异地直接进行年检，申领检验合格标志，也就是说以后未在车辆管辖地的车主无需再两头跑，也无需为省事再掏钱委托他人办理。

2）而对于6年内免检（即可免上检测线检测）的车辆，车主可通过互联网服务平台验证交强险后直接申领免检标志，不再需要准备行驶证等资料到车管所去办理。另外，处理某些需要到车管所的业务，可通过网络App先进行预约，预约成功后再到车管所，不用排队等候，即到即办理。

(4) 驾驶非法改装的机动车上道路行驶的，公安交管部门将依法扣留车辆，收缴非法装置，责令恢复原状，并依法处 200 元罚款。对非法改装的助动车，公安交管部门不予核发安全技术检验合格标志。超过规定时速的，公安交通管理部门将依法处 200 元以上 2000 元以下罚款，并处吊销驾驶证；构成治安管理违法行为的，公安机关将依据《治安管理处罚法》有关规定予以罚款、拘留等处罚。

(5) 非法安装警报器、标志灯具的，由公安机关交通管理部门强制拆除，予以收缴，并处 200 元以上 2000 元以下罚款。

特别提醒

(1) 已注册登记的机动车有下列情形之一的，机动车所有人应当向登记地车辆管理所申请变更登记。

1) 改变车身颜色的。但有 3 种颜色属于特种车专用颜色，不能使用。红色为消防专用，黄色为工程抢险专用，上白下蓝为国家行政执法专用。

2) 更换发动机的。

3) 更换车身或者车架的。要在已经损坏无法修复或者存在质量问题的前提下才能够进行。申请变更时，须同时出具修理厂的证明及更换发动机、车身或者车架的来历凭证。

4) 因质量问题更换整车的。

5) 机动车登记的使用性质改变的。

6) 机动车所有人的住所迁出、迁入车辆管理所管辖区域的。属于小型、微型载客汽车或者摩托车机动车所有人的住所迁出车辆管理所管辖区域的，应当向转入地车辆管理所申请变更登记。机动车所有人应当在 30 日内到住所地车辆管理所申请机动车转入。

属于需要重新核发机动车号牌的，收回号牌、行驶证，核发号牌、行驶证和检验合格标志。

小型、微型载客汽车因改变车身颜色申请变更登记，车辆不在登记地的，可以向车辆所在地车辆管理所提出申请。车辆所在地车辆管理所应当按规定查验机动车，审查提交的证明、凭证，并将机动车查验电子资料转递至登记地车辆管理所，登记地车辆管理所按规定复核并核发行驶证。

(2) 有下列情形之一，在不影响安全和识别号牌的情况下，机动车所有人不需要办理变更登记。

1) 小型、微型载客汽车加装前后防撞装置；加装出入口踏步件。

2) 货运机动车加装防风罩、水箱、工具箱、备胎架等。

3) 增加机动车车内装饰。

注意：加装的部件不得超出车辆宽度。

（3）已注册登记的机动车有下列情形之一的，机动车所有人应当在信息或者事项变更后30日内，向登记地车辆管理所申请变更备案。

1）机动车所有人身份证明名称或者号码变更的。

2）机动车所有人联系方式变更的。

3）车辆识别代号因磨损、锈蚀、事故等原因辨认不清或者损坏的。

4）小型、微型自动挡载客汽车加装、拆除、更换肢体残疾人操纵辅助装置的。

5）载货汽车、挂车加装、拆除车用起重尾板的。

6）小型、微型载客汽车在不改变车身主体结构且保证安全的情况下加装车顶行李架，换装不同式样散热器面罩、保险杠、轮毂的；属于换装轮毂的，不得改变轮胎规格。

九、驾驶机动车在道路上行驶时，机动车驾驶人应按规定系安全带，守住1分

违法行为认定

机动车驾驶人在道路上行驶时，机动车驾驶人未按规定系安全带的行为如图6-10所示，一次记1分。

未按规定系安全带的情形：

（1）仅将肩背位置的安全带从脖子上套好，但腰部却未系安全带的。

（2）肩背位置的安全带放置于手臂以下位置的。

（3）将安全带仅挂在一侧胳膊上，不将卡扣卡好的。

图6-10 未按规定系安全带

（4）系两点式安全带，将安全带挂在肩背上的。

以上这些系安全带的方法如果被"电子警察"抓拍，将处以警告或者20元以上200以下罚款，记2分的处罚。

要点提示

（1）机动车行驶时，驾驶人、乘坐人员应当按规定使用安全带，摩托车驾驶人及乘坐人员应当按规定戴安全头盔。

（2）所有小型客车在行驶时，驾驶人和前排座乘人都必须使用安全带。

（3）机动车驾驶人违反道路交通安全法律、法规关于道路通行规定的，处警告或者20元以上200元以下罚款。

🚗 **特别提醒**

(1) 机动车行驶时，驾驶人、乘坐人员应当按规定使用安全带。如果违反，则处以警告或者5元以上50元以下罚款。因此，副驾驶座位上的乘客没系安全带，不会处罚驾驶人，而是处罚乘车人。

(2) 儿童应该使用儿童座椅（见图6-11）。

(3) 安全带是系在驾乘人员胸前或腰部，用于防止身体前冲的安全用品。当汽车遇到意外情况紧急制动时，它可以将驾乘人员束缚在座椅上，以免前冲，从而保护驾乘人员避免二次冲撞造成的伤害，正确使用安全带

图6-11　儿童座椅

的方法如图6-12所示。

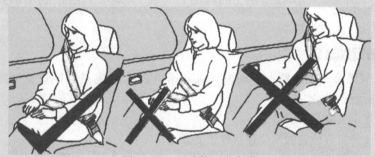

图6-12　正确使用安全带

1) 使用安全带时，应首先检查安全带是否失效。缓慢地用手将安全带向下拉时，应能顺利地从卷绕器中拉出，猛拉安全带时应拉不动。否则，说明安全带失效。

2) 安全带应在座椅调整合适之后再系。

3) 在系安全带时，带面应与身体部位贴紧，要求带面平坦，没有扭曲扣节。

4) 在解开安全带时，一定要缓慢放回，不要打开锁止机关让其自己弹回，以免金属舌片在弹回时打伤人的面部或者打碎车窗玻璃。

5) 未系安全带时，仪表盘上的安全带指示灯点亮，注意观察。

十、驾驶摩托车，应戴安全头盔，守住1分

🏍 **违法行为认定**

驾驶摩托车，不戴安全头盔的，一次记1分。

驾驶摩托车在道路上行驶时，违反规定不戴安全头盔的行为是违法行为。

要点提示

（1）机动车行驶时，摩托车驾驶人及乘坐人员应当按规定戴安全头盔，如图6-13所示。

1）头盔的种类。头盔分为几大类，如全盔、越野盔、揭面盔、半盔，如图6-14所示。不同需求、不同车型、不同路况下所需要佩戴的头盔也不尽相同。全盔在各类头盔中，保护性是最佳的，骑乘大排量公路车、街车应配全盔。半盔、揭面盔拥有较好的舒适性和通风性，并且方便佩戴，但是防护性能不如全盔，所以比较适合骑乘一些小排量摩托车的摩友。一般夏季日常代步可选择半盔，长途骑行为了方便脱戴可选择揭面盔。越野车佩戴越野盔。

图6-13 应按规定戴安全头盔

全盔　　　　　　　半盔　　　　　　　揭面盔　　　　　　越野盔

图6-14 头盔种类

2）安全头盔的选购。头盔本身必须是合格的产品，应按照GB 813—2010《摩托车乘员头盔》规定生产摩托车专用安全头盔。建筑工地施工使用的头盔，不能取代摩托车专用安全头盔。选购安全头盔的时候，要注意头围的大小与安全头盔的规格相适应，头围与安全头盔规格的对应关系见表6-1。

表6-1　　　　　　　　　　头围与安全头盔的对应关系

头围尺寸/mm	头盔规格
540～560	小
560～580	中
580～600	大

3）正确使用头盔。不能使用已经受到较大冲击的头盔。驾驶两轮摩托车及乘坐两轮摩托车时，要将安全头盔的系带扣牢，以防止受外力时头盔脱落而发生意外。

摩托车驾驶人与后座乘客都必须佩戴安全头盔。

（2）机动车驾驶人违反道路交通安全法律、法规关于道路通行规定的，处警告

121

或者 20 元以上 200 元以下罚款。

（3）骑摩托车醉驾，处 1000 元以上 2000 元以下罚款，无证驾驶处 200 元以上 2000 元以下罚款。可以追究刑事责任。

（4）饮酒后或者醉酒驾驶机动车发生重大交通事故，终生不得重新取得机动车驾驶证。

特别提醒

> 摩托车驾驶人及乘坐人员应当按规定戴安全头盔。安全头盔是摩托车驾乘人员生命安全的最好防线。机动车在高速行驶过程中，遇有紧急情况刹车，或与来往的其他车辆、行人发生碰撞，使用安全头盔可以减轻对车上人员造成的伤害，甚至可以保全当事人的性命。

你能守住几分？
扫码测一下吧！

第七章

预防违法记分的安全驾驶技术

一、出车前准备

驾驶人驾驶机动车上道路行驶前，应当对机动车的安全技术性能进行认真检查；不得驾驶安全设施不全或者机件不符合技术标准等具有安全隐患的机动车。

（1）检查行车证件、牌照是否齐全，号牌是否清晰，有无遮挡。并检查随车装置、工具及备件等是否齐全带足。

🚗 **特别提醒**

保持车辆号牌整洁。

（1）车辆号牌上的号码是确认车辆身份的重要标记，在出车之前或收车之后，应该查看车辆号牌是否完整和清洁。特别是雨天、雪天行驶，号牌有可能被溅起的泥水沾污，影响对号牌的识别；涉水行驶，车辆号牌有可能脱落丢失；发生交通碰撞事故，号牌还有可能损毁。

发现号牌脏污要及时清洁，号牌丢失要及时申请补发，号牌损毁要及时申请换领。

（2）有些人还为车牌加装了车牌框。但是要注意，车牌框的内边缘与车牌号码之间要留出 5mm 以上的间距，不得因车牌框的平面延伸或者凸起造型遮挡车牌号码，不能因为装饰美化车辆号牌，而影响了对车牌号码的识别。否则，也会涉嫌故意遮挡车辆号牌。

（2）起步前应绕车一周查看，如图 7-1 所示。绕行查看的目的：①查看车门是否关严；②查看车辆周围有无依附物；③查看车身是否端正和各轮胎气压是否正常；④检视车身外表情况和各部机件完好状况，是否有漏油、漏水、漏气、漏电现象；⑤查看车底有无玩耍的小孩或其他宠物；⑥查看车牌是否干净，有无遮挡。

（3）擦拭门窗玻璃、清洁车身外表，保持灯光照明装置和车辆号牌清晰。

（4）检查燃油箱储油量、散热器的冷却液量、曲轴箱内机油量、制动液量（液压制动车）、蓄电池内电解液量等是否合乎要求。

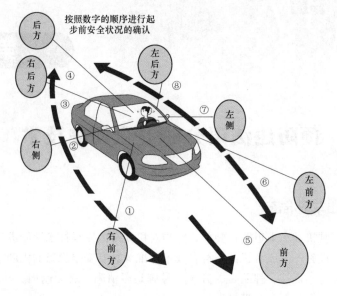

图 7-1 绕车一周检查

（5）检查发动机风扇皮带是否有老化、断裂、起毛等现象，松紧度是否合适。

（6）检查轮胎外表和气压，剔除胎间及嵌入胎纹间的杂物、小石子，轮胎气压应符合规定。还要注意带好备胎，放置要牢靠。

（7）检查转向机构是否灵活，横、直拉杆等各连接部位是否有松动。

（8）检查轮毂轴承、转向节主销是否松动，轮胎、半轴、传动轴、钢板弹簧等处的螺母是否紧固。

（9）检视驾驶室内各个仪表和操纵装置的完好情况，检查灯光、刮水器、室内镜、后视镜、门锁与升降器手摇柄等是否齐全有效。

（10）检查转向盘、离合器、制动踏板自由行程和驻车制动器的情况是否正常，离合器踏板、制动踏板自由行程应符合正常规定值。注意转向盘自由转动量不得超过30°。

（11）启动发动机后，检查发动机有无异响和异常气味，察看仪表工作是否正常。

（12）检查车厢栏板及后门栏板是否牢固、可靠、货物的装载必须捆扎牢固、平稳安全。对拖带挂车的汽车，还应检查边接装置有无裂损、松动、变形等现象，各种辅助设施是否符合规定，以保证牵引装置安全可靠。

二、谨防超速

目前，我国公路限速主要有标牌限速、法定限速、特殊时段和天气限速 3 种。

（1）标牌限速。就是公路上设置的限速标志、标线标明的速度，具体的限速值由交通运输部门根据公路的设计速度以及公路的功能类型、几何线形特性、运行交通流量、路侧环境等多种因素综合确定。

（2）法定限速。没有限速标志的路段，要遵守法律法规规定的限速。根据《道路交通安全法》及其实施条例，在没有中心线的公路，限速为40km/h；同方向另有一条机动车道的公路，限速为70km/h；进出非机动车道，通过铁路道口、急弯路、窄路、窄桥以及掉头、转弯、下陡坡时，限速为30km/h。高速公路最高限速为120km/h。

（3）特殊时段和天气限速。根据《道路交通安全法》及其实施条例，在普通公路上行驶，遇雾、雨、雪、沙尘、冰雹，能见度在50m以内，以及在冰雪、泥泞的道路上行驶时，限速为30km/h。为严管客运车辆，在夜间22时至次日凌晨5时行驶时，速度不得超过日间限速的80%。

设有限速标志或者路面限速标记的路段，往往是道路交通情况复杂的路段，遇有限速标志的路段，驾驶人一定要按照限速标志的规定行驶，不要超过限速标志所规定的车速。

设有限速标志的路段，过往车辆要按照限速标志的规定行驶，谨慎通过，不要超速。在没有限速标志、标线的道路上，机动车不得超过下列最高行驶速度。

（1）没有道路中心线的道路，城市道路为30km/h，公路为40km/h。

（2）同方向只有一条机动车道的道路，城市道路为50km/h，公路为70km/h。

以上是关于正常通行情况下的限速规定。以交通安全为前提，车速的快与慢是相对而言的，当交通情况不利于安全行驶时，车速还应当进一步降低。

特别提醒

利用转速表判断时速如图7-2所示。当然车型不同，它们之间的关系也会有所不同。

图7-2 转速与时速的关系

三、谨慎超车

车辆超车时无论是超车一方，还是被超车一方，都应该遵守超车的有关规定。

（1）在超车之前应该观察前车动态，注意前车左侧是否有动态障碍和静态障碍，确认具备超车空间之后，向前车发出超车信号。

超车信号，首先是开启左转向灯，在非禁止鸣喇叭的路段，还可以通过鸣喇叭向前车示意。夜间的超车信号，除了开启左转向灯之外，还要交替变换远光灯和近灯光，这样能更好地使前车明白后车要超车的意图。

（2）在超越前车的过程中，要与被超车保持足够的横向间距，以免与前车发生刮蹭事故。当超过前车时，应该将左转向灯关闭，随即开启右转向灯，继续向前行驶。当与被超车拉开足够的纵向距离，确认不会因为向右变更车道而发生刮蹭和追尾事故之后，再向右变更车，驶回原车道。

（3）被超车一方，如果发现后车发出超车信号，在前方一定距离内的路面无动态和静态障碍、对面无来车的情况下，应当主动为后车提供超车的便利条件，降低车速，同时靠右让路，必要时还可以开启右转向灯，示意后车超越。被超车一方在让超时，要为超车一方着想，也要为自身的行为安全着想。

（4）在不利于安全的情况下是不允许超车的，如前车正在左转弯时不准超车、前车正在掉头时不准超车、前车正在超车时不准超车。

（5）夜间行车应尽量避免超车，必须超车时，需跟近前车后，连续变换远近灯光，必要时以喇叭配合，在判断前车已让路允许超越的情况下，方可超越。夜间超车一定要有足够的直线距离，无论如何不要在弯道中超车。越线后再给被超越车辆留一定的安全距离后再向右打转向灯驶回原车道，绝对不能强行超车，以免发生事故。

（6）严禁从右侧超车，但并非所有从前车右侧车道驶过的行为，都是交通法规定义的"右侧超车"。判断"右侧超车"的关键，还是看后车在超越前车的过程中，是否存在"从原车道往右变道，超越前车后再变回原车道"的连贯动作。

若后车在超车前和超车后，并回原车道的位置都离被超车辆很远，那么这种从右侧车道超越前车的行为就不能算"右侧超车"了。

🚗 **特别提醒**

在下列情况下不准超车。

（1）前车为执行紧急任务的警车、消防车、救护车、工程救险车的。这些车辆由于在执行紧急任务，关系到公共安全及公民的人身和财产安全，需要争分夺秒，在最短的时间内赶到现场，因此车速本来就比较快，超越这些车辆势必会发生超速行驶的交通安全违法行为。所以，遇到执行紧急任务的警车、消防车、救护车、工程救险车，应该主动避让，而不应该与这些车辆抢行。

（2）行经铁路道口、交叉路口、窄桥、弯道、陡坡、隧道、人行横道、市区交通流量大的路段等没有超车条件的，如图7-3所示。

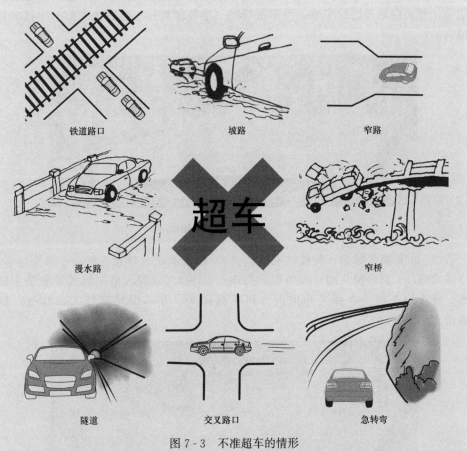

铁道路口 　　　　　坡路 　　　　　窄路

漫水路 　　　超车 　　　窄桥

隧道 　　　　交叉路口 　　　　急转弯

图7-3　不准超车的情形

（3）除了不能在危险处超车外，有些危险的时段也不能超车。如在超越过程中发现左侧有障碍，或对面来车距离很近等意外情况时；车辆有问题时；在车辆转向、制动等有故障时；气候不好时，如遇狂风、暴雨、浓雾等恶劣天气时。这些时候都不要超车。

四、不要随意掉头

机动车在有禁止调头或者禁止左转弯标志、标线的地点不得调头。机动车在没有禁止调头或者没有禁止左转弯标志、标线的地点可以调头，但不得妨碍正常行驶的其他车辆和行人的通行。路口如有"禁止左转"标志，即使未悬挂"禁止调头"标志，该路口也禁止调头。"禁止左转"标志，同时具有"禁止左转""禁止调头"

两种效力。

在城市中需要掉头时应到允许掉头的地点。

（1）如图7-4所示，在允许掉头地段，画有行车道的，掉头时应打开左转向信号，驶入左侧邻近的车道，沿车道行驶一小段距离后，再驶入左侧行车道实施掉头。

图7-4　允许掉头的地段

（2）在有掉头标志、标线（见图7-5），或者未设置禁止左转弯、掉头标志、标线的路口、路段掉头时，应当距掉头地点50～100m驶入最左侧或者准予左转弯、掉头的车道，在掉头车道内方可实施掉头，并不得妨碍行人和其他车辆通行。

图7-5　未设置禁止左转弯、掉头的标志、标线

（3）机动车掉头时要注意安全，在铁路道口、人行横道、桥梁、急弯、陡坡、隧道或者容易发生危险的路段，不准掉头。

（4）机动车掉头时一定要防止交通安全违法行为，在设有禁止掉头（见图7-6）、禁止左转弯交通标志的路段，以及在铁路道口、人行横道、桥梁、急弯、陡坡、隧道或者容易发生危险的路段，不得掉头。在施划有禁止掉头标记的路段，不准掉头。在划施有道路中心单实线、道路中心双实线以及靠向道路中心虚实线的实线一侧的路段，不准掉头。

图 7-6　设有禁止掉头的标志

　　禁止在人行横道掉头（见图 7-7）。如果在可以掉头的路段，一定要过了人行横道才可以掉头。

图 7-7　禁止在人行横道掉头

　　有些路口虽然没有明确标志指示车辆不能掉头，但如果车道上标的是直行箭头（见图 7-8），这时是不能左转的，更加不能掉头，只能直行。

　　开车的时候还会遇到左转车道在最右侧的情况（见图 7-9），这时可以左转，但不能掉头。

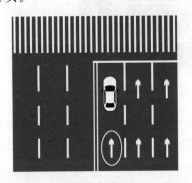 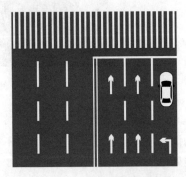

图 7-8　车辆所处的车道是直行车道　　　　图 7-9　左转车道在最右侧

　　（5）机动车在没有禁止掉头、禁止左转弯的交通标志或交通标线的地点可以掉头，但要注意掉头的车道地面的中心线是否是虚线。如果是实线则不能掉头，如果是虚线则可以掉头。如果是双黄线，则需要看自己的那一侧是否是虚线，如果是虚线则可以掉头；否则也不可以掉头。要注意不要妨碍过往车辆的正常通行，要避免因一车掉头造成多车堵塞的情况出现。

几种允许掉头的情形：

1）停止线前是实线（没有掉头灯，见图7-10）。既没有虚线，也没有掉头指示，遇到这种情况，应遵守左转信号灯的指示，亮绿灯方可掉头。注意：掉头要跨越斑马线。

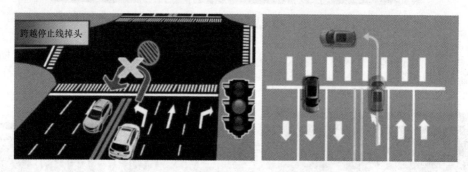

图7-10 停止线前是实线（没有掉头灯）

2）停止线前是实线（有掉头灯，见图7-11）。这种情况只要按照掉头指示灯，过了停止线掉头即可。

图7-11 停止线前是实线（有掉头灯）

3）停车线前是虚线（没有掉头灯，见图7-12）。这种情况下，遇到左转车道是红灯的情况下，也是可以掉头的，但不得妨碍行人和其他车辆正常通行。要注意是在虚线处掉头，不可以超过停止线。

4）停止线前是虚线（有掉头灯，见图7-13）。这种情况比较少，一般是在车流量较大的路口有所设计，只不过对比上面须虚线掉头，这里多了一个掉头信号灯。这时一定要遵守信号灯的指示掉头，否则将会直接以闯红灯判断违法了。

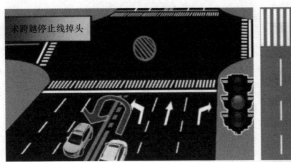

图 7-12 停止线前是虚线（没有掉头灯）

图 7-13 停止线前是虚线（有掉头灯）

5）如果左转车道停止线前和斑马线之间为黄色虚线（见图 7-14），左转灯变绿后可以不经过人行道，直接在虚线处掉头。

6）在有黄色网格线的路段（见图 7-15），如果路中间没有隔离装置，安全前提下可以在网格线处掉头。

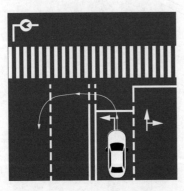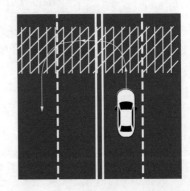

图 7-14 停止线前和斑马线之间为黄色虚线　　图 7-15 有黄色网格线的路段

7）双黄实线的道路中间出现黄色虚线（见图 7-16），此处在安全的前提下可以掉头。

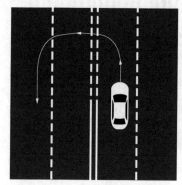

图 7-16 双黄实线的道路中间
出现黄色虚线

（6）在同向划有两条以上机动车道的道路，道路中间设置有中央隔离带或施划有中心双实线，这样的路段机动车是无法实施掉头的。这样的道路，汽车需要掉头时，只能在规定的路段或路口的入口处掉头。

机动车掉头，还可以利用就近的环形交叉路口来实现。或利用互通式立交桥来实现。

机动车通过互通式立交桥的行驶路线。直行时，可在立交桥的上部天桥或下部地道直接通过。向右转弯时，应事先开启右转向灯，在接近立交桥的始端右转弯，靠右驶入匝道，而后由匝道驶入干道。向左转弯时，应该在驶过天桥或地道后，开启右转向灯，随后右转弯驶入匝道，在匝道另一端再进行一次右转弯进入干道，这样连续两次右转弯便可完成一次左转弯。掉头时，连续两次左转弯即可完成一次掉头。

🚗 **特别提醒**

在允许汽车掉头地段的交通违法行为。

（1）不要在双实线掉头。如图 7-17 所示，车辆过早地在道路中心双实线处就开始掉头。车辆在掉头时越过道路中心双实线，理所应当的算是交通安全违法行为。因此，车辆在进入掉头车道之后，不要急于掉头，应该继续向前行至道路中心虚实线的部位，并且充分考虑到车辆掉头时左后轮的内轮差，在确保所有车轮不会碾压道路中心双实线的前提下，才能向左转动转向盘实施掉头。

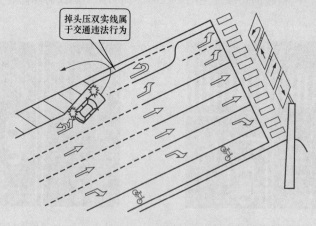

图 7-17 不要在双实线处掉头

注意：交叉路口的掉头车道也是受交通信号灯控制的，只有在掉头信号灯为绿色的时段，才允许车辆利用掉头车道实施掉头。

（2）要全面掌握主标志和辅助标志的含义。为了减少左转弯和掉头车辆对通行效率的影响，在交通高峰时段，有些路口、路段是禁止机动车左转弯和掉头的。所以，在这一时段车辆不要进入左转弯车道和掉头车道，以免出现交通安全违法行为。

五、 正确使用喇叭

机动车要按规定使用喇叭，一般可分为两类：①禁止鸣喇叭；②需要鸣喇叭。

汽车喇叭的应用要适当，在该鸣喇叭的路段没有鸣喇叭，属于交通安全违法行为。车辆行至禁止鸣喇叭的路段，随意鸣喇叭，也属于交通安全违法行为。

喇叭属于汽车的安全装置，在出现意外或紧急情况时，喇叭能起到避险作用，在公路上行驶，尤其是在山区道路行驶，适时鸣喇叭，对行车安全是有益的。

1. 违法鸣喇叭

违法鸣喇叭，是指在禁止鸣喇叭的区域鸣喇叭或在允许鸣喇叭的区域不按规定鸣喇叭的行为。违法鸣喇叭可以分为四种：①违反《道路交通安全法实施条例》第62条第8项规定的行为，即不得在禁止鸣喇叭的区域或路段鸣喇叭；②违反交通标志规定的行为；③特种车在非执行紧急任务时使用喇叭、警报器的行为；④非特种车私自安装警报器、怪音喇叭，在允许鸣喇叭的区域鸣警报器的行为。

2. 违法鸣喇叭的认定标准

（1）违反驾驶机动车不得在禁止鸣喇叭的区域或者路段鸣喇叭，如图7-18所示。

图7-18 禁止鸣喇叭的区域或者路段

（2）违反在设有禁止鸣喇叭标志的地点鸣喇叭的行为。

（3）特种车在非执行紧急任务时使用喇叭、警报器的行为。特种车在非执行紧急任务时使用喇叭、警报器的，属于违法鸣喇叭。在执行紧急任务时不按规定使用警报器的，属于特种车违法。

（4）私自安装、使用警报器。非特种车私自安装警报器、怪音喇叭，在允许鸣喇叭的区域鸣警报器的行为。

车辆在驶近急弯、坡道顶端等影响安全视距的路段，应当减速慢行，并注意鸣喇叭示意。

🚗 **特别提醒**

使用喇叭应注意：

（1）音量不得超过规定的标准。

（2）连续按鸣不得超过 3 次。

（3）不得用喇叭催人、唤人。

（4）不得在道路上维修、试验喇叭。

注意：机动车不得安装不符合国家标准规定的喇叭或加装高音喇叭、扩音设备。

六、通过有信号灯控制的交叉路口

机动车通过交叉路口，应当按照交通信号灯、交通标志、交通标线或者交通警察指挥通过。应注意避免车辆路口不按规定行驶和"闯绿灯"的违法行为。

1. 通过有交通信号控制的路口

在有交通信号控制的路口，如图 7 - 19 所示，一定要按照交通信号的指示来驾驶车辆通过路口，具体规定如下：

图 7 - 19 有交通信号控制的路口

（1）在画有导向车道的路口，按所需行进方向驶入导向主道。

（2）机动车通过环形路口，应当按照导向箭头所示方向行驶。进环形路口的机动车，应当让已在路口内环行或者出环行路口的机动车先行。

（3）向左转弯时，靠路口中心点左侧转弯。转弯时开启转向灯，夜间行驶时应开启近光灯。

(4) 向右转弯遇有同车道前车正在等候放行信号时，依次停车等候。

(5) 遇放行信号时，依次通行。

(6) 遇停止信号时，依次停在停止线以外。没有停止线的，停在路口以外。

 **特别提醒**

(1) 路口不按规定行驶车辆。行驶机动车通过有交通信号灯控制的交叉路口时，在划有导向车道的路口，应当按所需行进的方向驶入导向车道。如果是直行车，进入了左转或右转车道，电子眼同样会马上进行抓拍。

不按导向车道行驶的违法行为主要有3种：①直行时借道左转弯车道；②左转弯时借道直行车道；③在左转弯和直行车道内随意右转弯。

(2) "闯绿灯"。

1) "闯绿灯"就是机动车遇有前方交叉路口交通阻塞时，没有依次停在路口以外等候，在绿灯时进入路口并滞留的一种违法行为。"闯绿灯"的行为主要有以下几种。

• 驾驶机动车经过交通信号灯或交通标志控制的交叉路口、十字路口遇有行驶方向路口交通堵塞时，还继续驶入路口的，视为"闯绿灯"。

• 前方处于绿灯状态，将机动车停在路口划有黄色网格线（禁止停车区）范围内的，视为"闯绿灯"。

• 绿灯情况下的直行机动车，没有让上一个红绿灯期间内遗留在路口中间的对面路口开过来的左转弯车辆先走，视为"闯绿灯"。

新版违法处理系统对该行为定义为：路口遇有交通阻塞时未依次等候的，处警告或者20元以上200元以下罚款，记2分。

2) 避免"闯绿灯"。

• 在绿灯的情况下，如果前车在路口1/3处缓慢行驶时，后车尚可缓慢前行；如果前车已经停在路口1/2处时，后车应在路口等候，不要驶入路口。

• 遇到路口有黄色网格线时，要提前做好预判。如果发现前方车辆缓慢行驶或已经停驶时，后方车辆就应在线外等候，确保黄色网格线前方有足够的空间可以停车时再前行。

• 遇到有交警的路口，听从交警的指挥，在没有交警时，自己做好预估工作。

2. 提前减速、变道、开转向灯

(1) 在通过有信号灯控制的交叉路口之前，应该距路口30~100m的距离就放松加速踏板，让车辆平稳地减速，以避免在临近路口时迫不得已而紧急制动。如果当时的车速比较快，提前减速的距离就应该大一些；如果当时的车速比较慢，提前减速的距离可以适当小一些。

（2）车辆行驶在同方向有两条以上机动车道的道路，驾驶人要注意观察地面上施划的导向箭头标记和道路上方悬挂的导向车道标志，根据需要选择相应的车道。

（3）变更车道要提前开启转向灯，向左变更车道要开启左转向灯，向右变更车道要开启右转向灯。

（4）变更车道要在虚线路段完成，车辆进入实线部位的导向车道之后，不准压实线，不准再变更车道。

🚗 特别提醒

变更车道时，不允许连续变更两条以上车道、长时间骑轧车道分界线、骑轧车道中心实线或者车道边缘实线，如图7-20所示。

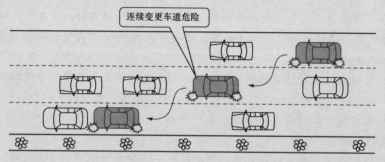

图7-20 不要连续变更车道

车辆进入实线部位的导向车道之后，转向灯的显示应该与车辆所在的导向车道方向一致，以免出现车辆随后驶入路口时，转向灯的显示与实际车辆行驶方向不一致的情况，从而发生违反转向灯使用规定的违法行为。

（5）在交通拥挤的路段行车，同方向行驶的车辆首尾相接，地面施划的导向车道箭头被前车遮挡无法观察，此时要注意察看道路上方悬挂的导向车道标志，提前行驶在所需要的导向车道路线上。如果因为交通拥挤，无法进入自己所需要的导向车道，只能按照所在车道的方向驶过路口，不可违反分道行驶的规定。

🚗 特别提醒

有信号灯的路口是交通违法的高发区。

有信号灯控制的交叉路口，通常是车辆、行人过往比较频繁的路口。除了利用交通标志、交通标线和交通隔离设置对过往的车辆进行渠化管理，以及人力的现场管控之外，许多这样的交叉路口还配备了全天候监控的电子监控设施。

驾驶人应遵守路口的通行规则，不得抱有侥幸心理。

3. 左转弯的机动车应当让对向直行的车辆、人行横道内通行的行人优先通行

通过有信号灯控制的交叉路口，绿灯亮时，左转弯的机动车应当让对向直行的车辆、人行横道内通行的行人优先通行。否则，左转弯的机动车属于违法行驶。

🚗 **特别提醒**

左转弯车辆只有通行权，没有先行权。左转弯车辆在通过各个交叉点时，不要与右侧的车辆、行人抢行。

4. 右转弯的机动车要让被放行的机动车、非机动车、行人优先通行

右转弯的机动车在通过交叉路口时，右转弯的机动车只有通行权，不具有优先通行权。所以，右转弯的机动车要让被放行的机动车、非机动车、行人优先通行。否则，右转弯的机动车属于违法行驶。

🚗 **特别提醒**

（1）红灯亮时，如果是右转弯，请车辆驾驶人注意观察横向非机动车、行人的动态；绿灯亮时，如果是右转弯，请车辆驾驶人注意观察同向非机动车、行人的动态。

（2）如果右转弯机动车的前方还有等候放行的其他机动车，会遮挡右转弯车辆驾驶人的视线。有些汽车驾驶人是从前车的左侧绕行，更有甚者，从前车的右侧绕行，这些都是违法驾驶。

通过信号灯控制的交叉路口，当红灯亮时，在前方没有等候放行信号的车辆的条件下，右转弯的机动车在不妨碍被放行的车辆和行人通行的情况下，可以通行。

5. 遇红灯准确停车

驾驶人要想遇到红灯能准确停车，就应提前观察指挥灯信号。一般指挥灯下方都有表示灯信号转换的倒计时间显示屏，显示屏上所示数是以秒为单位。驾车驾近指挥灯100m左右时，就应判读显示屏，观察本车道绿灯还有多少放行时间。如果时间不够通过交叉路口时，就应降低车速，选择好自己的行车道，做好停车准备。当车驶近停车线10m左右时，便可精确判断是停车还是继续行进。

当黄灯亮时，如果所驾还未通过停车线，应及时停车，停车时车前保险杠应在停车线内。遇到没有电子显示屏的信号灯，可从交叉路口两边通行和停车的数量情况大体判断，提前做好准备，保证在驶近停车线时车辆在滑行，以防突然灯色变换造成紧急制动才可停在停车线内的情况发生。

6. 避免抢黄灯

根据新交通法规规定，闯黄灯属于不按交通信号灯指示通行的违法行为，一次记6分。

当绿灯熄灭，黄灯点亮（或者绿灯闪烁）时，如果车辆还没有越过停止线，应该在停止线以外停车，等待下一次的放行信号。

黄灯信号时间短暂，只有3～4s（各地交通信号灯配时有所不同）。紧接着横向将要变为绿灯放行信号。此时，如果已经越过停止线的车辆占据路口，会妨碍接下来放行的车辆通行。所以，黄灯亮时，已经越过停止线的车辆，应该继续通行，以便腾清路口，为横向放行的车辆让出通行空间。

黄灯亮时，只要机动车车身任何一部分已越过停止线的，车辆可继续通行，不认定闯黄灯。已越过停止线的车辆可继续通行，未越过停止线的车辆要停止通行。在车辆正常行驶过程中，只要驾驶人注意力集中，与前车保持安全距离，行经交叉路口时减速慢行、谨慎驾驶，"抢黄灯"是可以避免的。

特别提醒

不抢2s。

（1）根据交叉路口电子监控设施的设置情况，如果在红灯亮时，车辆还没有进入交叉路口，一定要停车等候。如果是在黄灯亮时，车辆距路口的停止线还有一定的距离，也应该停车，不要越过停止线。如果黄灯亮时，车轮已经靠近停止线，此时若紧急制动，有可能造成后车追尾的交通事故。为了防止追尾事故的发生，车辆可以继续行驶。但是要注意，黄灯点亮的时间只有大约3s，一旦黄灯熄灭，红灯点亮时再越过停止线，车辆就要被抓拍。有些电子监控设施是在黄灯点亮2s时启动的，如果绿灯熄灭，黄灯点亮，车辆能在2s之内越过停止线，车辆也不会被电子监控设施抓拍。

（2）防止被电子眼误拍。电子眼采用感应线来感应路面上汽车传来的压力，通过传感器将信号采集到中央处理器，送寄存器暂存，并且该数据在一个红灯周期内有效。在一个红灯周期内，如果同时产生两个脉冲信号，这时就会启动摄像机。也就是说，在红灯期间，如果你的汽车前轮过线了就产生了一个脉冲，等后轮再压线时就会产生第二个脉冲信号，摄像机便会启动拍摄。如果只有前轮压线，而后轮没有过线，在一个红灯期间只产生一个脉冲，电子眼就不会拍摄。因此，在路口即使前轮过线了，但后轮没过的，电子眼通常会"睁只眼闭只眼"的，这时只需保持不动就不算违法。如果前轮过线了，怕被电子眼拍到，又倒一下车让前轮回到线内，结果产生了两个脉冲信号，这时电子眼反而会无情地拍到。

7. 遇黄闪灯谨慎慢行

闪光警告信号灯为持续闪烁的黄灯，提示车辆、行人通行时注意瞭望，确认安全后通过。

有时交叉路口的各个方向均为闪烁的黄灯，各个方向的车辆和行人便都可以进入交叉路口通行。黄色闪光信号灯对于交通主体通行道路，只具有通行权的含义，不具有优先通行权的含义，此时，交叉路口内存在许多交通冲突点。所以，车辆通过黄色闪光信号灯控制的交叉路口时，应该注意观察路口内是否有过往的车辆和行人，确认安全后谨慎通过。如果在路口内遇有其他车辆、行人，应该减速慢行，或者停车让行。

特别提醒

"黄闪灯"是信号灯的一种，用以提醒各方向的车辆驾驶人和行人注意交叉路口的信号，它不具有控制交通先行和让行的作用。因此，在设置有"黄闪灯"的路口，不同于红绿灯变换控制的路口，车辆通行时，提示车辆、行人注意观察，确认安全后通行。

8. 直行时段进入左转待转区

在左转弯车道施划左转待转区标线，让左转弯机动车等候放行信号的位置适当向前移，可以提高路口的通行效率。然而，有些驾驶人对于左弯待转区标线的规定不太了解，在等候左转弯放行信号时，没有将车辆停在左弯待转区的标线区域内，如图 7-21 所示。

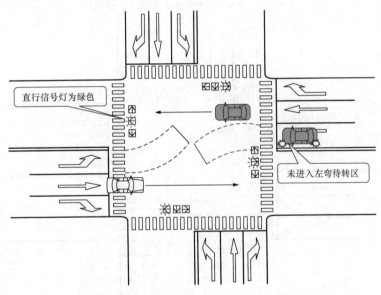

图 7-21 直行时段没有将车停在待转区

极个别情况，有些汽车驾驶人在横向直行车辆放行的情况下，将车辆停放在左弯待转区的标线区域内，影响了横向来车的通行，如图 7-22 所示。以上这些做法，都是违反交通标线规定的交通安全违法行为。

正确的做法如图 7-23 所示，如果是在直行时段，左转弯的车辆应该直接进入左弯待转区。左转弯时段终止，禁止车辆在左弯待转区内停留。

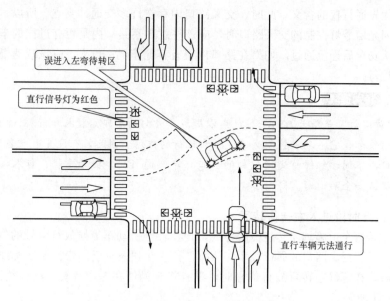

图 7 - 22 非直行时段误将车辆停在待转区

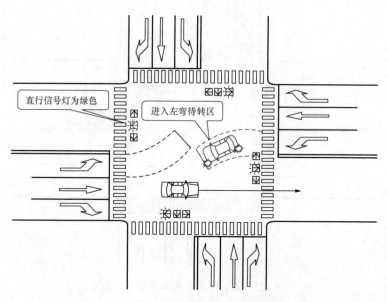

图 7 - 23 直行时段进入左弯待转区

如图7-24所示，如果直行信号灯、左转信号灯均为红色时，车辆应该在左转弯导向车道内等候放行信号。等到下次直行信号绿色信号灯点亮，车辆才能越过停止线，进入左弯待转区。直行绿色信号灯熄灭，左转弯绿色信号灯点亮，车辆才能左转弯通过交叉路口。

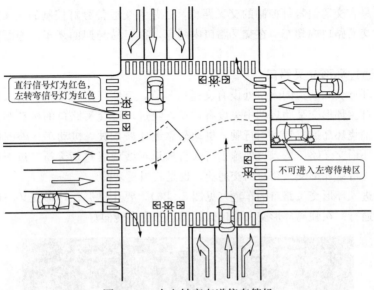

图 7 - 24 在左转弯车道停车等候

┌─────────────┐
│ 🚗 特别提醒 │
└─────────────┘

直行时段，请左转弯车辆进入左转待转区。直行时段结束，请不要在左转待转区内停留。

9. 不要在路口内超车

车辆行经交叉路口不得超车，如图 7 - 25 所示。通过有交通信号灯控制的交叉路口，遇放行信号时，应依次通过。依次通过，就是要求同方向行驶的机动车，遇到绿灯放行信号时，要按照原有的等候顺序通过路口，不允许在路口内超车。

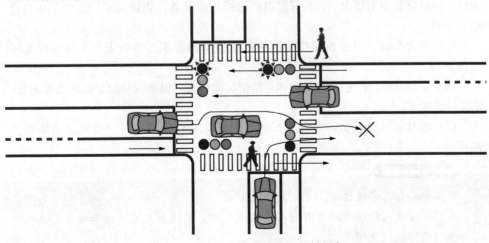

图 7 - 25 车辆行经交叉路口不得超车

无论是有交通信号灯控制的交叉路口，还是无交通信号灯控制的交叉路口，都不应该在交叉路口内超车。在交叉路口内超车，很容易与迎面来车、侧面来车发生交通冲突。

10. 通过环形交叉路口

有些环形交叉路口的入口处设有交通信号灯，有些环形交叉路口的入口处未设交通信号灯。环形交叉路口的中央设有环岛，经过环形交叉路口的机动车、非机动车，都要围绕环岛逆时针方向行驶。机动车靠近环岛行驶，机动车在外围供非机动车行驶。环形交叉路口的入口处施划有人行横道标线或者过街天桥、过街地道，供行人通行。可见环形交叉路口的交通流，也是相当复杂的。

准备进入环形交叉路口的车辆（见图 7-26），要让已经在环形交叉路内行驶的车辆优先通行。在驶离环形交叉路口时，应当开启右转向灯。

图 7-26　准备进入环形交叉路口

11. 随车流行进

（1）保持与车流相同的车速，避免出现超越车流和被车流超越的现象。

（2）与前车保持好车距，时刻注意前车动态，密切注视与前车间距的变化和制动灯、转向灯的指示情况，并做好随时迅速停车的准备，防止前车突然停车而自己措手不及。

（3）在会车时，与前车保持相同的避让程度和范围，当失去会车机会时不可抢行。

（4）在行驶中，注意车流变化和道路情况的改变，以适应新的车流和道路条件，避免掉队断流。

（5）随时观察后视镜，注意后车的情况，发现有车要超时应及时采取措施或避让。

🚗 **特别提醒**

不要和行人争速抢道。

（1）发现人行横道附近有行人或骑车人时，先调整车速，使车辆能够在人行横道前停住（见图 7-27）。

图 7-27　准备经过人行横道

（2）人行横道附近停有车辆时，应在减速确认安全后行驶。

（3）不要在人行横道或人行横道前超车、加速。

（4）即使交通灯已转变为绿色，只要有行人过马路，就不要和其抢道，特别是老人、孕妇和残疾人过马路时。

（5）在有信号灯的路口，严格遵守交通规则，等候时不要将车停在人行横道线上，以免给行人带来不便。在没有信号灯的路口，应注意观察，主动让已经在车辆前方的行人通过，不要从行人前方绕行抢道。

12. 把握安全跟车距离

开车时要保持一定的距离才能安全，安全的跟车距离相当于反应距离加制动距离。

（1）在市区道路上正常行驶时，应和前车保持 20m 以上的距离。

（2）在繁华的街道上，可与前车保持 5m 以上的安全距离。

（3）在一般道路上正常行驶时，可采用"2秒跟车法"，即与前车保持 2s 的行驶间距。在路旁找一参照物，当前车通过后数 2s，然后确定跟车距离，如图 7-28 所示。

到达前车通过的标记物不少于2s

图 7-28　2秒跟车法

（4）在高速公路上行驶时，跟车距离可适当加大，一般可按照车速的"km"数对应的"m"数来确定跟车距离。例如，以90km/h的车速行驶，那么跟车距离最好不要低于90m。

（5）在排车队、堵车或其他非正常情况下，可灵活掌握跟车距离。

13. 潮汐车道、可变导向车道与借道左转车道

潮汐车道和可变导向车道都是在高峰时段车流集中时使用的可变车道，车道道路无地面标志标线或箭头图标。潮汐车道是改变汽车南北或东西行驶方向的，而可变导向车道只是改变汽车直行或转弯（右转或左转）行驶方向的。

（1）潮汐车道。也叫可变车道，可变导向车道的方向是随时间变化的，如图7-29所示。潮汐车道是由两条平行的黄色虚线构成的，车道线为 ▦ 与潮汐车道标志

为 ⚠ 。潮汐车道是城市内部根据早晚交通流量不同情况，对有条件的道路设置一个或多个车辆行驶方向规定随不同时段变化的车道，可分散不同行驶方向的车流，用于调节各方向的来往车辆。潮汐车道一般设置在大城市交通流量比较大的路口，灵活改变车辆行驶方向，减轻道路拥堵压力。例如，早晨从城外往城里走的车多，就可以通过增加某一道路进城方向车道、减少出城方向车道的方式，缓解交通压力，疏导交通。晚高峰时分则可以采取与之相反的车道调配疏导车辆出城。

图7-29 潮汐可变导向车道

遇见潮汐车道，驾驶员应直接根据信号灯或指示牌的指示行驶。潮汐车道安全行驶的注意事项如下。

1）看好交通指示牌。潮汐车道一般都有明确的指示牌，在行驶时要看清楚指示牌所写的注意事项，这样在行驶时能避免违章通行。

当潮汐车道上方的车道指示标志如图7-30和图7-31所示，为白色箭头符号时，车辆可以进入潮汐车道行驶；当潮汐车道上方的车道指示标志为红色叉形符号

时，禁止车辆驶入潮汐车道，如图 7‑31 所示。

图 7‑30　车道指示标志（1）

图 7‑31　车道指示标志（2）

　　在没有信号指示灯的时候一般都会有交通警察在路口进行指挥，这时要听从交通警察的指挥。

　　2）盯紧红绿信号灯。在潮汐车道上行驶，一定要看好主路上的红绿灯。

　　当车辆到达交叉路口时，要注意观察交通信号灯，只有在信号灯为绿灯时，直行车辆才能通过交叉路口。

　　3）留意潮汐车道的启停时间段。"潮汐车道"不全是全天通行的，因此走潮汐车道要注意观察交通指示牌的提示，如图 7‑32 所示，以便了解在不同时段潮汐车道的行驶方向。

　　4）潮汐车道的可变车道为实线，不能随意变道、越线，随意掉头。

　　要防止在施划有潮汐车道的路段违规超车。当潮汐车道上方为红色叉形符号时，即使潮汐车道是空闲的，也不准利用潮汐车道超车，如图 7‑33 所示。

图 7‑32　交通指示牌

图 7‑33　车道指示标志为红色叉
　　　　　 形符号时

　　5）潮汐车道误闯注意事项。如果不小心误闯了潮汐车道，即不该驶入时驶入了，这时对面会驶来大量车辆，不要慌张，也不要逆行或者后退，应立即开启双闪警报灯，然后慢慢等待信号灯变化。

另外，有关部门考虑到对道路状况的影响，一般会选择在早晚两次出行高峰出现之前和结束之后进行变道，如果此时正好经过正在进行变道的路段时，一定要放慢车速，观察挂在高处的车道指示牌，分清车道后选择正确车道行驶。

6）与潮汐车道贯穿的交叉路口时，可能会有一些特殊的通行规定，如图 7-34 所示。为了便于的潮汐车道设置，将转弯和掉头的车道划在道路外侧，在这样的路口，需要左转弯或掉头的车辆，要事先进入右侧的车道，只有在交通信号为红灯时，左转弯或掉头的车辆才能进入路口通行。

图 7-34　特殊的通行规定

特别提醒

（1）"潮汐车道"车道标志与信号灯不同步时，通过路口时要按照交通信号灯指示通行。

（2）在可变车道内，不允许变道和超车。如果不想走可变车道，一定要提前在虚线处变道。

（3）如果不小心误驶入了可变车道内，记住不能倒车或掉头。

（4）如遇红灯亮时机动车应停于停车线内等候信号。

（2）可变导向车道。可变导向车道不同于普通的车道指示线，是指车道内侧画了多条斜线，是以一种类似锯齿的线条来划分的，非常特殊。在车道内侧划了多条斜线，有点像变形的"非"字，车道中间没有画直行还是转弯的箭头图标。

可变导向车道是进入该车道后有不止一个车道走向，如有的路口情况允许右转和直行（即右转和直行合并为一个车道），或者调头和左转合并为一个车道（一般用于左侧车道）。可变导向车道有着灵活性，只要进入车道直行就是直行，左转就是左转。如果走错了路，那就是"不按道行驶"违法了。

当车辆驶入可变导向车道之后，要注意观察前方路口的交通信号灯，如图 7-35 所示，只有在与可变导向车道对应的信号灯为绿灯时，可变导向车道内的车辆才能通过路口，如图 7-36 所示。

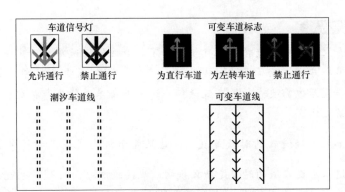

图 7-35　注意观察前方路口的交通信号灯

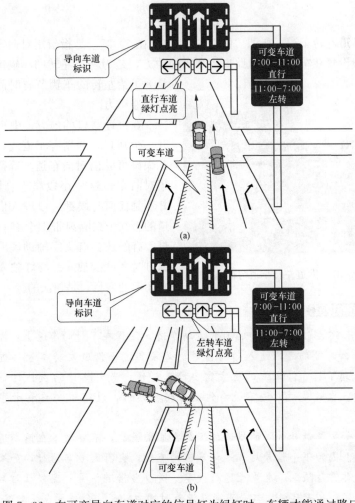

图 7-36　在可变导向车道对应的信号灯为绿灯时，车辆才能通过路口

（a）直行车道绿灯点亮；（b）左转弯车道绿灯点亮

（1）如果是可变车道转弯和直行走错了，应该按照道路指示走下去。比如该车道是直行车道，而你要左转却走了该车道，那么不要停在路口等待左转，会阻碍该车道后方需要直行的车辆通行，这一整条车道的车都被挡住了，因为是实线无法变道。

（2）如果车辆进入的时候是直行，结果指示标志变成了右转车道 ，那么车辆进入可变车道的时候是什么导向，就按照该导向行驶。也就是说进入的时候是直行，那么就直行，进入时是左转车道那么就左转。相反，进入时是直行你左转了或者进入是左转你却直行了，这种会按照不按导向车道行驶进行处罚。

（3）借道左转车道。所谓"借道左转"（见图7-37）是指借用对向车道来进行左转。一般设置在车流量大且路口较宽阔的地方，是为将要左转的车辆准备的，也是为了给左转的车辆节省时间，从而缓解交通压力。

图7-37　借道左转车道与标志

在接近路口的地方，中央隔离带会开一个缺口，并划有车道线，车辆通过此缺口可驶向对向车道，等待左转，到了对向车道这一小段属于合法的逆行。并不是任何时候都可以进入借道左转车道的，在中央隔离带上会有一个小红绿灯，有的还会有文字辅助说明，只有是绿灯时才可以驶入。红灯驶入会影响对向车道的通行，是违法的。

（1）借道左转就是一个临时的左转车道，设置在了对向车道上。左转车辆也不是什么时候都可以进入待转区的，必须要遵循借道左转信号灯进入左转待行道，到了前方停止线的地方需要停车等候，当大路口的左转灯亮起时才可以左转。也就是说，进不进看借道左转指示灯，过不过马路看十字路口红绿灯。

（2）如果是最后进入的借道，那么要抓紧驶离，不要被卡在该车道而没有左转成功。因为下个信号灯就是该车道的直行，会有大量车通行，如果逆向停在那里是非常危险的，也影响通行效率。所以当借道信号灯变成红灯后，一定不要进入了，一是违法，二是可能就没有时间左转了，会被卡在该车道。

（3）在借道左转车道转弯处的地面一般都有黄色网格线，如图 7-38 所示，就是为了防止车辆停留，从而阻碍了其他车辆进入"借道左转"区域，而且这些地方往往都有摄像头，在网格线的范围内是绝对不允许停留的，否则就要被扣 2 分、罚款 200 元。

图 7-38　设置有网格线

七、通过无交通信号灯控制的交叉路口

在驾驶车辆行经无信号灯控制的交叉路口时，要适当降低车速，留心观察路口内的车辆、行人动态。有些这样的路口可能还设置有单行路标志、限速标志、减速让行标志、停车让行标志，要按照交通标志的指示通行。转弯的车辆要注意在路口内的行驶路线，右转弯的车辆要转小弯，左转弯的车辆要转大弯。无交通信号灯控制的交叉路口关于车辆的让行的规则也是需要掌握的（见图 7-39）。

图 7-39　通过无交通信号灯控制的交叉路口

特别提醒

通过没有交通信号灯控制，也没有交通警察指挥的交叉路口时，应减速慢行，并让行人和优先通行的车辆先行。

（1）有交通标志、标线控制的，让优先通行的一方先行。

（2）没有交通标志、标线控制的，在进入路口前停车瞭望，让右方道路的来车先行。

（3）转弯的机动车让直行的车辆先行。

（4）相对方向行驶的右转弯的机动车让左转弯的车辆先行。

（5）在没有方向指示信号灯的交叉路口，转弯的机动车让直行的车辆、行人先行。相对方向行驶的，右转弯机动车让左转弯车辆先行。

1. 减速让行及停车让行

（1）根据各个方向道路交通流的大小不同，有些交叉路口设有交通信号灯，也有些交叉路口没有设置交通信号灯，而是利用交通标志及交通标线来分配不同方向车辆的通行权。

左右方向行经路口的车辆具有优先通行权，上下方向行经路口的车辆要降低车速，让左右方向的车辆优先通行，不得与左右方向过往的车辆抢行。

（2）在环形交叉路口入口处设置了减速让行标志，表示准备进入环形交叉路口的车辆，要注意观察环形交叉路口内的交通情况，在确保已经在环形交叉路内行驶的车辆通行的前提下，才能进入环形交叉路口。

（3）左右方向为交通流量较大的单行路，上下方向的车辆行经交叉路口时，必须停车瞭望，在不妨碍主流方向车辆通行的前提下，才能进入前方的交叉路口。需要的路口内转弯的车辆，还要注意禁止向右转弯标志或者禁止向左转弯标志的规定。

（4）在设置有减速让行交通标志及停车让行交通标志的路口，主流方向的车辆车速比较快，让行方向的车辆一定要按照让行交通标志的规定，确实观察路口内交通流的情况，确认安全之后，才能进入交叉路口。

2. 向右转小弯

汽车在交叉路口右转弯时，应该注意左侧是否有来车，在确保安全的前提下，沿着道路的右侧转小弯，这样可以减小与横向来车的运动干涉。

3. 向左转大弯

（1）在没有施划道路中心圈的交叉路口，汽车左转弯一定要注意，沿着交叉路口稍微靠右的路线转大弯行驶，这样便于及早观察左侧是否有来车，以免发生车辆碰撞事故。

向左转弯时，靠路口中心点左侧转弯如图7-40所示。转弯时开启转向灯，夜间行驶开启近光灯。向左转弯的机动车紧靠路边中心点左侧转弯，这样便于及早观察左侧是否有来车，以免与左侧的来车发生碰撞事故。

（2）但如果路口内划有车辆左转弯导向线的，机动车须在线的左边左转弯，非机动车须在线的右边左转弯。机动车在线的左边左转弯，以不妨碍对向驶入路口的正常右转弯的车辆行驶为限（见图7-41）。

图 7 - 40 靠路口中心点左侧转弯

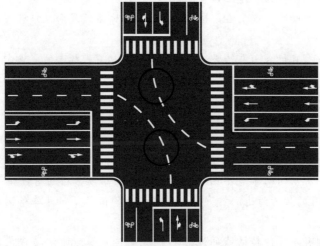

图 7 - 41 划转弯导向线的路口

特别提醒

（1）大弯与小弯。机动车左转弯应该转小弯，非机动车左转弯应该转大弯，如图 7 - 42 所示。

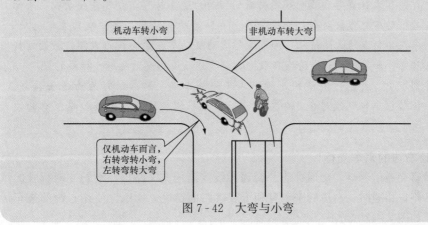

机动车转小弯

非机动车转大弯

仅机动车而言，右转弯转小弯，左转弯转大弯

图 7 - 42 大弯与小弯

（2）违法转弯。是指违反道路交通安全管理法律、法规以及交通标志、标线关于转弯规定的行为。违反道路交通标志和标线规定的有下列几种。

1）在设有直行标志的地点转弯的行为为违法转弯。

2）在设有禁止向左（或向右）转弯标志的地点向左（或向右）转弯的行为为违法转弯。

3）在设有禁止向左向右转弯标志的地点转弯的行为为违法转弯。

4）在设有禁止直行或向左转弯（或直行或向右转弯）标志的地点向左转弯（或向右转弯）的行为为违法转弯。

5）在设有向左（或向右）转弯标志的地点向右（或向左）转弯的行为为违法转弯。

6）在设有直行或向左转弯（或直行或向右转弯）标志的地点向右转弯（或向左转弯）的行为为违法转弯。

7）在设有车道行驶方向标志及划有导向车道的地点，不按规定进入导向车道转弯的行为为违法转弯。车道行驶方向标志，包括右转车道、直行车道、直行或右转合用车道、分向行驶车道、左转车道、直行和左转车道等标志，用以指示车道的行驶方向。违反相应车道行驶方向标志的指示转弯的行为是违法转弯。

8）在划有双向两车道路面中心黄色虚线的路段，在没有保证安全的情况下，向左转弯的行为为违法转弯。在保证安全的情况下，允许车辆越线超车或向左转弯。

9）在划有左弯待转区线的地点不按规定转弯的为违法转弯。左弯待转区线，用来指示左转弯车辆可在直行时段进入待转区，等待左转。左转时段终止，禁止车辆在待转区内停留。不按照左弯待转区线划定的路线转弯的，属于违法转弯。但如果是左转弯车辆在非直行时段进入待转区，等待左转或者左转时段终止，仍然在待转区内停留的，属于违法停车。

10）违反左转弯导向线的规定转弯的行为为违法转弯。左转弯导向线，表示左转弯的机动车与非机动车之间的分界。左转弯的机动车在导向线的左侧行驶，非机动车在导向线的右侧行驶。如果左转弯的机动车在导向线的右侧行驶的，属于违法转弯。如果压线或者跨线行驶的，属于违反道路交通标志、标线的规定。

在划有中心黄色虚实线的路段，实线一侧车辆左转弯的行为为违法转弯。实线一侧禁止车辆越线超车或向左转弯，虚线一侧准许车辆越线超车或者向左转弯。

4. 让右边的来车先行

在没有交通信号灯、交通标志、交通标线控制的交叉路口，不同方向行驶的汽车在交叉路口相遇时，右边的来车有利于观察路面情况，所以，要让右边的来车优先通行，如图7-43所示。

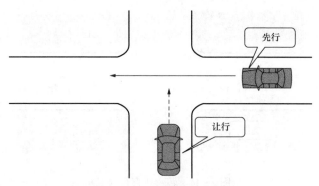

图 7 - 43　让右边的来车先行

5. 转弯让直行

在没有交通信号灯、交通标志、交通标线控制的交叉路口，不同方向行驶的汽车在交叉路口相遇时，右转弯或者左转弯的车辆，对路口的通行效率影响比较大，直行的车辆对路口的通行效率影响比较小。因此，右转弯或者左转弯的车辆要让直行通过交叉路口的车辆优先通行，如图 7-44 所示。此项规则，也适用由红、黄、绿三色信号灯控制的交叉路口。

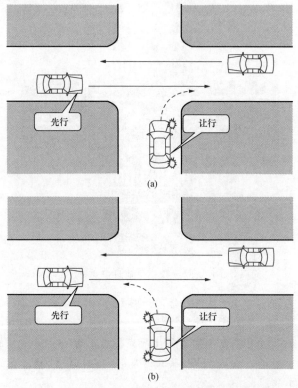

图 7 - 44　转弯让直行（一）
（a）右转车让左侧直行车；（b）左转车让左侧直行车

153

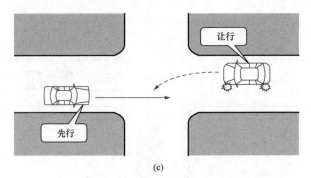

(c)

图7-44 转弯让直行（二）

（c）左转车让相对方向直行车

特别提醒

转弯车与直行车的让行规则。

（1）转弯车要主动避让直行车辆。所谓的转弯让直行，很多情况下只适用于同一道路的相对方向的车辆，如图7-45所示。

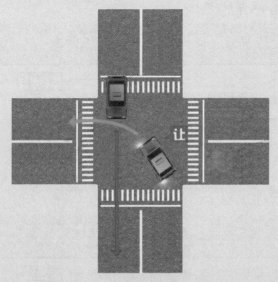

图7-45 转弯车让直行车辆

有让行标志的路口，无条件让行，如图7-46所示。如果有停止线的，则需要停车认真观察后，再继续行进。

（2）也不是有所有转弯车都需要让行直行车。有一些不常见的情况下，直行是应该让转弯先行。尤其是"灯头让灯尾"，如图7-47所示，这时的直行车辆须让行转弯车辆。

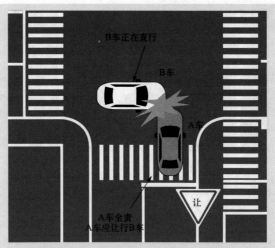

图 7-46　有让行标志的无条件让行

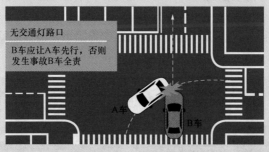

图 7-47　灯头让灯尾

1）有标志标线控制的直行车让不受控制的转弯、变更车道车先行。在这些标牌和标线下的车辆，直行也没有优先权。

2）有让行标志的，如图 7-48 所示，直行要让转弯；主路出口，辅路让主路先行如图 7-49 所示。

图 7-48　直行让转弯车

图 7-49　辅路车辆让行

另外，同一道路，同方向，同车道，无论前车转弯、调头，都比直行后车更具有优先通行权。

6. 右转让左转

在没有交通信号灯控制的交叉路口，相对方向行驶的右转弯的机动车让左转弯的机动车、非机动车优先通行，如图 7-50 所示。另外，右转弯车辆的右侧还会出现直行的非机动车和行人，观察右侧的交通动态较为困难，需要降低车速，缓慢通行，以免发生交通事故。

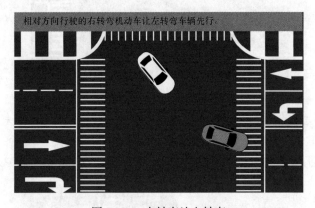

图 7-50　右转车让左转车

特别提醒

让左转弯的车辆先行，有利于减少路口内的冲突点，有利于缩短车辆在路口内的滞留时间。另外，右转弯车辆的右侧还会出现直行的非机动车和行人，观察右侧的交通动态较为困难，需要降低车速，缓慢通行，以免发生交通事故。

7. 依次交替通行

机动车行至车道减少的路口或者路段，如果遇到前方有机动车停车排除或者缓慢行驶的情况，既不可抢行，也不必谦让，应当按照通行规则的要求，每车道一辆依次交替驶入车道减少的路口、路段，如图 7-51 所示。

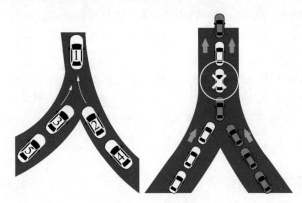

图 7-51　车辆交替通行

8. 注意导流线

车辆通过不规则的大型交叉路口时，不可骑、压导流线（见图 7-52），要严格按照路面上施划的导向箭头行驶，以免发生逆向行驶的交通安全违法行为。

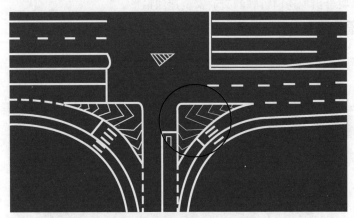

图 7-52　导流线

🚗 **特别提醒**

导流线标志及处罚标准。

（1）导流线属于禁止标线，用于提示车辆按规定的路线行驶，不得压线或越线行驶。车辆压到导流线或越线行驶，可对驾驶人处以警告、记 1 分或罚款150 元、记 1 分的处罚。

（2）导流线是一种交通标志线，主要是让车辆在行驶中按照规定的路线行驶，不能出现压线违章的行为，任何驾驶员一定要正确识别导流线，做到安全文明驾驶。

（3）白色的网格线是导流线，主要根据路口地形设置的白色 V 形线或斜纹线区域，表示车辆必须按规定的路线行驶，不得压线或越线行驶。导流线主要用于过宽、不规则或行驶条件比较复杂的交叉路口、立体交叉的匝道口或其他特殊地点。

（4）在高速上出现的白色实线区域，就说明这个路段是禁止驾驶员出现临时停车的行为。导流线的目的就是让每一个车辆都可以在规定的车道内行驶，这对于交通来说起到一个管制以及疏导的作用，可以减少交通意外事故的发生。

八、注意右转弯限行

市区道路的交通高峰期，在行人、非机动车交通流量比较大的路段，为了减少右转弯机动车对干道车流的影响，采取了交通高峰时段禁止车辆右转弯的限行措施，行经这样的路段，要注意观察交通标志的提示，不要误闯禁行标志。

前方横道为单行路，单行路的出口部位不允许车辆右转弯，如果强行右转弯进入单行路，将会出现逆向行驶的交通安全违法情形。

特别提醒

1. 车辆右转弯时应注意事项

（1）注意交通信号的变换。很多路口前方靠右侧的交通灯都是圆形的，在一般情况下，红灯亮时可以右转弯。有些地方可能有标注，前方红亮时禁止右转弯，这时就不要右转，等绿灯亮时再右转。

（2）注意箭头形状的指示灯。很多地区一路上，在十字路口碰到的都是圆形红灯，都可以顺利的右转通过。偶尔出现箭头式红灯，箭头所指的方向是禁止通行的，再右转弯就是闯红灯了（见图 7 - 53）。

图 7 - 53　注意箭头形状的指示灯

（3）右转弯时要注意车道的占位。在右转弯时，路面上有箭头的按箭头的指示转弯。没有箭头的，在最右侧的路上转弯。如果不注意右转弯的规矩，在直行车道或左转弯车道直接右转，这样发生的交通事故要负全责的。

（4）右转时一定要打开右转向灯。当在中间或左侧车道行驶时要右转弯，应当提前做好右转弯的准备，打开右转向灯，通过车内或右侧后视镜的观察，在交通许可的情况下，将车转到最右边的路上去，然后再转弯就比较安全了。

（5）转弯时要低速注意瞭望。右转弯时，除了打右转向灯，靠最右侧道路转弯之外，还要降低车速，注意瞭望：①瞭望车辆的右边是否有行人正在过马路，是否有骑手跟在你的右边；②要观察车辆的前方正在通行的车辆。当红灯右转时，应当让直行车先走。

（6）注意车辆右转弯车道虚线和实现的变换，不要压实线转弯。在有信号灯的十字路口右转时，尽量不要压线。因为十字路口附近白实线是不能压的。这些白实线决定了车辆的走向，一旦车辆错了车道，是不能随意变动的。右转弯时，一定要驶出白实线之后再转弯，为了右侧行人的安全。

（7）在没有信号灯的交叉路口右转。在没有交通信号灯的十字路口，车辆应低速行驶多加瞭望，在没有危险的情况下再直行或转弯。在一些窄路，没有人行道的十字路口，右转时，一定不要紧贴着道路的右侧直接转弯，防止因内轮差原因压到路边石，挤坏轮胎或刮碰走在十字路口边的行人。

2. 遇到大货车的驾驶技巧

（1）不要和大货车、运渣车、工程运输车抢道。当遇到和大货车对向行驶时，一定要让大货车先行。因为对于一辆动辄几十吨甚至上百吨的"大家伙"，这么大的惯性想让它从运动到完全停住，岂能是几十米刹车距离就可以做到的。小轿车面对这样一个庞然大物，再强的安全设备都显得很单薄。

（2）超越大货车的要领。

1）超越大货车、运渣车、工程运输车时应提前计算好时间和距离，选择视野良好的直道再超车。超车时要先打开左转向灯，最好先鸣笛或者闪一下远光提醒大货车。

2）超越时要迅速连贯一次性通过。如果超车过程中发现前方突然发生情况，一定及时踩下刹车踏板，注意不是重踩。踩刹车的作用是提醒后方车辆，以防后车反应不及时造成追尾。

3）在超越货车后不要立刻变回原来的车道，要保持一段距离的行驶，确认和大货车保持了安全距离后再并线，在变更车道前要打开转向灯。

（3）弯道不要超越大货车。大卡车、运渣车、工程运输车右转弯时因为驾驶员的视野盲区很大，以及车辆本身的"内轮差"，容易将同行的非机动车卷入车底，发生交通事故。车身越长，转弯幅度越大，形成的内轮差也越大。

贸然超车如果不成功，就很有可能与大货车发生严重剐蹭，而且由于大货车自重大，刹车距离长，大货车驾驶员一旦出现判断失误，极有可能造成侧翻。所以切记，实在是着急赶时间需要超越大车记得靠左，过弯道切记不要超车。

知识拓展

消除货车右转弯盲区安全隐患

（1）注意右转红色警示区域。现在很多路口都会喷绘一个月牙形的红色危险区域，行人、机动车一旦处于该处位置就能显而易见地得到提示，也能及时进行避让，远离危险区。

（2）非机动车停止线前移。将非机动车道停止线适当前移，便于机动车驾驶员能够及时观察到右方车况，有效预防了直行非机动车与右转弯机动车发生冲撞，最大限度地减少了同行方向大货车的视觉盲区，有效地减少了事故的发生。

（3）硬性隔离，立黄色警示牌。将机动车道和非机动车道进行硬性隔离，配套增加了黄色警示牌，目的是控制右转弯车辆，让直行的非机动车和行人优先通过，减少直行车辆和转弯车辆。

（4）避免停留在货车盲区。没开过大货车的人可能都不太清楚大货车盲区有多危险，如果小轿车一直处于大货车盲区行驶，而大货车相对你来说就相当于一颗随时要爆炸的炸弹。因为他看不见你，你也不清楚他下一步会怎么行进，若你刚好处在大货车盲区范围内，大货车却突然启动或者转向，就很危险，通常都要付出血的代价。

（5）仔细多观察路况。遇到大货车一定要多观察，确定有十足的把握之后再超车。另外，开车过程中要多看后视镜，发现后方有大货车最好先避让，让其先行，不要和大货车较劲。

特别提醒

大货车、运渣车、工程运输车右转盲区夺命

如图7-54所示，大货车底盘高，车身大，坐在驾驶室的司机很难看到车头下方的情况，货车前方1.2m范围内为盲区；货车右侧1.5m以内基本都看不见；货车左侧1.2～2m范围内为盲区；货车后侧，要保持安全车距4m以上距离。大货车驾驶座椅位于左侧，离右侧窗户较远，当车辆在货车右侧经过时，货车驾驶员很难从后视镜发现车辆的存在，如果此时货车进行向右并线或右转弯时是非常危险的，极易发生碰撞，甚至有可能将右侧车辆卷入车轮下方。

因此，大货车、运渣车、工程运输车右转在路口没有单独的右转箭头指示灯时，车辆是可以不受信号灯控制，直接右转的，但是大货车右转时，必须要先停下5s再起步，如图7-55所示。当遇到前面货车、运渣车、工程运输车停车等待，后方的轿车千万不要着急催促，这个警示语也是给后方车辆看的，希望能够得到谅解。

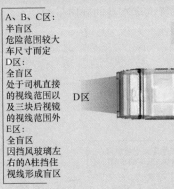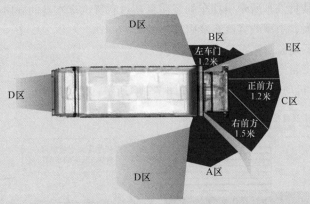

A、B、C区：
半盲区
危险范围较大
车尺寸而定
D区：
全盲区
处于司机直接
的视线范围以
及三块后视镜
的视线范围外
E区：
全盲区
因挡风玻璃左
右的A柱挡住
视线形成盲区

图 7-54　大货车的盲区

　　大货车右转时要先停车是因为大货车、运渣车、工程运输车在右转时，右侧的视野盲区非常大，如图 7-56 所示，在拐弯时，基本看不到车辆右侧的情况，停车可以更好地观察到车辆右后方的情况，也能给右侧行驶的车辆提个醒，可以保护右侧小汽车或非机动车行人的安全。

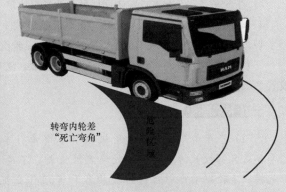

图 7-55　右转弯先停车再起步　　　　图 7-56　右侧危险区域

九、牵引挂车与故障车

1. 牵引挂车

（1）机动车驾驶人驾驶机动车在道路上行驶，违反牵引挂车规定的行为主要有下列几种。

1）载货汽车、半挂牵引车、拖拉机牵引两辆（含两辆）以上挂车的。

2）挂车的灯光信号、制动、连接、安全防护等装置不符合国家标准。

3）小型载客汽车牵引除旅居挂车以外车辆的。

4）小型载客汽车牵引的车辆总质量大于 700kg 以上的挂车的。

5）挂车载人的。

6）载货汽车所牵引挂车的载质量超过载货汽车本身的载质量的。

7）大、中型载客汽车牵引挂车的。

8）低速载货汽车牵引挂车的。

9）三轮汽车牵引挂车的。

（2）机动车牵引挂车规定如图 7-57 所示，具体如下。

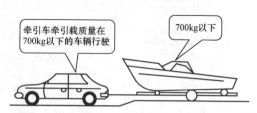

图 7-57 牵引挂车规定

1）载货汽车、半挂牵引车、拖拉机只允许牵引一辆挂车，挂车的灯光信号、制动、连接、安全防护等装置应当符合国家标准。

2）小型载客汽车只允许牵引旅居挂车或者总质量 700kg 以下的挂车，挂车不得载人。

3）载货汽车所牵引挂车的载质量不得超过载货汽车本身的载质量。

4）大型、中型载客汽车，低速载货汽车，三轮汽车以及其他机动车不得牵引挂车。

（3）机动车驾驶人违反道路交通安全法律、法规关于道路通行规定的，处警告或者 20 元以上 200 元以上罚款。

特别提醒

（1）汽车吊车和轮式专用机械车不得牵引车辆。汽车吊车通常重心较高，车体上又有较长的吊臂，行驶稳定性较差，不适宜牵引车辆。轮式专用机械车是指以车轮驱动可以自行行驶的各种专门作业机械，如叉车、铲车、装载车、挖掘机、推土机、平地机、压路机等。这些机械可以按照规定在道路上通行，但不能作为交通运输工具使用，只适用于施工现场专门作业。因此，不得牵引车辆。

图 7-58 用专用牵引车牵引

（2）高速公路故障车的牵引。高速公路上的故障车或事故车应当由救援车、清障车拖拽、牵引，如图 7-58 所示。在高速公路上，驾驶人不得拦截过往车辆牵引故障车或事故车。

2. 牵引电动汽车

电动汽车的驱动系统连接电机，故在牵引车辆时，使轮转动将产生电能。对于这类车辆的牵引，必须严格遵守制造厂商的规定，否则可能损坏车辆的三相驱动电动机或变速单元。

无论是混合动力汽车还是纯电动汽车，都应尽量采用平板拖车，即将车辆全部平放在拖车上，然后再牵引。混合动力汽车与纯电动汽车牵引方法见表 7-1。

表 7-1　　　　　　　　　混合动力汽车与纯电动汽车牵引方法

车辆情况	前置前驱车辆	前置后驱车辆	四轮驱动车辆
拖车（前轮着地）	×	○	×
拖车（后轮着地）	○	×	×
拖车（四轮着地）	×	×	×
拖车（前轮抬起）	○	○	○
平板拖车	○	○	○

注　○—可拖曳车辆；×—不可拖曳车辆。

正确牵引车辆方法如图 7-59 所示。

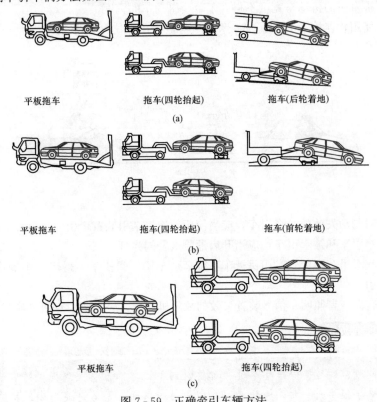

图 7-59　正确牵引车辆方法

（a）前置前驱车辆；（b）前置后驱车辆；（c）四轮驱动车辆

3. 牵引故障车

机动车在行驶途中发生故障，当时无法排除，可以利用其他车辆进行牵引，如图 7-60 所示。在车辆牵引过程中，牵引车与被牵引车之间相互制约，牵引车和被牵引车的驾驶人要相互协调，同时还要应对道路上随时出现的各种交通情况。因此，无论是牵引车，还是被牵引车，其操作难度都要大于单车驾驶。所以，牵引有故障的机动车应当严格遵守操作规程。牵引故障的机动车应当遵守下列规定：

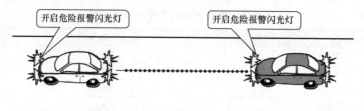

图 7-60　牵引状态要开双闪灯

（1）被牵引的机动车除驾驶人外不得载人，不得拖带挂车。

（2）被牵引的机动车宽度不得大于牵引机动车的宽度。

（3）使用软连接牵引装置时，牵引车与被牵引车之间的距离应当大于 4m 小于 10m，如图 7-61 所示。

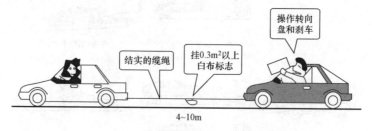

图 7-61　使用软连接牵引

（4）对制动失效的被牵引车，应当使用硬连接牵引装置牵引。

（5）牵引车和被牵引车均应当开启危险报警闪光灯。

（6）汽车吊车和轮式专用机械车不得牵引车辆。摩托车不得牵引车辆或者被其他车辆牵引。

（7）转向或者照明、信号装置失效的故障机动车，应当使用专用清障车拖曳。

特别提醒

（1）牵引时汽车的时速不得超过 30km/h，拖拉机的时速不得超过 15km/h。另外，起步、运行、停车整个过程都要做到平稳，不可忽快忽慢；转弯时，牵引车转弯半径要大一些，为被牵引车留出通行路面，尤其是使用硬连接牵引装置时，更要考虑到前后两车的内轮差，否则后车就有可能会下路。

（2）机动车在高速公路上发生故障或者交通事故，无法正常行驶的，应当由救援车、清障车拖曳、牵引。

（3）未用专用清障车拖曳转向、照明、信号失效车。在事故发生后，需要牵引车辆的，很多人为了节省拖车费用而叫朋友或熟人的车辆帮忙拖曳。但是，当事故车辆的转向、照明、信号装置失效后，就不能用一般车辆拖曳，而必须要专用的清障车拖曳，否则，会受到交管部门的处罚。

十、特种车违法行为

警车、消防车、救护车、工程救险车应当按照规定喷涂标志图案，安装警报器、标志灯具。其他机动车不得喷涂、安装、使用上述车辆专用的或者与其相类似的标志图案、警报器或者标志灯具。

警车、消防车、救护车、工程救险车应当严格按照规定的用途和条件使用。

公路监督检查的专用车辆，应当依照公路法的规定，设置统一的标志和示警灯。

（1）警车、消防车、救护车、工程救险车违法。警车、消防车、救护车、工程救险车执行紧急任务时，可以使用警报器、标志灯具；在确保安全的前提下，不受行驶路线、行驶方向、行驶速度和信号灯的限制，其他车辆和行人应当让行。警车、消防车、救护车、工程救险车非执行紧急任务时，不得使用警报器、标志灯具，不享有前款规定的道路优先通行权。

1）执行紧急任务时，可以使用警报器和标志灯具。警车、消防车、救护车、工程救险车在执行紧急任务遇交通受阻时，可以继续使用警报器，并遵守下列规定：不得在禁止使用警报器的区域或者路段使用警报器；夜间在市区不得使用警报器；列队行驶时，前车已经使用警报器的，后车不再使用警报器。

特别提醒

紧急任务，对于警车而言主要是护卫警卫车队，赶赴案件、突发事件现场，追捕罪犯，押解人犯等；对于消防车而言主要是赶赴火灾或其他突发事件现场；对于救护车而言主要是救助危难病人；对于工程救险车而言主要是赶赴供水、供电、供气等事件现场及赶赴火灾现场等。

2）在确保安全的前提下，不受行驶路线、行驶方向、行驶速度和信号灯的限制。行驶路线主要指快慢车道、超车道、导向车道、禁止转弯、掉头等。行驶方向主要指单行路、禁行路、靠右侧行驶等。行驶速度指道路交通标志、标线和法律、法规关于限速的规定。信号灯主要指路口车道灯、指挥灯、人行横道灯等。

3）特殊权利的运用。特种车在执行紧急任务时，可以使用警报器、标志灯具，告示其他车辆和行人，正在执行紧急任务。享有的特殊权利不受行驶路线、行驶方向、行驶速度和信号灯的限制。享有特殊通行权利，必须履行确保安全的义务。如

165

果不能确保安全，就不能享有不受行驶路线、行驶方向、行驶速度和信号灯的限制的特权。

（2）道路养护车辆、工程作业车违法。道路养护车辆、工程作业车进行作业时，在不影响过往车辆通行的前提下，其行驶路线和方向不受交通标志、标线限制，过往车辆和人员应当注意避让。

1）道路养护车辆、工程作业车享有特殊通行权利的条件是：①必须在进行作业时。即在作业路段正在作业的时候才享有特殊权利，在赶赴作业路段途中不享有道路优先通行权。②在不影响过往车辆通行的前提下。给予道路养护车辆、工程作业车以特殊通行权的目的是保证道路养护和维修工程作业能够顺利进行，但是不能影响道路交通的正常进行。

2）享有的特殊通行权利是行驶路线和方向不受交通标志、标线限制。为了保证其权利，规定了过往车辆和人员应当注意避让的义务。

（3）洒水车、清扫车违法。洒水车、清扫车等机动车应当按照安全作业标准作业；在不影响其他车辆通行的情况下，可以不受车辆分道行驶的限制，但是不得逆向行驶。

洒水车、清扫车享有特殊通行权利的前提条件是：①应当按照安全作业标准作业，如开启专用警示灯、在车后放置标志牌等，以提醒过往车辆注意安全；②在不影响其他车辆通行的情况下，享有的特殊通行权利可以不受车辆分道行驶的限制，但是不得逆向行驶。

十一、违反安全驾驶操作规范的违法行为

违反安全驾驶操作规范，是指机动车驾驶人在驾驶机动车的过程中，不按照道路交通安全管理法律、法规规定的安全驾驶操作规范驾驶机动车的行为。

机动车驾驶人应当遵守道路交通安全法律、法规的操作，按照操作规范安全驾驶、文明驾驶。驾驶机动车不得有下列行为：

（1）在车门、车厢没有关好时行车。

（2）在机动车驾驶室的前后窗范围内悬挂、放置妨碍驾驶人视线的物品。这样做，一是可能遮挡机动车驾驶人视线，二是可能影响机动车驾驶人的注意力，妨碍安全驾驶。

（3）拨打、接听手持电话，观看电视等妨碍安全驾驶的行为。拨打或接听车载电话，不在禁止之列。关于禁止穿拖鞋驾驶的规定，也应当包括在妨碍安全驾驶的行为中。只要有妨碍安全驾驶的行为，都应当按照本行为予以处罚。

（4）向道路上抛撒物品。

（5）驾驶摩托车手离车把或者在车把上悬挂物品。

十二、　通过铁路道口

机动车载运超限物品行经铁路道口的，应当按照当地铁路部门指定的铁路道口、时间通过。

（1）通过有信号灯控制的铁路道口。如图7-62所示，在相距铁路道口一定距离的地点设有警告标志。

图7-62　通过有信号灯控制的铁路道口

车辆接近铁路道口时，驾驶人要注意观察铁路道口的信号灯。道路与铁路平面交叉道口有两个红灯交替闪烁或者一个红灯亮时，表示禁止车辆、行人通行；红灯熄灭时，表示允许车辆、行人通行。

有信号灯控制的铁路道口，一般有专人看守，在红灯交替闪烁或者红灯亮时，栏杆同时放下。此时，车辆应该在铁路道口以外的停止线之后停车街等候，只有当红灯熄灭，栏杆升起，车辆才能通过铁路道口。

在列车将要驶来时，铁路道口信号灯的两个红灯开始交替闪烁，轰鸣器同时发出报警声，此时栏杆将要放下，或者还没有放下，这时有些驾驶人见列车还没有驶来，不肯停车等候，便加速冲过铁路道口，这是非常危险的。

特别提醒

为了确保行车安全，汽车在通过铁路道口时，最高行驶速度不要超过30km/h。为了防止发动机熄火，不要在车辆行至铁路道口时换挡。

（2）通过无信号灯控制的铁路道口。无信号灯控制的铁路道口如图7-63所示，一般没有专人看守，也不设安全栏杆，驾驶人要自觉地遵守道路交通安全法的有关规定，严格按照操作规程，确保通行安全。

无人看守的铁路道口设有相应的交通标志和交通标线，驾驶人要注意观察交通标志、交通标线的提示，当车辆距铁路道口约150m处，就应该做好通过铁路道口的准备，降低车速，缓慢靠近铁路道口。在到达铁路道口之前，必须要停车瞭望，观察有无驶来的列车，确认没有过往的列车，挂低速挡，平缓驶过铁路道口。

图 7 - 63　无信号灯控制的铁路道口

🚗 **特别提醒**

> 通过无人看守的铁路道口，请务必遵守"一停、二看、三通过"的通行规则。

十三、　通过隧道

车辆在通过隧道时，容易发生连环追尾、转向失控、迎面碰撞、侧面刮蹭等交通事故。驾驶机动车通过隧道，应注意下列事项。

（1）进入隧道前应适当降低车速。对于大型车辆来讲，还应注意按照交通标志规定的车速行驶，注意交通标志对隧道的限高、限宽规定。属于单行路或者交替通行的隧道，洞口处还设有交通信号灯，车辆要在绿灯亮时才能进入隧道。

（2）进入隧道前要根据交通标志的提示🔺，开启示宽灯和近光灯，必要时可鸣喇叭。如果是雨天行车，要注意隧道内是否有积水，必要时可下车观察路面情况。

（3）在车辆刚刚驶入隧道时，由于存在着"黑洞效应"，此时一定要降低车速，待眼睛适应隧道内的暗环境之后，才可以适当提速。

（4）进入隧道后要谨慎驾驶，不可在隧道内紧急制动、急打方向、超车、倒车、掉头、停车。如果车辆在隧道内发生故障必须停车时，应该尽快开启危险报警闪光灯，然后再设法将车辆转移到隧道外。

（5）在较长的隧道内行驶，当听到前方有碰撞声响时，要立刻开启危险报警闪光灯，并随即降低车速，以避免在隧道内发生连环撞击的交通事故。

（6）有些隧道内还设有出口距离预告标志，该标志能够显示隧道出口的距离和弯道走向。在临近隧道出口时，要适当降低车速，握稳转向盘，以便应对"白洞效应"，并提防隧道出口处的横风造成的车辆跑偏。

🚗 **特别提醒**

> 由于隧道两侧的墙壁严格限制了车辆的运行空间，进入隧道内的车辆驾驶人会突然感到道路狭窄。隧道内外的亮度落差，还会给人的视觉带来"黑洞效应"和"白洞效应"，如图 7 - 64 所示。

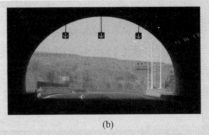

图 7-64　"黑洞效应"和"白洞效应"

(a) 黑洞效应；(b) 白洞效应

(1) 当车辆驶入隧道时，驾驶人由光线充足的露天道路进入暗淡的隧道内，眼睛对这种明暗的适应，需要 8~10s 的调节，这种现象被称为"黑洞效应"。

(2) 当车辆驶出隧道时，驾驶人由暗处到达亮处，眼睛已经适应了暗环境，在驶出洞口时，洞外高亮度的景物会在驾驶人眼中形成明亮的"白洞"，这种现象被称为"白洞效应"。

十四、校车安全驾驶与注意避让校车

1. 校车安全驾驶

(1) 驾驶校车运载学生，应当按照规定放置校车标牌、开启校车标志灯，并且按照经审核确定的线路行驶。

1) 校车标牌应当载明本车的号牌号码、车辆的所有人、驾驶人、行驶线路、开行时间以及校车标牌发牌单位、有效期等事项。取得校车标牌的车辆应当配备统一的校车标志灯和停车指示标志，并安放在正确位置。对未取得校车标牌的车辆，禁止提供校车服务。

2) 校车运载学生，应当按照规定的位置放置校车标牌，即校车标牌分前后两块，分别放置于前风窗玻璃右下角和后风窗玻璃适当位置。后标牌放置时，应当确保不妨碍驾驶人视线和安全驾驶，并方便路面辨识。

3) 开启校车标志灯。

4) 应当按照经审核确定的线路行驶，遇有交通管制、道路施工以及自然灾害、恶劣气象条件或者重大交通事故等影响道路通行情形的除外。校车行驶线路应当尽量避开急弯、陡坡、临崖、临水的危险路段，确实无法避开的，道路或者交通设施的管理、养护单位应当按照标准对上述危险路段设置安全防护设施、限速标志、警告标牌。

🚗 特别提醒

(1) 载有学生的校车的高速公路上行驶的最高时速不得超过 80km/h，在其他道路上行驶的最高时速不得超过 60km/h。

（2）道路交通安全法律法规规定或者道路上限速标志、标线标明的最高时速低于前款规定的，从其规定。

（3）载有学生的校车在急弯、陡坡、窄路、窄桥以及冰雪、泥泞的道路上行驶，或者遇有雾、雨、雪、沙尘、冰雹等低能见度气象条件时，最高时速不得超过20km/h。

图 7 - 65　校车停靠站点

（2）校车运载学生，可以在公共交通专用车道以及其他禁止社会车辆通行但允许公共交通车辆通行的路段行驶。

（3）校车按照规定在校车停靠处停靠。

1）校车上下学生，应当在校车停靠站点停靠，如图 7 - 65 所示。对没有设置校车停靠站点的路段，可以在公共交通站台停靠。

2）校车在道路上停车上下学生，应当靠道路右侧停靠，开启危险报警闪光灯，打开停车指示标志。

🚗 **特别提醒**

校车在同方向只有一条机动车道的道路上停靠时，后方车辆应当停车等待，不得超越。校车在同方向有两条以上机动车道的道路上停靠时，校车停靠车道后方和相邻机动车道上的机动车应当停车等待，其他机动车道上的机动车应当减速通过。校车后方停车等待的机动车不得鸣喇叭或者使用灯光催促校车。

（4）校车驾驶人不得在校车载有学生时给车辆加油，不得在校车发动机引擎熄灭前离开驾驶座位。

1）加油站属高危险区域。机动车在加油过程中，可能会因机械故障或突发因素导致车辆燃烧甚至爆炸。由于学生自我保护能力差，紧急逃生、避险能力明显弱于成年人，所以校车若在加油过程中运载学生，一旦发生事故，更容易造成群死群伤的恶果。

2）和加油站加油一样，校车驾驶人在校车发动机熄灭前离开驾驶座位，也是非常危险的行为。因为若发动机处于运转状态，可能由于学生好奇而摆弄车辆操作系统，导致车辆突然运动，从而引发危险。

因此，校车驾驶人不得在校车载有学生时给车辆加油，不得在校车发动机熄灭前离开驾驶座位。

3）在校车载有学生时给车辆加油，或者在校车发动机熄灭前离开驾驶座位，由公安机关交通管理部门责令改正，可以处 200 元罚款。

🚗 **特别提醒**

校车驾驶人不得在校车载有学生时给车辆加油。确实需要加油时，应当先让学生下车，并转移到安全区域后方可加油，如图 7 - 66 所示。

图 7-66 校车应先让学生下车再给车辆加油

当校车临时停车时，若发动机还在运转，校车驾驶人切勿离开驾驶座位，以防有好奇心的学生摆弄汽车操纵部件而引发危险。确需下车时，一定要关闭发动机，拿走点火钥匙，然后早去早回。

（5）按照规定为校车配备安全设备，或者按照规定对校车进行安全维护。

1）校车应当配备逃生锤、干粉灭火器、急救箱等安全设备。安全设备应当放置在便于取用的位置，并确保性能良好、有效适用。校车应当按照规定配备具有行驶记录功能的卫星定位装置。

2）配备校车的学校和校车服务提供者应当按照国家规定做好校车的安全维护，建立安全维护档案，保证校车处于良好技术状态。不符合安全技术条件的校车，应当停运维修，消除安全隐患。

3）校车应当由依法取得相应资质的维修企业维修。承接校车维修业务的企业应当按照规定的维修技术规范维修校车，并按照国务院交通运输主管部门的规定对所维修的校车实行质量保证期制度，在质量保证期内对校车的维修质量负责。

（6）校车未运载学生上道路行驶，不得使用校车标牌、校车标志灯和停车指示标志。

1）取得校车标牌的车辆应当配备统一的校车标志灯和停车指示标志。校车未运载学生上道路行驶的，不得使用校车标牌、校车标志灯和停车指示标志。

2）禁止使用未取得校车标牌的车辆提供校车服务。

3）取得校车标牌的车辆达到报废标准或者不再作为校车使用的，学校或者校车服务提供者应当将校车标牌交回公安机关交通管理部门。

2. 注意避让校车

校车停靠时就会有学生上下校车，有的学生在下车后会穿越马路，这时如果校车后方或左侧相邻车道的车辆继续行驶，就很容易发生交通意外。

（1）校车停靠时都是停靠在最右侧一条道，如果社会车辆和校车同向行驶在一条双向两车道的道路上，同向车道的校车停靠时，社会车辆也应停车等待，对向车辆可减速。如图 7-67（a）所示。

（2）如果社会车辆和校车同向行驶在双向四车道的道路上，校车停靠时，行驶在校车后方和左侧相邻车道的社会车辆都应停车等待，不得超越，对向车道的车辆可减速通过。如图 7 - 67（b）所示。

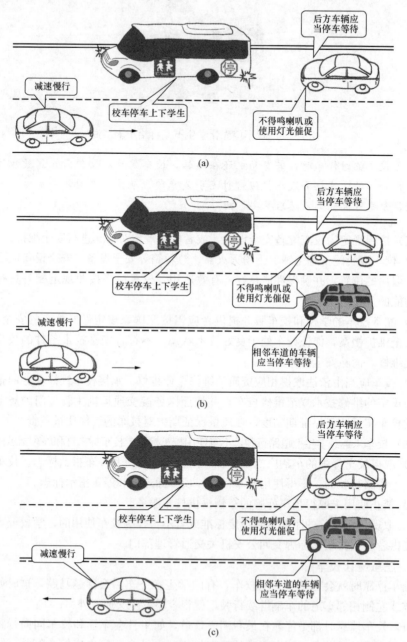

图 7 - 67　避让校车

（a）同方向只有一条机动车道；（b）同方向有两条机动车道；（c）同方向有两条以上机动车道

（3）如果社会车辆和校车同向行驶在双向六车道或有更多机动车道的道路上，校车停靠时，行驶在校车后方和左侧相邻车道的社会车辆都应停车等待，其他车道上的社会车辆可减速通过。如图7-67（c）所示。

（4）校车停靠时，校车后方和左侧相邻车道的车辆都需停车等待。如果是双向两车道，对向车道的车辆也需要停车等待。

（5）停车等待时，机动车不得鸣喇叭或使用灯光催促校车。

🚗 **特别提醒**

校车在学生上下车时，要开启危险报警闪光灯，打开停车指示标志，停在道路的右侧，如图7-68所示。

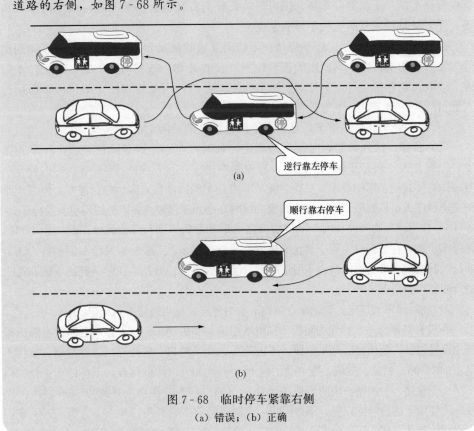

逆行靠左停车

(a)

顺行靠右停车

(b)

图7-68　临时停车紧靠右侧

（a）错误；（b）正确

十五、车辆停放

车辆如果需要停放，必须在有交通标志标明的停车场或标明准许停放车辆的地点，按划定的停车方位、停车方式依次停放，并注意保持随时可以驶出车位的间距。机动车停放时，须关闭电路，拉紧手制动器，锁好车门。违法停车，是指机动车违反道路交通安全管理法律、法规和交通标志、标线关于在道路上停放和临时停放车辆的规定的行为。

1. 车辆停放的规定

(1) 法律、法规关于车辆停放的规定。机动车应当在规定地点停放。禁止在人行道上停放机动车，但依照《道路交通安全法》第三十三条规定施划的停车泊位除外。

车辆在规定地点停放驾驶员可以离开车辆，并不受停车时间的限制（停车标志上定有时间限制的除外）。

1) 停车场。按建设类型分类有露天停车场、停车库、停车楼；按使用性质分类有收费停车场、不收费停车场；按服务对象分类有社会公共停车场、单位内部停车场。停车场是最主要的机动车停放地点。

2) 路边停车位。路边停车位是在不妨碍交通的情况下，在道路两侧或一侧划出的一定数量的供社会车辆使用的停车位置，分收费和不收费两种形式。禁止在人行道上停放，除非在人行道上施划了停车泊位。在人行道上施划停车泊位，要根据行人通行的多少确定，并不得影响行人通行。

3) 路外停车。路外停车，是指在道路范围外的空闲土地上停车。

(2) 法律、法规关于临时停车的规定。临时停车，是指车辆在非禁止停车的路段，在驾驶人不离开车辆的情况下，靠道路右边按顺行方向的短暂停留。临时停车一般不作具体时间长短的要求，只要驾驶员不离开车辆的停留，即为临时停车。但是当维护交通秩序人员或驾驶员本人认为妨碍交通时，必须迅速驶离，以免妨碍他人通行。

1) 在道路上临时停车的，不得妨碍其他车辆和行人通行。临时停车时首先应当选择停车位置，在公安机关明令禁止的地方不准临时停车，不能妨碍其他车辆和行人正常通行。其次应当靠右边停放，一般情况下只能排成单排。另外，在影响其他车辆和行人通行时要迅速离开。

2) 临时停车的规定。机动车在道路上临时停车，应当遵守下列规定：

在设有禁停标志、标线的路段，在机动车道与非机动车道、人行道之间设有隔离设施的路段以及人行横道、施工地段，不得停车；交叉路口、铁路道口、急弯路、宽度不足4m的窄路、桥梁、陡坡、隧道及距离上述地点50m以内的路段，不得停车；公共汽车站、急救站、加油站、消防栓或者消防队（站）门前及距离上述地点30m以内的路段，除使用上述设施的以外，不得停车；车辆停稳前不得开车门和上下人员，开关车门不得妨碍其他车辆和行人通行；路边停车应当紧靠道路右侧，机动车驾驶人不得离车，上下人员或者装卸物品后，立即驶离；城市公共汽车不得在站点以外的路段停车上下乘客。

特别提醒

"熊猫"停车位与普通停车位的区别。

熊猫停车位如图7-69所示，是为了减缓随意停车而造成的交通拥堵。一般设置在人流量比较大，经常出现乱停车从而造成交通拥堵的地方，比如说学校、商场、医院等附近。与普通停车位最大的区别是，"熊猫"停车位是一种临时停车位，不允许长时间停放。否则就会面临处罚。

图7-69　熊猫停车位

目前这种停车位的使用规则还没有统一，有的地方只允许停30s左右，有的地方3min以内都可以。

3）机动车在遇有前方机动车停车排队等候或者缓慢行驶时，应当依次排队，不得从前方车辆两侧穿插或者超越行驶，不得在人行横道、网状线区域内停车等候。

4）机动车靠路边停车时，应当提前开启右转向灯。

5）机动车在高速公路上行驶，不得在车道内停车。在车道内停车，不包括在应急车道和路肩上停车。高速公路的应急车道，是指与右侧车道相邻，包括硬路肩在内的宽度3m以上，有效长度大于或者等于30m，可以满足机动车停靠需要的路面部分。在紧急情况下，在应急车道上行驶或者停车是允许的。

（3）道路交通标志、标线关于停车的有关规定。

1）禁止车辆停放标志。禁止车辆临时或长时间停放标志表示在限定的范围内，禁止一切车辆临时或长时间停放。禁止车辆长时间停放标志表示在限定的范围内，禁止一切车辆长时间停放，临时停车不受限制。

2）停车场标志和停车位标线。停车位标线表示车辆停放位置。停车位标线应和停车场标志配合使用，可在停车场或路边空地、车行道边缘或道路中央位置设置。

3）港湾式停靠站标线。港湾式停靠站标线表示公共客车的停靠位置。

4）禁止路边停放车辆标线。禁止路边临时或长时间停放车辆标线表示该路段禁止路边临时或长时间停放车辆。

5）网状线。网状线表示禁止在设置该标线的交叉路口（或其他出入口）处临时停车，防止交通阻塞。

特别提醒

（1）对违反道路交通安全法律、法规关于机动车停放、临时停车规定的，可以指出违法行为，并予以口头警告，令其立即驶离。

（2）交通警察对机动车驾驶人不在现场的违法停放机动车行为，应当在机动车侧门玻璃或者摩托车座位上粘贴违法停车告知单，并采取拍照或者录像方式固定相关证据。

（3）机动车驾驶人不在现场或者虽在现场但拒绝立即驶离，妨碍其他车辆、行人通行的，处20元以上200元以下罚款，并可以将该机动车拖移至不妨碍交通的地点或者公安机关交通管理部门指定的地点停放。公安机关交通管理部门拖车不得向当事人收取费用，并应当及时告知当事人停放地点。公安机关交通管理部门应当公开拖移机动车查询电话，并通过设置拖移机动车专用标志牌明示或者以其他方式告知当事人。当事人可以通过电话查询接受处理的地点、期限和被拖移机动车的停放地点。

2. 不准停车的规定

（1）人行横道及网状线内不准停车。

1）在人行横道内不准汽车临时或长时间停车如图7-70所示。但是，依照《道路交通安全法》第33条第2款的规定，在城市道路范围内，在不影响行人、车辆通行的情况下，政府有关部门施划的停车泊位除外。

图7-70 在人行横道内不准汽车临时或长时间停车

2）施划有网状线的部位是禁止以任何理由停车的区域。在车辆密集的情况下，跟车距离过近，因车辆处于时走时停的状态，有些车辆会无意之中停在了网状线的区域，从而出现违法停车的现象。

（2）特殊路段不准停车。禁止停车标志，表示在限定的范围内，禁止一切车辆停留、停放。禁止长时间停车标志，表示在限定的范围内，禁止一切车辆停放，但临时停车不受限制。临时停车是指车辆停车上下乘客或装卸货物等，且驾驶人在车内或车旁守候。

禁止停车标线，表示停止在路边停留、停放车辆。禁止长时间停车标线，表示禁止在路边长时间停留、停放车辆，但一般情况下允许装卸货物或上下人员等短时间的停车。

在机动车道与非机动车道、人行道之间设有隔离设施的路段，通常是交通流量大，横向及纵向运动干涉频繁的事故易发路段。在有隔离设施的路段，无论是否设置了禁止停车标志，是否施划了禁止停车标线，都不准停车。

（3）复杂路段不准停车。交叉路口、铁路道口、急弯路、宽度不足 4m 的窄路、桥梁、陡坡、隧道以及距离上述地点 50m 以内的路段，不得停车，如图 7 - 71 所示。

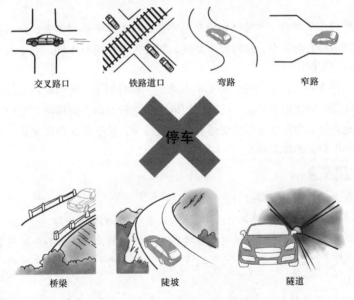

| 交叉路口 | 铁路道口 | 弯路 | 窄路 |

停车

| 桥梁 | 陡坡 | 隧道 |

图 7 - 71　不得停车的路段

（4）特定地点不准停车。公共汽车站、急救站、加油站、消防栓或者消防队（站）门前以及距离上述地点 30m 以内的路段，除使用上述设施的以外，不得停车。对于允许停车的地点，在停车时还要注意对停车的具体规定。正规的停车泊位，不仅施划有地面停车位标线，而且还设置有停车位标志，有时还标明了设置部门、停车位数量、允许停车时间。

例如，有些停车位属于专用停车位，专用停车位是不允许其他车辆停放的。

残疾人专用停车位标志表示此处仅允许残疾人驾驶的车辆停放。校车专用停车位标志表示此处仅允许校车停放。出租车专用停车位标志表示此处仅允许出租车停放。非机动车专用停车位标志表示此处仅允许非机动车停放。公交车专用停车位标志表示此处仅允许公交车停放。专属停车位标志表示此处车位仅允许特定的单位或者特定的个人停放车辆。

🚗 **特别提醒**

> (1) 限时段停车位标明的时间，表示此处机动车只能在标志准许的时段停车，其他时段禁止停放车辆。驾驶人在限时段停车位停车时，要注意观察标志牌上标明的允许停车的时段。
>
> (2) 逆向停车也是违规。机动车停靠在临时车位时，不可与停车一侧道路行驶方向相逆。

(5) 城市公交车不准在站点外停车。城市公共车不得在站点以外的路段停车上下乘客。

(6) 临时停车紧靠右。在非禁止停车的路段，汽车需要临时停车，应该按照车辆的顺行方向紧靠道路右侧停车。临时停车期间，驾驶人不得离开车辆，上下人员或者装卸物品之后，应当立即驶离。

车辆驶入停车地点，要为驶出停车地点考虑。临时停车，按照顺行方向紧靠道路右侧，便于车辆随时驶离停车地点；反之，如果按照逆行方向靠向道路左侧停车，在驶入和驶出停车地点时都会发生逆行的交通安全违法行为，从安全的角度来讲，还会与对向驶来的车流产生交叉的危险冲突。

🚗 **特别提醒**

> 车辆开关车门不要妨碍过往车辆。
>
> • 车辆在道路上临时停车上下人员，必须在车辆停稳之后，才能打开车门。打开车门之前，应该利用后视镜或车窗观察过往的车辆，确认在不会妨碍过往车辆通行的情况下，才能打开车门。为了减少对过往车辆的影响，上下人之后，要及时将车门关闭。
>
> • 仅是汽车驾驶人开关车门时要注意交通安全，驾驶人还应该提示车上乘员开关车门时要注意交通安全。

十六、灯光的使用

(1) 转向灯的使用如图 7-72 所示。

1) 向右转弯、向右变更车道、超车完毕驶回原车道、靠路边停车时，须开右转向灯。

2) 向左转弯、向左变更车道、准备超车、驶离停车地点或掉头时，须开左转向灯。

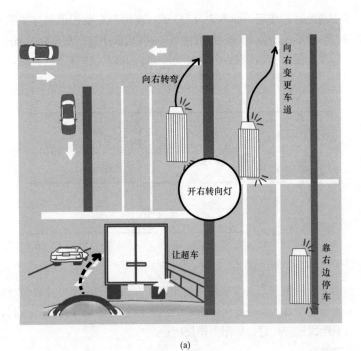

图 7-72 转向灯的使用

（a）右转向灯的使用；（b）左转向灯的使用

（2）行车中前照灯的使用，如图 7 - 73 所示。夜间行车要根据路灯照明情况使用前照灯。行车时，当看不清前方 100m 处物体时，应开启前照灯。车速在 30km/h 以内，可使用近光灯，灯光应照出 30m 以外；车速超过 30km/h 时，应使用远光灯，灯光应照出 100m 以外。

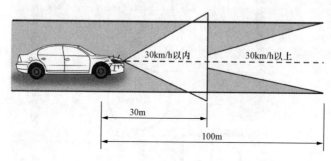

图 7 - 73　前照灯的使用

在路灯照明充足的情况下，应该使用近光灯。在路灯照明不良或者没有路灯照明的情况下，应该使用远光灯。为了避免因后车的强光照射导致前车驾驶人炫目，同方向行驶的后车与前车距离比较近时，后车不得使用远光灯。

🚗 **特别提醒**

白天行车，如果遇到雨、雪、沙尘、冰雹等不良气候，视线较差，或者能见度低于 30m 的情况下，请适时开启近光灯。

（3）夜间超车灯光的使用如图 7 - 74 所示。汽车在夜间行驶，当需要超越前车时，应当向前车发出超车信号，一方面开启左转向灯；另一方面变换使用远、近光灯，待前车让出超车路面之后，从前车的左侧超越。

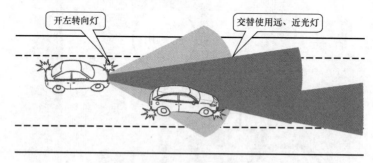

图 7 - 74　夜间超车灯光的使用

 特别提醒

夜间行车防目眩。

（1）在会车前，应时刻做好防目眩的准备，提前记住前方道路情况，一旦被远光灯照射目眩后，可凭记忆了解前方道路情况，不至于不知所措。

（2）在会车时，如果受到对面车灯光照射目眩，不要盯住对方车灯看，尽量往自己前方近处看，用遮光板遮挡也会有一定效果。

（3）被对面远光灯严重照射后，如果一时无法看清夜间路况，应立即选择停车休息。

（4）如果后方车辆开远光灯，会使你的车内后视镜发生反射，也会导致目眩。这时为了避免光线刺激，可变换车内后视镜的角度，减小目眩感，等后方远光灯消失后再将车内后视镜角度调回来。

（5）车内光源，如前排阅读灯，也是导致目眩的另一个原因。因此，行车中尽量不要开车内前排阅读灯，否则很容易导致驾驶人看不清前方路况。

（4）夜间会车灯光的使用。夜间会车如果使用远光灯，强烈的灯光直射对方驾驶人的眼睛，会造成对方驾驶人因炫目而视觉模糊，难以确认来车的具体位置，很容易发生交通事故。因此，机动车在夜间会车时，应当在距相对方向来车150m以外改用近光灯。在窄路、窄桥与非机动车会车时应当使用近光灯。

（5）复杂路段交替使用远近光灯示意。车辆在夜间行至复杂路段，请交替使用远光灯和近光灯，这样有利于扩大视野，有利于看远顾近。

夜间驾驶机动车，在通过急弯、坡路、拱桥等地面线形发生变化的路段时，灯光投射在地面上的照明距离也会随之变化，黑暗中人的视觉总是趋向于亮区，此时，交替使用远近光灯，一方面可以减少驾驶人自身的视觉误差；另一方面也可以起到提示作用，使周围其他的车辆、行人感觉到有来车在接近。在路口转弯时，应关闭远光灯，使用近光灯通过。

夜间通过人行横道或者没有交通信号灯的路口时，交替使用远近光灯，可以对人行横道内过往的行人、车辆起到提示作用，同时也便于驾驶人自身看远顾近，如图7-75和图7-76所示。

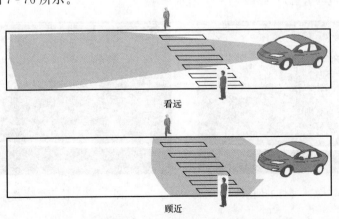

看远

顾近

图7-75　夜间通过人行横道交替使用远、近光灯

181

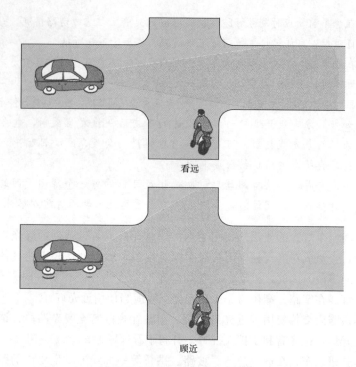

看远

顾近

图 7 - 76　夜间通过无信号灯路口交替使用远、近光灯

　　(6) 雨、雾天灯光的使用。在雨、雾中行车，应使用防雾灯或近光灯，不宜使用远光灯，以免出现炫眼的光幕妨碍视线。

　　雾灯的使用如图 7 - 77 所示，必要时开启双闪灯，或者在安全处停车。

　　在高速公路遇雾、雨、雪、沙尘、冰雹天气，能见度小于 200m 时，开启雾灯、近光灯、示宽灯、前后位灯；能见度小于 100m 时，开启雾灯、近光灯、示宽灯、前后位灯、危险警告灯，如图 7 - 78 所示。

图 7 - 77　雾灯的使用

图 7 - 78　使用危险警告灯

🚗 **特别提醒**

哪些情况需要开"双闪"？

汽车"双闪"是在遇到比较紧急的情况才能够使用的，主要有下列几种情况：

(1) 临时停车。

(2) 牵引故障机动车。

(3) 车辆发生故障或交通事故时。

(4) 组成交警部门允许组成的车队时。

(5) 高速公路上，能见度小于200m以及速度低于40km/h时。

(7) 故障车及事故车灯光的使用。机动车在道路上发生故障或者发生交通事故，妨碍交通又难以移动的，应当按照规定开启危险报警闪光灯，并在车后50～100m处设置警告标志，夜间还应当同时开启示廓灯和后位灯，如图7-79所示。

(8) 通过有指挥信号的交叉路口，在距交叉路口50～100m的地方减速慢行，变远光灯为近光灯或小灯，转弯的车辆须同时开转向灯。

(9) 警报装置使用规定。警车、消防车、救护车、工程救险车执行紧急任务时，可以使用警报器、标志灯具；在确保

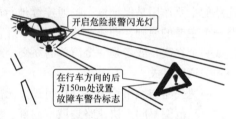

图7-79 故障车的处理

安全的前提下，不受行驶路线、行驶方向、行驶速度和信号灯的限制，其他车辆和行人应当让行。

🚗 **特别提醒**

警车、消防车、救护车、工程救险车在执行紧急任务遇交通受阻时，可以断续使用警报器，并遵守下列规定。

(1) 不得在禁止使用警报器的区域或者路段使用警报器。

(2) 夜间在市区不得使用警报器。

(3) 列队行驶时，前车已经使用警报器的，后车不再使用警报器。

(10) 避免前照灯打眼。夜间行车时，不可避免会被对方来车照到眼睛。一种情况是对方驾驶人不按规定使用灯光，让远光灯一直开着；另一种情况是虽然对方车辆使用的是近光灯，但因为对方车辆在爬坡或车后部装载的物体太多，造成灯光照射角度不对，也会出现某种程度的炫光。千万不要把自己的远光灯也打开进行报复。

车灯照到眼睛时，一般看不到路面上的杂物、停在路边的车辆、骑自行车的人或行人，因此应该减速。

后面的来车开远光灯时会照到后视镜上，因此也可能感到炫目。应该稍稍调整

一下后视镜，避免后面的车灯直接照在眼睛上，一旦后面的车辆通过，应尽快恢复原来的角度。

🚗 **特别提醒**

> 避免前照灯打眼的办法是千万不要直接盯着前照灯看。开了近光灯的时候，光束会照到靠人行道一侧的路边石，这也是驾驶人的眼睛应该看的地方。可以用眼睛的周边视野判断对面来车的路径。

十七、 高速公路、 城市快速路的安全驾驶

城市快速路是介于普通道路和高速路之间的道路类型，既有着比较高的车速，而且车流也较密集。城市快速路属于快速路的一种，也是快速公路的主体，位居城市道路 4 个等级中的顶端。城市道路中设有中央分隔带，具有双向四车道以上的规模、全部或部分采用立体交叉与控制出入、供车辆以较高速度行驶的道路。城市快速路的主要作用是保证汽车畅通连续地行驶，提高城市内部的运输效率。城市快速路一个主要的原则，即快速路没有红绿灯，可以连续通行。因此需要在所有的路口形成一个立交，或者是一个简单的立交，或者是大型的立交，这个立交的设置主要跟相关道路有关。

高速公路与城市快速路（封闭式，无行人）的主要区别如下。

（1）范围不同。快速路是城市内部、城市与卫星城之间的高等级公路，范围有限。高速公路的范围是城市与城市之间，范围较大。如果一条快速路已连接着其他城市，则不能叫城市快速路，应该叫城际快速路。而快速公路不仅包含城市和城际的快速路，还包括超长距离（跨省）的高等级公路。

（2）控制不同。快速路没有红绿灯，可以连续通行。快速路对向车行道之间应设有中央分隔带，具有 4 条以上的车道，全部或部分采用立体交叉与控制出入，供车辆以较高的速度行驶的道路。高速公路是专供汽车分道高速行驶并全部控制出入的公路。

（3）设置不同。高速路要求路线顺滑，纵坡度小，路面有 4～6 车道的宽度，中间设分隔带，采用沥青混凝土或水泥混凝土高效路面，在必要处设坚韧的路栏，快速路则没有。

（4）限速不同。快速路限速一般都是 80km/h，高速路一般都是限速 100～120km/h。

（5）收费不同。高速是收费才能通过的，快速路则是不收费。

🚗 **特别提醒**

> 行人、非机动车、拖拉机、轮式专用机械车、铰接式客车、全挂拖斗车以及其他设计最高车速低于 70km/h 的机动车，不得进入高速公路。

禁止驶入高速公路的机动车主要有下列几种（见图7-80）。

图7-80　禁止驶入高速公路的机动车
(a) 拖拉机；(b) 轮式专用机械车；(c) 铰接式客车；(d) 全挂拖斗车

(1) 驾驶农用拖拉机进入高速公路。
(2) 驾驶轮式专用机械车进入高速公路。
(3) 驾驶铰接式客车进入高速公路。
(4) 驾驶全挂拖斗车进入高速公路。
(5) 驾驶其他设计最高时速低于70km的机动车进入高速公路。

对于禁止上高速公路行驶的车辆进入高速公路的，公安交管部门将对违法当事人处20元以上200元以下罚款。

1. 高速公路上也要防超速

高速公路限速标明的最高车速不得超过120km/h，这种限定是一种安全限定。在高速公路上行驶，应根据自己车况、气候和身体状况等因素，确定一个低于最高限速的速度行驶。一旦发现车速超过自己设定的界限，应及时回收加速踏板，确保行车安全。

特别提醒

最高时限速度，是在车况良好情况下的车速限制。如果所驾车辆技术性能较差，就不能按此速行驶，否则也叫超速。此外，有的高速公路设有可变限速交通标志，上面的限速千米数是根据当时天气和道路通行情况随时变化的。例如，在正常情况下，限速标志是120km/h，如果因下雨，该限速标志会变成80km/h。汽车行驶如果超过的80km/h即为超速。驾驶人应根据限速标志提示的速度，合理地进行车速的调控。

2. 高速公路加速段应尽量加速

(1) 在进入加速段后加速前进，使车速迅速提高，并一边加速一边观察后面来车情况，在确认安全的情况下进入主路。
(2) 尽量不要从匝道出口直接进入高速公路主路，那样后面来车很难发现突然进入主路的车辆，如图7-81所示。

图 7 - 81　不要从匝道出口直接进入高速公路主路

（3）如果主路上车辆较多而一时无法进入时，可减速等待时机再进入。如果是新手，最好等车流通过后再进入。

（4）在加速段行驶时，无论后面是否有来车，都要打转向灯示意后面。

（5）在加速过程中，要注意观察后方来车情况，当车速上来后还要选择合适时机并入行车道。

3. 高速公路上使用方向盘要轻打轻回

高速行驶时使用方向盘，一定要遵循少打少回原则，切忌转角过大。由于高速公路都是按大半径弯道进行设计的，在一般情况下，稍微调整方向盘便可以顺利通过。如果转向角度过大，很容易在高速作用下，出现比预想要快的过度转向现象。

4. 高速公路上随流而行

在高速公路上行驶时，如果车流量较大，那么随流而行可以减少超车和被超的次数，使车与车之间的相互交织明显下降，对保证行车安全十分有利。

（1）随流而行技巧的关键是与前车距离的把握，而距离的长短应根据行驶速度、能见度来灵活掌握。

（2）随流而行时，不要将注意力死盯在前车尾部，否则会因视觉单一出现迷糊。可行的方法是，在注意与前车保持安全距离的同时，用目光不时地观察前车前方第二辆、第三辆车的行驶动态，这样不仅可以调整视觉，而且还可以掌握提前控制车速的主动性。

（3）与前车跟行距离的保持应以加速踏板控速为主，必要时才用轻踩制动踏板加以辅助。

5. 高速公路上安全并线和超车

（1）并线时，通过后视镜观察，确认后方没有危险，并扭头观察自己车辆的盲区内没有车辆，前方所要并入的车道也安全，再打左转向灯，稍转方向盘，圆滑地并入新车道。

（2）准备超车时，尽量让被超车和后方车辆看到你想超车的意图，可通过打转向灯、鸣喇叭的方式提醒前方车辆注意。在和被超车辆并行时，尽快提高车速，使并行时间更短。

（3）在高速公路上打方向盘，只允许转动较小的角度，不要大幅度去打，以防车辆失控。

（4）高速超车或变换车道时，最好能通过按喇叭或变换远近光灯的方法来提醒前车；如果前方或与自己并排的车辆突然减速时，要注意松开加速踏板，准备随时制动，这很可能是因为他们发现了前方的一些意外情况，如行人或路障出现在道路上，千万不要趁机超车。

（5）在高速公路上开车，每个意图都应及早地对前后左右的车辆发出，而付诸行动却要晚一些。发出信号就立即行动的后果，不是造成事故就是干扰了其他车辆的正常行驶。

（6）无论什么原因，都严禁从应急车道上超车。

🚗 **特别提醒**

超车时只允许使用相邻的车道。驶入超车道的机动车在超车后，行驶足够的安全距离方可后驶回原车道。不准在匝道、加速车道或者减速车道超车，不准右侧超车，不得加速超车。但可以这样做：先右侧并线，至右侧车道，再伺机变回来，这和右侧超车不同的是，从左侧并至右侧车道后，不能马上又并至左侧车道，必须在右侧车道行进足够的距离才属于并道行为。

6. 高速公路上遇到水坑时

（1）雨后或雨中行车，应注意观察前方道路是否有积水，以便提前采取措施。

（2）当突然发现前方有积水路面时，如果车速较低，可安全避让；如果车速较高，不要强行猛打方向盘避让，以防因此导致的侧滑和失控。

（3）在高速公路上遇到水坑，尽量躲开或尾随一辆车过去。观察水坑的深度，如果躲不开，前面又没有车辆，就让车辆的两个前轮同时通过水坑。如果在高速行车时，只是单边车轮通过水坑，很可能会因为轮胎瞬时失去抓地力而发生侧滑甚至翻车。

7. 严重堵车

如果发现高速公路主干道前面严重堵车，车辆不能行驶时，应该跟着前车依次在行车道停放，此时的行车道变成停车道，停车后必须开启双闪警示灯。如果后面有依次停靠的车辆时，不用放置故障车警告标志牌。如果后方没有其他车辆，一定要在来车方向放置故障车警告标志牌，以提醒车辆注意避让。

堵车时不要在路肩和紧急停车带上行驶，否则会妨碍交通警察车辆和救援车辆的通行。另外，堵车时也不要超车，应按顺序行车或停驶。

8. 高速公路上夜间行车

（1）夜间行车，应提前检查车辆的技术安全状况，特别是电气电路部分，要确保无故障，灯光明亮，电能充足。

（2）在道路质量相同的条件下，适当降低车速，一般应比白天的车速降低 10km/h。

（3）要善于根据灯光在地面上的反射和车速的变化，判断道路是否有坡度。比如，灯光照射距离变近，发动机有动力不足状况，就为上坡路段；反之，就为下坡路段。

（4）注意观察前车尾灯，及时做出正确判断。跟车行驶时，要选择在自己车辆前方行驶速度与自己差不多的车辆，保持足够的行车距离。

（5）夜间高速公路上的车辆较白天要少得多，开车比较容易，但如果随心所欲地超高速行驶也是相当危险的。因为，夜间高速公路上大车多，车速快，这时发生危险的概率更高。

（6）夜间在高速公路上行驶时，由于能见度差，应注意路面上诸如石块、报废的轮胎等散落物。如果没有发现这些东西而高速撞上去，就很可能发生意外。

9. 实习期驾驶人驾驶机动车上高速公路行驶

考虑到高速公路道路情况的特殊性，实习期驾驶人驾驶机动车上高速公路行驶，应当由持相应或者更高准驾车型驾驶证 3 年以上的驾驶人陪同。驾驶残疾人专用小型自动挡载客汽车的，由持有小型自动挡载客汽车以上准驾车型驾驶证的驾驶人陪同。确定陪同人员的驾驶证类型见表 7-2。

表 7-2　　　　　　　　　　　确定陪同人员的驾驶证类型

实习驾驶人驾驶证	陪同人员驾驶证
A1（大型客车）	A1
A2（重型牵引车）	A2
A3（城市公交车）	A1、A3
B1（中型客车）	A1、A2、B1
B2（大型货车）	A1、A2、B2
C1（小型汽车）	A1、A2、A3、B1、B2、C1
C2（小型自动挡汽车）	A1、A2、A3、B1、B2、C1、C2
C5（残疾人专用小型自动挡载客汽车）	A1、A2、A3、B1、B2、C1、C2、C5

10. 进入区间测试时的安全驾驶

区间测速主要设置在高速公路上，车辆在测速路段行驶的时间如超过预设时间，平均车速就超速了，就会被扣分罚款，不过在区间测速路段通常会有提示。

（1）区间测速标志如图 7-82 所示，指的是在同一路段上布设两个相邻监控点，根据车辆前后通过两个监控点的时间，来计算车辆在该路段上的平均行驶速度，并根据该路段上的限速标准判定车辆是否超速违法。例如，驾驶人从区间测速点 A 到点 B 相距 20km，此高速路段限速为 100km/h，当车辆经过 A 点和 B 点时，车辆信息会被记录下来，如果用时小于 12min，就说明超速了。当然，该系统还会辨别该车是否低于最低限速，如果车辆在高速公路上车速低于 60km/h，也会被记录在案。

图 7-82　区间测速起点及终点标志

区间测速无法做到对路面上每一辆车都进行拍照，其抓拍原理是：在测速开始时，如果有车辆超速行驶的，就会先拍照，并在测速结束时进行测速，然后抓拍在路段中超速的车辆，要是 2 个点都出现同一辆车，就会进行测算，用预设距离除以 2 张照片拍照的间隔时间，最终判断车辆有无超速。

（2）一旦机动车进入区间测速路段，该路段还设有定点测速的话，即便测出来的平均速度在限速范围内，但驾驶人只要在某一定点测速时超速，这也属于超速违法行为。因此，驾驶人进入区间测速时，尽量保持在限速范围内匀速行驶，千万不要抱有侥幸心理。同时，高速行驶要时刻注意路边指示牌。

特别提醒

（1）区间测速区别于现有的雷达测速仪，最大特点就是其持续性。驾驶人想依靠"电子狗"或见到测速仪时再减速，肯定行不通的。

（2）不要认为区间测速只是一段路程，有可能是交叉着进行测速，而且摄像头的功能准确率在 99% 以上。摄像头会将车牌号、车主的身份信息直接上传到后台，如果超速行驶了，就会很快收到罚单。除了区间测速外，还有定点测速（见图 7-83）、移动测速（见图 7-84）互相结合，只要超速就可能被拍摄到。

图 7-83　定点测速

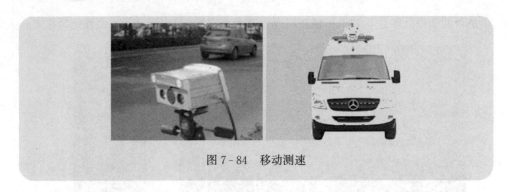

图 7-84　移动测速

11. 低能见度情况下

在低能见度情况下，行车视线严重受阻，往往看不清前方道路情况。在这种条件下，在高速公路行车容易出现交通事故。在高速公路上低能见度情况下的行车技巧如下。

(1) 正确使用灯光。在能见度不高的情况下，适当地使用灯光，是不错的应对方法。一则可以提醒后方车辆你车的位置，二则可以告诉前方车辆你来了。若在高速公路行驶且雾气很浓的话，还要打开双闪灯以警示前后车辆，但一般情况下，切忌使用远光灯，这是因为远光灯的照射方向是略平偏上的，因而射出的光线容易被雾气漫反射，从而在车前形成白茫茫的一片，反而什么都看不见了。

(2) 控制车速，保持车距，如图 7-85 所示。行车视线不好时，要严格遵守交通规则限速行驶，千万不可开快车，雾越大，可视距离越短，车速就必须越低。如果能见度在 10m 以内，就建议停在路边不要继续行驶了。

图 7-85　控制车速，保持车距

(3) 按喇叭进行提示。在雾天行驶，要特别注意路上的行人。若是在没有路灯的郊区行驶，更要注意行人和骑自行车的人。因为视线受阻，这时候常按喇叭倒是不错的警示方式，可以有效地提醒路上的行人，以便他们及时躲避。

(4) 不要盲目超车。如果发现前方车辆停靠在右边，千万别盲目超车，因为该车很可能在礼让对面车辆通过；当超越路边停放的车辆时，要在确认其没有起步意图而对面又无来车后，适时按喇叭，从左侧低速绕过；另外，雾天行车不能轧线行驶，否则会有与对向车辆相撞的危险；在弯道和坡路行驶时，应提前减速，避免中途变速、停车或熄火。

（5）不要猛踩制动踏板。这是考虑到雾天无法分辨车距，若紧急踩制动踏板的话，会让后面的车辆无法判断距离，从而导致追尾。避免紧急制动的最好办法就是慢速且与前车保持较长的车距。若前方车辆紧急制动，可以连续几次轻踩制动踏板，既达到控制车速的目的，同时也能有效地提醒后面车辆。

（6）选好行驶车道。雾天视线不好，因此在行车途中，如果是单向3条车道，最好在中间车道行驶。因此时能见度较低，道路两边如果出现紧急情况，驾驶人不好处理，因此要在中间车道行驶。如果是单向两条车道则要在外侧车道缓慢行驶，应避免长时间待在左侧的超车道上。

（7）突发事件要打双闪警告灯、摆放警告标志。雾天发生交通事故时，最重要的不是先报警，而是在车辆后方摆放警示标志。根据视线好坏的程度，具体决定设置警告标志的距离，以保证后方车辆有充分的时间进行规避。在设立好警告标志之前，还要把车辆的各种灯光打开，特别是将双闪灯打开，提示后方车辆。驾驶人设立好警告标志后，应立即撤到安全的地方，千万不要留在车内或在车道上行走，避免二次事故的发生。

12. 在高速公路上防止走错出口

（1）进入高速公路前，应熟悉沿途出口的位置、名称和编号，并记住自己准备驶出的出口名称和编号。

（2）行车中，注意观察高速公路上的指示牌。在接近自己准备驶出的出口时，提前并入合适的行驶车道，适时切入自己要驶离高速公路的减速带进入出口。

（3）即将到达驶离高速公路的出口之前，不要在超车道上行驶，更不能连续高速超车，避免由于正常行驶车道和右侧车道车辆过多，自己无法向右变更车道，只能向前开，眼睁睁地错过驶离高速公路出口的机会。

（4）驶过了高速公路出口的处置方法。如果汽车驶过了高速公路的出口，不可在慌忙中紧急制动、不可停车、更不可在右车道上倒车或者违法掉头从超车道上逆行返回。只能保持速度继续前行，在前行中找一个最近的出口或者服务区。在出口收费站几十米之前，一般会有一个专供走错路口汽车掉头的口，可从这里返回高速公路，找到要去的出口。尽量不要往前走出收费站后再进入收费站沿原路返回，这样要多花费两倍多走路段的路费。

也可采用如图7-86所示的方法，就近进入服务区内（一般服务区为左右对称布局，中间有一个联络隧道），只要开车穿过联络隧道进入对面服务区后，就可以驶出该服务区，再从高速公路沿路返回。

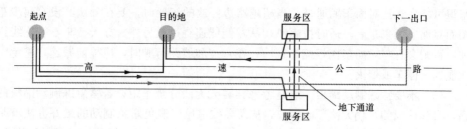

图 7 - 86　驶离高速公路出口的方法

🚗 **特别提醒**

（1）进出高速公路服务区不能麻痹大意。有些驾驶人在服务区临近时，对是否要进入服务区犹豫不决，常常是服务区入口到了跟前，才突然决定要进入服务区，于是紧急制动，从第一车道跨过 3 个车道后进入服务区入口，这是非常危险的，许多事故就是这样发生的。而在出服务区的时候，还是同一个问题，出了出口匝道，驾驶人随心所欲地从加速车道直接跨越 3 个车道进入第一车道，在车流量很大的主线上，这样变更车道相当危险。

因此，进服务区要提前决定，提前变更车道。变更车道时一定要打转向灯，观察后方来车情况，并给后方来车留足放慢车速的时间，确保安全后变更到相邻车道行驶，按相同步骤逐渐将车辆驶入第四车道，切不可紧急踩制动，直接跨接多车道。出服务区时，变更车道也要循序渐进，不能心急。

（2）在高速公路发生事故的处置。机动车在高速公路上发生事故后，应立即停车，保护现场，同时拨打报警电话，清楚表述案发时间、方位、后果等，并协助交通警察调查。若事故造成伤亡的，应先救人，并立即拨打 120 急救电话。对于事故车辆，应开启危险报警闪光灯，并在后方来车方向 150m 外放置警示标志。车上人员要立即转移到右侧路上或者应急车道内，能够移动的机动车也应移至不妨碍交通的应急车道或服务区停放。

保护现场主要包括：标记现场位置，标记伤员倒卧的位置，保全现场痕迹物证以及协助公安机关寻找证明人等。

🚗 **特别提醒**

在高速公路、城市快速路上行驶有关的记分。

（1）机动车驾驶人一次记 12 分的违法行为。

1）驾驶校车、中型以上载客载货汽车、危险物品运输车辆在高速公路、城市快速路上行驶超过规定时速 20% 以上，或者驾驶其他机动车在高速公路、城市快速路上行驶超过规定时速 50% 以上的。

2）驾驶机动车在高速公路、城市快速路上倒车、逆行、穿越中央分隔带掉头的。

（2）驾驶机动车在高速公路或者城市快速路上违法停车，一次记 9 分。

（3）机动车驾驶人一次记 6 分的违法行为。

1）驾驶校车、中型以上载客载货汽车、危险物品运输车辆在高速公路、城市快速路上行驶超过规定时速未达到 20%，或者在高速公路、城市快速路以外的道路上行驶超过规定时速 20% 以上未达到 50% 的。

2）驾驶校车、中型以上载客载货汽车、危险物品运输车辆以外的机动车在高速公路、城市快速路上行驶超过规定时速 20% 以上未达到 50%，或者在高速公路、城市快速路以外的道路上行驶超过规定时速 50% 以上的。

3）驾驶机动车在高速公路或者城市快速路上违法占用应急车道行驶的。

（4）机动车驾驶人一次记 3 分的违法行为

1）驾驶机动车在高速公路或者城市快速路上不按规定车道行驶的。

2）驾驶机动车在高速公路上行驶低于规定最低时速的。

十八、危险化学品的运输

危险化学品主要分为爆炸品、压缩气体和液化气体，易燃液体、易燃物品（易燃固体、自燃物品和遇湿易燃物品）、氧化剂和有机过氧化物、毒害品和感染性物品、放射性物品、腐蚀品、杂类等种类。

1. 运输危险化学品的注意事项

（1）爆炸品。爆炸品是指在外界作用下（如受热、撞击等），能发生剧烈的化学反应，瞬时产生大量的气体和热量，使周围压力急剧增大，发生爆炸，对周围环境造成破坏的物品。爆炸品具有爆炸性强、敏感度高的特性。搬运爆炸品时，应注意以下事项。

1）为确保爆炸品储存和运输的安全，必须根据各种爆炸品的敏感程度严格分类，专库储存、专人保管、专车运输。

2）一切爆炸品严禁与氧化剂、自燃物品以及酸、碱、盐类、易燃可燃物、金属粉末和钢铁材料器具等混储混运。

3）点火器材、起爆器材不得与炸药、爆炸性药品以及发射药、烟火等其他爆炸品混储混运。

4）装卸和搬运爆炸品时，必须轻装轻卸，严禁摔、滚、翻、抛以及拖、拉、摩擦、撞击，以防引起爆炸。对散落的粉状或粒状爆炸品，应先用水润湿后，再用锯末或棉絮等柔软的材料轻轻收集，转移到安全地带处置。操作人员不准穿带铁钉的鞋和携带火柴、打火机等进入装卸现场。

5）运输时必须经公安部门批准，按规定的行车时间和路线凭准运证方可起运。起动时包装要完整，装载应稳妥，装车高度不可超过栏板，车速应加以控制，避免颠簸、振荡。

（2）压缩气体和液化气体。压缩气体和液化气体搬运的注意事项如下：

1）储运钢瓶时应检查安全帽是否完整、拧紧，瓶壁是否有腐蚀、损坏、结疤、凹陷、鼓泡和伤痕等。用耳听钢瓶是否有漏气声，用嗅觉闻现场是否有强烈刺激臭味或异味。

2）运输时，钢瓶一般应平放，并且应该将瓶口朝向同一方向，不可交叉；高度不得超过车辆的防护栏板，并用三角木卡牢，防止滚动。

（3）易燃液体。易燃液体是指在常温下极易着火燃烧的液态物质，如汽油、乙醇、苯等。这类物质大多是有机化合物，其中很多属于化工产品。易燃液体具有高度易燃性、易爆性、高度流动扩散性、受热膨胀性、忌氧化剂和酸、毒性等特性。搬运易燃液体时，应注意以下事项：

1）装卸和搬运中，要轻拿轻放，严禁滚动、摩擦、拖拉等危及安全的操作。作业时严禁使用容易产生火花的铁制工具及穿带铁钉的鞋。

2）气温高时，最好在早晚进出库和运输。在运输、泵送、灌装时，要有良好的接地装置，防止静电集聚。

3）运输易燃液体的罐车应有接地链，罐内应设有孔隔板，以减少振荡产生的静电。

（4）易燃固体、自燃物品和遇湿易燃物品。

1）易燃固体是指燃点低，对热、撞击、摩擦敏感，容易被外部火源点燃，燃烧迅速，并且可能散发出有毒烟雾或有毒气体的固体，但不包括已经列入爆炸的物品。

搬运易燃固体时要轻装轻卸，防止拖、拉、摔、撞，以确保其包装完好。

2）自燃物品是指自燃点低，在空气中容易发生氧化反应，放出热量，而自行燃烧的物品。

搬运自燃物品时，应轻装轻卸，不得撞击、翻滚、倾倒，以防止包装容器损坏。黄磷在储运中，应始终浸没在水中。忌水的三乙基铝等包装必须严密，不得受潮。

3）遇湿易燃物品是指遇到水或受潮时，发生剧烈化学反应，放出大量易燃气体和热量的物品。有的不需明火，就能燃烧或爆炸。搬运遇湿易燃物品时，应注意以下事项。

a. 不得与其他类危险化学品，特别是酸类、氧化剂、含水物质、潮解性物质混储混运。

b. 装卸搬运时应轻装轻卸，不得翻滚、撞击、摩擦、倾倒。雨雪天若无防雨设备不准作业。运输用车必须干燥，并且有良好的防雨设施。

（5）氧化剂和有机过氧化物。氧化剂是指处于高氧化状态，具有强氧化性，容易分解并且能放出氧和热量的物质。包括含有过氧基的无机物，其本身不一定可燃，但能导致可燃物的燃烧，与松软的粉末状可燃物能组成爆炸性混合物，对热、振动或摩擦较为敏感。

有机过氧化物是指分子组成中含有过氧基的有机物，其本身易燃易爆，极易分解，对热、振动或摩擦极为敏感。

搬运氧化剂和有机过氧化物时，应注意以下事项：

1）装卸和搬运过程中应轻拿轻放，不得摔掷、滚动，力求避免摩擦、撞击，防止引起爆炸。对有机过氧化物更应特别注意。

2）运输时，应单独装运，不得与酸类、易燃物品、自燃物品、遇湿易燃物品、有机物、还原剂等同车混装。

（6）有毒品。有毒品是指进入机体后，累积达到一定的量，能与体液和器官组成发生生物化学作用或生物物理学作用，扰乱或破坏机体的正常生理功能，引起某些器官和系统暂时性或持久性的病理改变，甚至危及生命的物品。这类物品少量进入人、畜体内就能引起中毒，不但口服会中毒，吸入其蒸汽也会中毒，有的还能通过皮肤吸收引起中毒。搬运有毒品应注意以下事项：

1）储存和运输有毒品，应先检查包装容器是否完整、密封。凡是包装破损的不予运输。

2）搬运有毒品应轻装轻卸，严禁摔碰、翻滚，以防止包装容器破损；禁止身背、肩扛。作业人员应穿戴防护服、口罩的、手套（禁止徒手接触有毒品），必要时戴防毒面具。操作中严禁饮食、吸烟。作业后应洗澡、更衣。装卸机械工具应按规定负载量适当降低。

3）装运过有毒品的车辆必须彻底清洗、消毒，否则不得装运其他物品。

4）应注意根据有毒品的性质采取不同的消防方法。例如氰化钠、氰化钾等氰化物失火时，绝对不可使用酸碱、泡沫、二氧化碳等灭火剂。

（7）放射性物品。放射性物品有块状固体、粉末、晶粒、液态和气态等多种形态，还包括以放射性物品为原材料，或零部件中含有放射性物质的各种物品，如铀、钍的矿石、矿砂、天然铀等。放射性物品对生物和环境都有严重的危害。搬运放射性物品时，应注意以下事项。

1）由检查单位检查计量后开具"放射性物品计量检查证书"，根据放射剂量率决定运输办法。

2）运输前若检查出包装损坏，不予运输。运输时必须派专人押车。

3）操作人员必须做好个人防护。搬运过程中，要轻装轻卸，严禁身背、肩扛、摔掷、碰撞。工作完毕必须洗澡更衣。防化服应单独清洗。车辆装运完毕应进行彻底清扫。

（8）腐蚀品。腐蚀品是指能灼伤人体组织并对金属等物品造成损坏的固体或液体。与皮肤接触在 4h 内出现可见坏死现象，或温度在 55℃时，对 20 号钢的表面均匀年腐蚀率超过 6.25mm 的固体或液体。腐蚀品除具有强烈腐蚀性之外，还有毒性、易燃性、氧化性等危害。搬运腐蚀品时，应注意以下事项：

1）在储运中应特别注意防止酸类与氰化物、遇湿易燃物品、氧化剂等混储混运。

2）装卸搬运时，操作人员应穿戴防护用品，作业时轻拿轻放，禁止身背、肩扛、翻滚、碰撞、拖拉。在装卸现场应备有救护物品和药水，如清水、苏打水和稀硼酸水等，以备急需。

2. 危险化学品运输安全

（1）公安机关负责危险化学品的公共安全管理，核发剧毒化学品购买许可证、剧毒化学品道路运输通行证，并负责危险化学品运输车辆的道路交通安全管理。工商行政管理部门依据有关部门的许可证件，核发危险化学品生产、储存、经营、运输企业的营业执照，查处危险化学品经营企业违法采购危险化学品的行为。

（2）危险化学品道路运输企业、水路运输企业的驾驶人员、船员、装卸管理人员、押运人员、申报人员、集装箱装箱现场检查员应当经交通运输主管部门考核合格，取得从业资格。

（3）运输危险化学品，应当根据危险化学品的危险特性采取相应的安全防护措施，并配备必要的防护用品和应急救援器材。

（4）用于运输危险化学品的槽罐以及其他容器应当封口严密，能够防止危险化学品在运输过程中因温度、湿度或者压力的变化发生渗漏、洒漏；槽罐以及其他容器的溢流和泄压装置应当设置准确、起闭灵活。

（5）运输危险化学品的驾驶人员、船员、装卸管理人员、押运人员、申报人员、集装箱装箱现场检查员，应当了解所运输的危险化学品的危险特性及其包装物、容器的使用要求和出现危险情况时的应急处置方法。

3. 危险品运输驾驶人的安全操作

（1）从事危险品运输的驾驶人必须具有高度的责任感和事业心，牢固树立对国家、企业和人民生命财产负责的责任心。

（2）从事危险品运输的驾驶人必须持有公安消防部门核发在有效期内的"危险运输证"，并严格按照公安消防部门指定的路线行驶。

（3）运输化学、危险物品要事先掌握货物的性能和消防、消毒等措施，对包装容器、工具和防护设备要认真检查，严禁危险品撒漏和车辆带病运行。

（4）在运输、停靠危险区域时，不准吸烟和使用明火。

（5）凡危险品的盛装容器，发现有渗漏、破损等现象，在未经改装和采取其他安全措施之前，易引起氧化分解、自燃或爆炸现象，应立即采取自救，向领导、厂方、当地消防部门报告，尽快妥善处理解决。

（6）在炎热的夏季，易燃危险品应在上午10时前、下午3时后运输。

（7）严禁将有抵触性能的危险品混装在一起运输。各种机动车进入危险品库区、场地时，应在消声器上安装阻火器后，方能进入。

（8）装运危险品的车辆不准停在人员稠密、交通要道、居住区等地方，不准将载有危险品的车辆停放在本单位车间、场内。如果确因装卸来不及、停车或过夜修理等，应向领导或负责值班人员报告，采取必要的防护措施。

（9）运输危险品的车辆，应及时进行清洗、消毒处理。在清洗、消毒时，应注意危险品的性质，掌握清洗、消毒方式，防止污染、交叉反应或引起中毒等事故。

（10）凡装运危险品的车辆需过渡口时，应自觉报告渡口管理部门，遵守渡口管理规定。

（11）装运危险品的车辆，应配备一定的消防器材、急救药品、黄色三角旗或危险品运输车辆标志等。

（12）危险品运输驾驶人除遵守上述安全操作规程外，还需遵守汽车驾驶人的安全操作规程。

4. 危险化学用品应急处理

（1）危险货物运输过程中遇有天气、道路路面状况发生变化，应根据所载危险货物的特性，及时采取安全防护措施。

（2）压缩气体遇燃烧、爆炸等险情时，应及时采取对瓶体实施遮阳、冷水喷淋降温等措施，并及时将气瓶移出危险区域。

（3）腐蚀品、易燃液体泄露或着火，要立即用干沙、干土覆盖灭火，不得用水扑救。扑救易散发腐蚀性蒸气或有毒气体的火灾时，扑救人员应穿戴防毒面具和相应的防护用品，站在上风处施救。

（4）运送爆炸物品的途中发生火灾时，应尽可能将爆炸品转移到危险最小的区域或进行有效隔离。不能转移、隔离时，应迅速组织人员疏散。

道路交通安全违法行为及处置

一、 道路交通安全违法行为处理程序相关规定

对违法行为的处理应当坚持教育与处罚相结合的原则，教育公民、法人和其他组织自觉遵守道路交通安全法律法规；处罚应当以事实为依据，与违法行为的事实、性质、情节以及社会危害程度相当。

1. 交通技术监控

（1）公安机关交通管理部门可以利用交通技术监控设备和执法记录设备收集、固定违法行为证据。交通技术监控设备和执法记录设备应当符合国家标准或者行业标准，需要认定、检定的交通技术监控设备应当经认定、检定合格后，方可用于收集、固定违法行为证据。

1）固定式交通技术监控设备设置地点应当向社会公布。使用固定式交通技术监控设备测速的路段，应当设置测速警告标志。

2）使用移动测速设备测速的，应当由交通警察操作。使用车载移动测速设备的，还应当使用制式警车。

3）作为处理依据的交通技术监控设备收集的违法行为记录资料，应当清晰、准确地反映机动车类型、号牌、外观等特征以及违法时间、地点、事实。

（2）违法行为人可以在违法行为发生地、机动车登记地或者其他任意地公安机关交通管理部门处理交通技术监控设备记录的违法行为。

违法行为人在违法行为发生地以外的地方（以下简称处理地）处理交通技术监控设备记录的违法行为的，处理地公安机关交通管理部门可以协助违法行为发生地公安机关交通管理部门调查违法事实、代为送达法律文书、代为履行处罚告知程序，由违法行为发生地公安机关交通管理部门按照发生地标准作出处罚决定。

（3）违法行为人或者机动车所有人、管理人对交通技术监控设备记录的违法行为事实有异议的，可以通过公安机关交通管理部门互联网站、移动互联网应用程序或者违法行为处理窗口向公安机关交通管理部门提出。处理地公安机关交通管理部门应当在收到当事人申请后当日，通过道路交通违法信息管理系统通知违法行为发生地公安机关交通管理部门。违法行为发生地公安机关交通管理部门应当在 5 日内予以审查，异议成立的，予以消除；异议不成立的，告知当事人。

（4）交通技术监控设备记录的违法行为信息录入道路交通违法信息管理系统后当日，违法行为发生地和机动车登记地公安机关交通管理部门应当向社会提供查询。违法行为发生地公安机关交通管理部门应当在违法行为信息录入道路交通违法信息管理系统后 5 日内，按照机动车备案信息中的联系方式，通过移动互联网应用程序、手机短信或者邮寄等方式将违法时间、地点、事实通知违法行为人或者机动车所有人、管理人，并告知其在 30 日内接受处理。

（5）公安机关交通管理部门应当在违法行为人或者机动车所有人、管理人处理违法行为和交通事故、办理机动车或者驾驶证业务时，书面确认违法行为人或者机动车所有人、管理人的联系方式和法律文书送达方式，并告知其可以通过公安机关交通管理部门互联网网站、移动互联网应用程序等方式备案或者变更联系方式、法律文书送达方式。

（6）交通技术监控设备记录或者录入道路交通违法信息管理系统的违法行为信息，有下列情形之一并经核实的，违法行为发生地或者机动车登记地公安机关交通管理部门应当自核实之日起 3 日内予以消除。

1）警车、消防救援车辆、救护车、工程救险车执行紧急任务期间交通技术监控设备记录的违法行为。

2）机动车所有人或者管理人提供报案记录证明机动车被盗抢期间、机动车号牌被他人冒用期间交通技术监控设备记录的违法行为。

3）违法行为人或者机动车所有人、管理人提供证据证明机动车因救助危难或者紧急避险造成的违法行为。

4）已经在现场被交通警察处理的交通技术监控设备记录的违法行为。

5）因交通信号指示不一致造成的违法行为。

6）作为处理依据的交通技术监控设备收集的违法行为记录资料，不能清晰、准确地反映机动车类型、号牌、外观等特征以及违法时间、地点、事实的。

7）经比对交通技术监控设备记录的违法行为照片、道路交通违法信息管理系统登记的机动车信息，确认记录的机动车号牌信息错误的。

8）其他应当消除的情形。

2. 行政强制措施适用

公安机关交通管理部门及其交通警察在执法过程中，依法可以采取下列行政强制措施：①扣留车辆；②扣留机动车驾驶证；③拖移机动车；④检验体内酒精、国家管制的精神药品、麻醉药品含量；⑤收缴物品；⑥法律、法规规定的其他行政强制措施。

（1）依法扣留车辆。

1）有下列情形之一的，依法扣留车辆：①上道路行驶的机动车未悬挂机动车号牌；②有伪造、变造或者使用伪造、变造的机动车登记证书、号牌、行驶证、检验合格标志、保险标志、驾驶证或者使用其他车辆的机动车登记证书、号牌、行驶证、检验合格标志、保险标志嫌疑的；③未按照国家规定投保机动车交通事故责任强制保险的；④公路客运车辆或者货运机动车超载的；⑤机动车有被盗抢嫌疑的；⑥机动车有拼装或者达到报废标准嫌疑的；⑦未申领《剧毒化学品公路运输通行证》通过公路运输剧毒化学品的；⑧非机动车驾驶人拒绝接受罚款处罚的；⑨对发生道路交通事故，因收集证据需要的，可以依法扣留事故车辆。

2) 交通警察应当在扣留车辆后 24h 内，将被扣留车辆交所属公安机关交通管理部门。

公安机关交通管理部门扣留车辆的，不得扣留车辆所载货物。对车辆所载货物应当通知当事人自行处理，当事人无法自行处理或者不自行处理的，应当登记并妥善保管，对容易腐烂、损毁、灭失或者其他不具备保管条件的物品，经县级以上公安机关交通管理部门负责人批准，可以在拍照或者录像后变卖或者拍卖，变卖、拍卖所得按照有关规定处理。

3) 对扣留的车辆，当事人接受处理或者提供、补办的相关证明或者手续经核实后，公安机关交通管理部门应当依法及时退还。

公安机关交通管理部门核实的时间不得超过 10 日；需要延长的，经县级以上公安机关交通管理部门负责人批准，可以延长至 15 日。核实时间自车辆驾驶人或者所有人、管理人提供被扣留车辆合法来历证明，补办相应手续，或者接受处理之日起计算。

发生道路交通事故因收集证据需要扣留车辆的，扣留车辆时间依照《道路交通事故处理程序规定》有关规定执行。

（2）依法扣留机动车驾驶证。有下列情形之一的，依法扣留机动车驾驶证：①饮酒后驾驶机动车的；②将机动车交由未取得机动车驾驶证或者机动车驾驶证被吊销、暂扣的人驾驶的；③机动车行驶超过规定时速 50％的；④驾驶有拼装或者达到报废标准嫌疑的机动车上道路行驶的；⑤在一个记分周期内累积记分达到 12 分的。

只对违法行为人作出罚款处罚的，缴纳罚款完毕后，应当立即发还机动车驾驶证。

（3）以欺骗、贿赂等不正当手段取得机动车登记的，应当收缴机动车登记证书、号牌、行驶证，由机动车登记地公安机关交通管理部门撤销机动车登记。

以欺骗、贿赂等不正当手段取得驾驶许可的，应当收缴机动车驾驶证，由驾驶证核发地公安机关交通管理部门撤销机动车驾驶许可。

非本辖区机动车登记或者机动车驾驶许可需要撤销的，公安机关交通管理部门应当将收缴的机动车登记证书、号牌、行驶证或者机动车驾驶证以及相关证据材料，及时转至机动车登记地或者驾驶证核发地公安机关交通管理部门。

3. 行政处罚

（1）交通警察对于当场发现的违法行为，认为情节轻微、未影响道路通行和安全的，口头告知其违法行为的基本事实、依据，向违法行为人提出口头警告，纠正违法行为后放行。

（2）对违法行为人处以警告或者 200 元以下罚款的，可以适用简易程序。对违法行为人处以 200 元（不含）以上罚款、暂扣或者吊销机动车驾驶证的，应当适用一般程序。不需要采取行政强制措施的，现场交通警察应当收集、固定相关证据，并制作违法行为处理通知书。其中，对违法行为人单处 200 元（不含）以上罚款的，可以通过简化取证方式和审核审批手续等措施快速办理。

对违法行为人处以行政拘留处罚的，按照《公安机关办理行政案件程序规定》实施。

（3）对违法行为事实清楚，需要按照一般程序处以罚款的，应当自违法行为人接受处理之时起 24h 内作出处罚决定；处以暂扣机动车驾驶证的，应当自违法行为人接受处理之日起 3 日内作出处罚决定；处以吊销机动车驾驶证的，应当自违法行为人接受处理或者听证程序结束之日起 7 日内作出处罚决定，交通肇事构成犯罪的，应当在人民法院判决后及时作出处罚决定。

（4）对交通技术监控设备记录的违法行为，当事人应当及时到公安机关交通管理部门接受处理。处以警告或者 200 元以下罚款的，可以适用简易程序；处以 200 元（不含）以上罚款、吊销机动车驾驶证的，应当适用一般程序。

（5）违法行为人或者机动车所有人、管理人收到道路交通安全违法行为通知后，应当及时到公安机关交通管理部门接受处理。机动车所有人、管理人将机动车交由他人驾驶的，应当通知机动车驾驶人按照《道路交通安全违法行为处理程序的规定》第二十条规定期限接受处理。

违法行为人或者机动车所有人、管理人无法在 30 日内接受处理的，可以申请延期处理。延长的期限最长不得超过 3 个月。

（6）机动车有 5 起以上未处理的违法行为记录，违法行为人或者机动车所有人、管理人未在 30 日内接受处理且未申请延期处理的，违法行为发生地公安机关交通管理部门应当按照备案信息中的联系方式，通过移动互联网应用程序、手机短信或者邮寄等方式将拟作出的行政处罚决定的事实、理由、依据以及依法享有的权利，告知违法行为人或者机动车所有人、管理人。违法行为人或者机动车所有人、管理人未在告知后 30 日内接受处理的，可以采取公告方式告知拟作出的行政处罚决定的事实、理由、依据、依法享有的权利以及公告期届满后将依法作出行政处罚决定。公告期为 7 日。

违法行为人或者机动车所有人、管理人提出申辩或者接受处理的，应当按照本规定第四十四条或者第四十八条办理；违法行为人或者机动车所有人、管理人未提出申辩的，公安机关交通管理部门可以依法作出行政处罚决定，并制作行政处罚决定书。

（7）行政处罚决定书可以邮寄或者电子送达。邮寄或者电子送达不成功的，公安机关交通管理部门可以公告送达，公告期为 60 日。

（8）电子送达可以采用移动互联网应用程序、电子邮件、移动通信等能够确认受送达人收悉的特定系统作为送达媒介。送达日期为公安机关交通管理部门对应系统显示发送成功的日期。受送达人证明到达其特定系统的日期与公安机关交通管理部门对应系统显示发送成功的日期不一致的，以受送达人证明到达其特定系统的日期为准。

公告应当通过互联网交通安全综合服务管理平台、移动互联网应用程序等方式进行。公告期满，即为送达。公告内容应当避免泄露个人隐私。

（9）违法行为人可以通过公安机关交通管理部门自助处理平台自助处理违法行为。

（10）当事人逾期不履行行政处罚决定的，作出行政处罚决定的公安机关交通管理部门可以采取下列措施。

1）到期不缴纳罚款的，每日按罚款数额的 3% 加处罚款，加处罚款总额不得超出罚款数额。

2）申请人民法院强制执行。

（11）公安机关交通管理部门对非本辖区机动车驾驶人给予暂扣、吊销机动车驾驶证处罚的，应当在作出处罚决定之日起 15 日内，将机动车驾驶证转至核发地公安机关交通管理部门。

违法行为人申请不将暂扣的机动车驾驶证转至核发地公安机关交通管理部门的，应当准许，并在行政处罚决定书上注明。

（12）对违法行为人决定行政拘留并处罚款的，公安机关交通管理部门应当告知违法行为人可以委托他人代缴罚款。

（13）公安机关交通管理部门对扣留的拼装或者已达到报废标准的机动车，经县级以上公安机关交通管理部门批准后，予以收缴，强制报废。

（14）对伪造、变造或者使用伪造、变造的机动车登记证书、号牌、行驶证、检验合格标志、保险标志、驾驶证的，应当予以收缴，依法处罚后予以销毁。

对使用其他车辆的机动车登记证书、号牌、行驶证、检验合格标志、保险标志的，应当予以收缴，依法处罚后转至机动车登记地车辆管理所。

二、道路交通安全违法行为

1. 道路交通安全违法行为的类型

（1）道路交通安全违法行为，是指公民、法人及其他组织违反道路交通安全法律、法规，妨碍或者有可能妨碍交通秩序、交通安全和畅通，依法应当受到行政处罚的行为。

（2）道路交通安全违法行为情节或后果严重，需要追究刑事责任的有两种情况：①造成交通事故。造成交通事故的道路交通安全违法行为可能是行政违法行为或交通肇事犯罪行为，区分的标准是行为所造成的危害后果的严重程度。违反道路交通安全管理法律规范，危害后果轻微，尚不构成犯罪，根据《刑法》不需要进行刑事处罚的违法行为是交通道路安全行政违法行为。而犯罪行为则是危害后果比较严重，已经触犯了《刑法》规定，依照《刑法》应当给予刑事处罚的违法行为。②根据《刑法修正案（八）》的规定，在道路上驾驶机动车追逐竞驶，情节恶劣的，或者在道路上醉酒驾驶机动车的，涉嫌构成危险驾驶罪。

（3）根据道路交通安全违法行为的情节轻重及危害后果不同，可以将道路交通安全行为分为轻微违法行为、一般违法行为和严重违法行为。

1）轻微违法行为，是指行为人违法情节轻微，未影响道路通行，公安机关交通管理部门及其交通警察指出违法行为，给予口头警告后放行的道路交通安全违法行为。

2）一般违法行为，是指行为人违反道路交通安全管理法律规范关于道路通行规定，并且行为可能导致交通事故和交通堵塞，需要按照有关规定进行处罚的道路交通安全违法行为，如在与对面来车有会车可能的路段上强行超车；行人在有行人交通信号灯的路口不按信号灯的指示行走等。

3）严重违法行为，是指违法行为导致交通事故或交通堵塞的概率较大或已经造成交通事故或交通堵塞的发生，或者需要按照《道路交通安全法》的有关特别规定进行处罚的道路交通安全违法行为，如机动车驾驶员饮酒后开车、交叉路口争道抢行或闯红灯等。

特别提醒

处罚不当的维权途径。

对于交通违法处罚，当事人有异议的，可以根据《行政处罚法》《行政诉讼法》《国家赔偿法》《道路交通安全法》等法律规范，行使法律赋予公民的权利。

公民、法人或者其他组织对行政机关所给予的行政处罚享有陈述权、申辩权；对行政处罚不服的，有权依法申请行政复议或者提起行政诉讼。公民、法人或者其他组织因行政机关违法给予行政处罚受到损害的，有权依法提出赔偿要求。

2. 常见的道路监控摄像头

常见的道路监控摄像头的类型有电子警察、高速卡口（电子抓拍）、流量检测、违停和天网监控等。

（1）电子警察。电子警察如图8-1所示，这种摄像头在路口最常见，一般安装在道路的十字路口处、信号灯旁边或是高速公路的出入口。它一般是通过抓拍道路上来往车辆的车牌号，来监测车辆是否有闯红灯、闯绿灯、违停、压线、逆行、违规变道、不按导向行驶、不系安全带、占用公交专用车道和机动车占用非机动车道等道路违法行为。拍摄的照片高清，捕捉率达到了百分之百。驾驶人感觉不到它在工作，只要有违法行为，基本逃不过它的"法眼"。

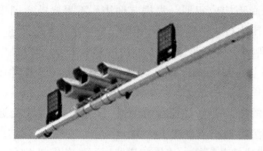

图 8-1 电子警察

电子警察摄像头一般还会搭配 LED 补光灯，它可以在光线不足的夜晚通过高频率闪亮的方式来给摄像头补充灯光，让摄像头在黑暗中也可清晰的监控来往车辆的信息。

（2）卡口摄像头。卡口摄像头又称测速摄像头，如图 8-2 所示，它的外观一般是白色的长方体形状，经常会安装在国道、省道、高速公路和隧道等路段上，用来抓拍道路上是否有车辆有超速等行为。这种摄像头的抓拍方式都是正面抓拍，清晰度非常高，甚至可以清晰地拍到车上的人脸。

图 8-2 测速摄像头

这种摄像头测速方式有两种，一种是靠装在地下的线圈，还有一种是装在杆子上的雷达，也就是雷达测速。而且这种摄像头抓拍的时候，它的闪光灯会亮一下，

图 8-3 流量监控摄像头

如果闪光灯亮了两下，那肯定超速了。

（3）流量监控摄像头。如图 8-3 所示，这种摄像头的主要作用是统计车辆流量，一般安装在安装电子警察或信号灯的杆上，有些智能信号灯就是靠它来控制红绿灯时间的。它不会抓拍任何违章行为，只用作统计车流量。

（4）违停抓拍摄像头。通常为黑色能旋转的球体，如图 8-4 所示，其作用就是抓拍违章停车，主要设置在禁停路段。这种摄像头是跟相机一样可以变焦的，拍摄得非常清晰，一般 200m 内都可以看得清清楚楚。24h 都能正常工作，并且是 360°无死角的抓拍。

图 8-4　违停抓拍摄像头

通常装有这类摄像头的道路上会竖着禁止停车的警示牌，但竖着禁止停车警示牌的道路则不一定都会有违停摄像头。

（5）天网监控摄像头。如图 8-5 所示，这类就是普通的监控，应用于公安天网系统，主要是针对道路、重点单位、热点部位进行 24h 监控，对打击街道犯罪行为有不小的帮助。

图 8-5　天网监控摄像头

🚗 特别提醒

　　机动车驾驶人不仅要有熟练的驾驶技术，还要有高度的安全意识。不管有没有摄像头，都应严格遵守交通法规，才能确保行车安全，不要抱有侥幸心理。

三、道路交通安全违法行为的处置

1. 交通安全违法处罚种类

道路交通安全违法行为处罚的种类包括警告、罚款、暂扣或者吊销机动车驾驶证和行政拘留 5 种。

（1）对违法行为人处以警告、罚款或者暂扣机动车驾驶证处罚的，由县级以上公安机关交通管理部门作出处罚决定。

对违法行为人处以吊销机动车驾驶证处罚的，由设区的市公安机关交通管理部门作出处罚决定。

对违法行为人处以行政拘留处罚的，由县、市公安局、公安分局或者相当于县一级的公安机关作出处罚决定。

（2）当事人对公安机关交通管理部门采取的行政强制措施或者作出的行政处罚决定不服的，可以依法申请行政复议或者提起行政诉讼。

公安机关交通管理部门对非本辖区机动车的道路交通安全违法行为没有当场处罚的，可以由机动车登记地的公安机关交通管理部门处罚。

特别提醒

13 种可申诉交通违法的情况。

（1）同一时间、地点重复拍摄录入。现在很多交通违法都是依靠电子眼和电脑来记录的，虽然准确度比较高，但偶尔还是会出现重复录入违法的情况，即车辆未移动过，在同一地点、同一时间被拍摄两次违停并都被录入，这也可以申诉。

（2）机动车车牌被套用。遇到这种情况，驾驶人需要做的一件事情就是，证明这个违法行为不是你犯的。如果套牌车和你开的车不是同一款车，只要带车辆行驶证、车辆登记证、车主身份证、车主驾驶证和涉案车辆到场拍照取证即可。

如果套牌车与你的车同款，则需要证明被拍违法时，你的车辆不在违法地点，这时候停车票、高速收费票、监控录像等都有效。

除了套牌车，还有可能是号牌录入错误，这种情况也可以申诉。

（3）车辆被盗抢期间发生的。如果车辆发生被盗事件，被盗后你需要马上报警。除了立案侦查确保车辆早日追回，也方便交警处理这段时间发生的违法记录。

如果在报警之前就已经有违法记录产生，也需要向交警大队申请复议，请求撤销处罚。

（4）交警指挥下的"违法"。开车时，当交通信号灯与交警指挥不一致时，现场以交警指挥为准。

等红灯时，当你发现交警的指挥与信号灯存在冲突时，请服从交警的现场指挥进行行驶，如果由于交警指挥失误导致你闯红灯时，也不用担心，到交警大队开具调流证明即可。

（5）协助侦察破案、追捕违法犯罪嫌疑人。突发事件中司法机关单位使用你的车辆抓捕嫌疑人或者侦查破案而出现超速、闯红灯等违法行为，可以到交警部门申请撤销违法处罚。

（6）避让特殊车辆执行任务等造成的违法。我国道路交通安全法第五十三条中规定：警车、消防车、救护车、工程救险车执行紧急任务时，可以使用警报器、标志灯具；在确保安全的前提下，不受行驶路线、行驶方向、行驶速度和信号灯的限制，其他车辆和行人应当让行。

如果这个时候为了避让它们而不得已出现压线、掉头、逆行等违法行为，都可以申请撤销。

注意：避让正在执行任务的特种车辆是每个司机应尽的义务，如驾驶人遇有执行紧急任务的特种车未按规定让行，将被处罚。

（7）机动车办理转移登记后录入的违法。已注册登记的机动车所有权发生转移的，该车已不在原机动车主人名下后发生的违法，原机动车主可申诉。

（8）避让故障、事故、违法车辆的压线行为。如果遇到前方有故障车、事故车、违法的非机动车或违法停放车辆，而不得已需要压线，然后被拍违法时，可以申请撤销。当然，需要证明当时所处的情况，可以用行车记录仪或者手机拍下当时的实际路况。

（9）红灯越线，但立刻停车。车辆驶过停止线，通过整个路口才算闯红灯。其次，交警部门也会通过视频监控来判定车辆是否有闯红灯的嫌疑。

一般情况下，当你闯过停止线后立即刹停车子，哪怕已经越过了停止线，都不会罚你闯红灯。但如果你没有停下，继续往前开就会被判闯红灯。

（10）电子警察抓拍的违法记录资料不清晰。电子警察抓拍的违法行为记录资料是处罚的依据，所以资料必须要清晰、准确地反映机动车类型、号牌、外观等特征及违法时间、地点、事实。

若车主查询到的违法记录资料不清晰，也允许申诉。

（11）视线被大型车辆遮挡。如果驾驶的机动车恰好跟在一辆大货车后，在驶进路口时，才发现绿灯早已变成了红灯，因此导致的违法记录可以申诉。

目前，跟在大车后面闯红灯是否应该被处罚一直都有很大的争议，但是具体情况还需具体分析，若遇到这样的情况，可以进行申诉。

注意：跟在大车后行驶时一定要保持车距，司机在刚变红灯时没刹住车过线，视频设备一般不会记录为闯灯。但需要注意的是，刚过线的车辆不要冲线或者倒车，视频设备将拍摄车辆移动形成一次完整的违法记录。

（12）信号灯故障。因为交通信号故障而造成的违法，比如不变灯、灯光交替错误等，可以进行申诉。你需要证明的是当时信号灯的确是坏了，最好的办法就是录视频或者用行车记录仪记录下来。

（13）标识不明。由于没有及时清除停车线的痕迹，并且附件没有树立停车的标识，这种情况可以进行申诉，以维护自己的合法权益。

注意：遇到道路标示不明的路段，驾驶应谨慎，并按照一些通用的交通法规来约束自己的驾驶行为。

2. 道路交通安全违法行政处罚量罚适用

（1）警告的适用。警告是公安机关交通管理部门对道路交通安全违法行为人给予严厉谴责和警戒，它是道路交通安全违法行政处罚中最轻的一种，一般适用于情节比较轻微、危害后果较小的违法行为。

警告适用于可以给予警告、无记分的违法行为，未造成影响道路通行和安全的后果且违法行为人已经消除违法状态的轻微违法行为。轻微交通安全违法不予处罚的具体适用情形，各地有所不同，主要有下列几种：

1）驾驶证丢失的、损毁期间驾驶机动车，但能提供有效身份证并经查证具有合法有效驾驶资格的。

2）驾驶机动车未随身携带机动车驾驶证或行驶证，经指出后及时提交的。

3）上道路行驶的车辆未按规定放置保险标志、检验合格标志，但随车携带，经指出后改正的。

4）实习期驾驶人驾驶机动车未按规定粘贴实习标志，经教育后能当场纠正的。

5）在机动车驾驶室前后窗范围内悬挂、放置妨碍驾驶人视线的物品，经指出改正的。

6）外地机动车不熟悉路况，驶入禁行区域，经指出后及时改正的。

7）白天运载超限物品时未悬挂明显标志，经教育能立即纠正的。

8）市区道路遇交通堵塞车辆停止或缓慢行驶时驾驶人和乘车人未系安全带，经指出纠正的。

9）车门、车厢没有关好时行车，经教育后能当场纠正的。

10）搭载危重、急症病人到医院就诊的车辆，发生一般交通违法行为，不危及交通安全的。

11）执行抢险救灾、紧急救护或其他紧急任务的车辆发生一般交通违法行为，不危及交通安全的。

12）货运机动车载物超过核定载质量未达10%的。

13）机动车超过规定时速未达10%的（高速公路除外）。

14）驾驶机动车在禁鸣区域应急处置时鸣喇叭的。

15）通过路口遇停止信号时，停在停止线内，但前轮未越停止线或驾驶人主动停车未进入人行横道线的。

16）驾驶机动车违反规定临时停车，不妨碍其他车辆、行人通行，经指出后立即改正的。

17）遇前方机动车停车排队或缓慢行驶的，在人行横道、网状线区域内停车等候，未影响行人或其他车辆通行的。

（2）罚款的适用。罚款是公安机关交通管理部门根据道路交通安全法律、法规的规定，限令道路交通安全违法行为人在一定的期限内向国家缴纳一定数额金钱的处罚方式，属于财产处罚。在实施罚款处罚时，要根据违法行为的情节、违法程度、危害后果等具体情况，在法定的处罚幅度内裁量罚款的数额。

1）《道路交通安全法》中设定的 20 条对道路交通安全违法行为处罚条款中，有 16 条适用罚款处罚。罚款处罚的数额分为 5 元以上 50 元以下、20 元以上 200 元以下、500 元、200 元以上 2000 元以下、500 元以上 200 元以下、1000 元以上 2000 元以下、1000 元以上 3000 元以下、2000 元以上 5000 元以下等档次。

2）罚款的限额规定。对于罚款的限额，《道路交通安全法》采取了两种方式予以规定：

a. 明确规定了罚款的最低和最高限额，对于道路交通安全违法行为人所实施的单项道路交通安全违法行为的最高罚款限额为 5000 元，最低罚款限额为 5 元。

b. 规定了罚款额为行为人违法所得倍数，最高罚款限额为行为人违法所得的 10 倍，最低罚款限额为行为人违法所得的 2 倍。

3）罚款的数额幅度。当一个道路交通安全违法行为人实施了不同的道路交通安全违法行为时，依据分别裁决、合并执行的原则，罚款的数额可以越过上述最高限额的限制。同时，根据道路交通安全违法行为危害性的大小，《道路交通安全法》分别对不同类型的道路交通安全违法行为设定了不同的罚款幅度。具体规定如下：

a. 对行人、乘车人、非机动车驾驶人违反道路交通安全法律、法规关于道路通行规定的，可以处 5 元以上 50 元以下罚款。

b. 对机动车驾驶人违反道路交通安全法律、法规关于道路通行规定的，可以处 20 元以上 200 元以下罚款。

• 机动车驾驶人补换领机动车驾驶证后，继续使用原机动车驾驶证的并由公安机关交通管理部门收回原机动车驾驶证。

• 在实习期内驾驶机动车不符合《机动车驾驶证申领和使用规定》第七十七条规定的。

• 持有大型客车、重型牵引挂车、城市公交车、中型客车、大型货车驾驶证的驾驶人，未按照《机动车驾驶证申领和使用规定》第八十一条规定申报变更信息的。

c. 机动车驾驶人有下列行为之一的，由公安机关交通管理部门处 200 元以上 500 元以下罚款。

• 机动车驾驶证被依法扣押、扣留或者暂扣期间，采用隐瞒、欺骗手段补领机动车驾驶证的并由公安机关交通管理部门收回机动车驾驶证。

• 机动车驾驶人身体条件发生变化不适合驾驶机动车，仍驾驶机动车的并由公安机关交通管理部门收回机动车驾驶证。

• 逾期不参加审验仍驾驶机动车的。

d. 对于严重道路交通安全违法行为适用《道路交通安全法》设定的特别处罚。

• 饮酒后驾驶机动车的，并处 1000 元以上 2000 元以下罚款。

- 饮酒后驾驶营运机动车的，并处 5000 元罚款。

- 公路客运车辆超载的，处 200 元以上 500 元以下罚款；超载 20% 或者违反规定载货的，处 500 元以上 2000 元以下罚款。

- 货运机动车超载的，处 200 元以上 500 元以下罚款；超载 30% 或者违反规定载客的，处 500 元以上 2000 元以下罚款。

- 运输单位的车辆超载，经处罚不改的，对直接负责的主管人员处 2000 元以上 5000 元以下罚款。

- 机动车安全技术检验机构不按照国家安全技术标准进行检验，出具虚假检验结果的，处所收检验费用 5 倍以上 10 倍以下罚款。

- 伪造、变造或者使用伪造、变造的机动车登记证书、号牌、行驶证、驾驶证的，并处 2000 元以上 5000 元以下罚款。

- 伪造、变造或者使用伪造、变造的检验合格标志、保险标志的，并处 1000 元以上 3000 元以下罚款。

- 使用其他车辆的机动车登记证书、号牌、行驶证、检验合格标志、保险标志的，处 2000 元以上 5000 元以下罚款。

- 非法安装警报器、标志灯具的，并处 200 元以上 2000 元以下罚款。

- 机动车所有人、管理人未投保机动车第三者责任强制保险的，并处投保最低责任限额应缴纳的保险费的 2 倍罚款。

- 无证驾驶，将机动车交给无证人或驾照被吊销、暂扣的人驾驶，造成交通事故后逃逸尚不构成犯罪的，机动车行驶超过规定时速 50% 的，驾驶无牌无证机动车等严重违法行为，处 200 元以上 2000 元以下罚款。

- 驾驶拼装或者已达报废标准的机动车的，处 200 元以上 2000 元以下罚款。

- 在道路两侧及隔离带种植植物或者设置物件，遮挡路灯、交通信号灯、交通标志，妨碍安全视距，经公安机关交通管理部门责令排除妨碍，拒不执行的，处 200 元以上 2000 元以下罚款。

e. 有下列情形之一的，由公安机关交通管理部门处警告或者 200 元以下罚款。

- 重型、中型载货汽车、轮式自行机械车、挂车及大型客车的车身或者车厢后部未按照规定喷涂放大的牌号或者放大的牌号不清晰的。

- 机动车喷涂、粘贴标识或者车身广告，影响安全驾驶的。

- 载货汽车、专项作业车及挂车未按照规定安装侧面及后下部防护装置、粘贴车身反光标识的。

- 机动车未按照规定期限进行安全技术检验的。

- 改变车身颜色、更换发动机、车身或者车架，未按照第十六条规定的时限办理变更登记的。

- 机动车所有权转让后，现机动车所有人未按照第二十五条规定的时限办理转让登记的。

• 机动车所有人办理变更登记、转让登记，未按照第十八条、第二十七条规定的时限到住所地车辆管理所申请机动车转入的。

• 机动车所有人未按照第二十三条规定申请变更备案的。

f. 有下列行为之一的，由公安机关交通管理部门处 200 元以上 2000 元以下罚款。

• 未取得机动车驾驶证、机动车驾驶证被吊销或者机动车驾驶证被暂扣期间驾驶机动车的，可以并处 15 日以下拘留。

• 将机动车交由未取得机动车驾驶证或者机动车驾驶证被吊销、暂扣的人驾驶的，可以并处吊销机动车驾驶证。

• 造成交通事故后逃逸，尚不构成犯罪的，可以并处 15 日以下拘留。

• 机动车行驶超过规定时速 50% 的，可以并处吊销机动车驾驶证。

• 强迫机动车驾驶人违反道路交通安全法律、法规和机动车安全驾驶要求驾驶机动车，造成交通事故，尚不构成犯罪的，可以并处 15 日以下拘留。

• 违反交通管制的规定强行通行，不听劝阻的。

• 故意损毁、移动、涂改交通设施，造成危害后果，尚不构成犯罪的。

• 非法拦截、扣留机动车辆，不听劝阻，造成交通严重阻塞或者较大财产损失的，可以并处 15 日以下拘留。

g. 其他设定的处罚。

• 隐瞒有关情况或者提供虚假材料申请机动车登记的，公安机关交通管理部门不予受理或者不予登记，处 500 元以下罚款。申请人在 1 年内不得再次申请机动车登记。

对发现申请人通过机动车虚假交易、以合法形式掩盖非法目的等手段，在机动车登记业务中牟取不正当利益的，依照隐瞒有关情况的规定处理。

• 以欺骗、贿赂等不正当手段取得机动车登记的，由公安机关交通管理部门收缴机动车登记证书、号牌、行驶证，撤销机动车登记，处 2000 元以下罚款。申请人在 3 年内不得再次申请机动车登记。

• 以欺骗、贿赂等不正当手段办理补、换领机动车登记证书、号牌、行驶证和检验合格标志等业务的，由公安机关交通管理部门收缴机动车登记证书、号牌、行驶证和检验合格标志，未收缴的，公告作废，处 2000 元以下罚款。

• 申请人隐瞒有关情况或者提供虚假材料申领机动车驾驶证的，公安机关交通管理部门不予受理或者不予办理，处 500 元以下罚款。申请人在 1 年内不得再次申领机动车驾驶证。

• 申请人在考试过程中有贿赂、舞弊行为的，取消考试资格，已经通过考试的其他科目成绩无效，公安机关交通管理部门处 2000 元以下罚款。申请人在 1 年内不得再次申领机动车驾驶证。

• 申请人以欺骗、贿赂等不正当手段取得机动车驾驶证的，公安机关交通管理部门收缴机动车驾驶证，撤销机动车驾驶许可，处 2000 元以下罚款。申请人在 3 年内不得再次申领机动车驾驶证。

（3）暂扣驾驶证处罚的适用。暂扣机动车驾驶证是指公安机关交通管理部门因机动车驾驶人的交通安全违法行为而暂停其驾驶资格的处罚措施。驾驶人在被暂扣驾驶证期间，不准驾驶车辆，否则按无证驾驶进行处罚。暂扣机动车驾驶证可以单独适用，也可以和其他处罚合并适用。

《道路交通安全法》中设定的适用暂扣机动车驾驶证的情形有：饮酒后驾驶机动车的，暂扣机动车驾驶证 6 个月。

（4）吊销驾驶证的适用。吊销机动车驾驶证是指公安机关交通管理部门对违反道路交通安全法律、法规、规章的机动车驾驶人适时取消其驾驶资格的处罚手段。吊销机动车驾驶证可以单独适用，也可以和其他处罚合并使用。

《道路交通安全法》中设定的适用吊销机动车驾驶证的情形有下列几种：

1）饮酒后驾驶机动车被处罚两次以上的。

2）醉酒驾驶机动车的。

3）饮酒后驾驶营运机动车的。

4）机动车行驶超过规定时速 50％的。

5）驾驶拼装的机动车或者已达到报废标准的机动车上道路行驶的。

6）违反道路交通安全法律、法规的规定，发生重大交通事故，构成犯罪的，依法追究刑事责任，并由公安机关交通管理部门吊销机动车驾驶证的。

7）造成交通事故后逃逸的，由公安机关交通管理部门吊销机动车驾驶证，且终生不得重新取得机动车驾驶证。

（5）拘留的适用。拘留是指公安机关对违反道路交通管理、扰乱社会治安秩序和公共安全等违法行为人实施短期内限制其人身自由的一种行政处罚。

《道路交通安全法》中设定的适用 15 日以下拘留的情形有：

1）饮酒后驾驶机动车被处罚两次以上的。

2）伪造、变造或者使用伪造、变造的机动车登记证书、号牌、行驶证、驾驶证、检验合格标志、保险标志的。

3）未取得机动车驾驶证、机动车驾驶证被吊销或者被暂扣期间驾驶机动车的。

4）造成交通事故后逃逸，尚不构成犯罪的。

5）强迫机动车驾驶人违反道路交通安全法律、法规和机动车安全驾驶要求驾驶机动车，造成交通事故，尚不构成犯罪的。

6）违反交通管制的规定强行通行，不听劝阻的。

7）故意损毁、移动、涂改交通设施，造成危害后果，尚不构成犯罪的。

8）非法拦截、扣留机动车辆、不听劝阻，造成交通严重阻塞或者较大财产损失的。

特别提醒

被终身剥夺驾驶资格的交通违法行为。

我国《道路交通安全法》第九十一条、第一百零一条分别对两种严重的交通安全违法行为规定了终身剥夺驾驶资格的处罚。

（1）酒后驾车发生重大交通事故。饮酒后或者醉酒驾驶机动车发生重大交通事故，构成犯罪的，依法追究刑事责任，并由公安机关交通管理部门吊销机动车驾驶证，终生不得重新取得机动车驾驶证。

（2）交通肇事逃逸。造成交通事故后逃逸的，由公安机关交通管理部门吊销机动车驾驶证，且终生不得重新取得机动车驾驶证。

四、道路交通违法行为代码及其含义

（1）代码的结构。本代码由五位数字组成，按交通法中通行原则进行分类，排列顺序从左到右依次为一位行为分类代码，一位记分分类代码，二位数字顺序码，一位分类码。具体结构如下：

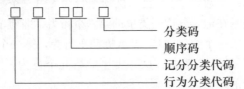

（2）行为分类代码。表示在道路交通法中的所处的分类代码（见表8-1）。

表8-1　　　　　　　　　　　行为分类代码

行为分类	第一位代码	行为分类	第一位代码
机动车通行	1	其他规定	5
非机动车通行	2	机动车通行补充规定	6
行人、乘车人通行	3	省、自治区、直辖市的实施细则规定	7
高速公路通行	4	各市（地区、自治州、盟）的地方法规	8

（3）记分分类代码。表示交通违法行为记分的分类代码（见表8-2）。

表8-2　　　　　　　　　　　记分分类代码

记分分类	第二位代码	记分分类	第二位代码
不记分	0	记3分	3
记1分	1	记6分	6
记2分	2	记12分	7

（4）顺序码。表示在同一行为分类中出现的行为的顺序码。

（5）分类码。表示在同一行为分类中出现的情形不同的分类代码（见表8-3）。

表8-3　　　　　　　　　　　　分类代码

分　类	第五位代码
不分类	0
大型、中型载客汽车（包括有轨、无轨电车），重型、中型载货汽车，重型牵引挂车	1
小型、微型载客汽车，轻型、微型载货汽车，轮式自行机械车	2
低速货车、三轮汽车、拖拉机	3
摩托车	4
同一违法行为情节较轻	5
同一违法行为情节较重	6
同一违法行为情节严重	7

例如：1306，第一个数字"1"表示机动车行为，第二个数字"3"表示记分3分，后面的"06"表示在记3分这一类里的第六个行为，即前车掉头时超车。

再比如：1709，第一个数字"1"表示机动车行为，第二个数字"7"表示要记12分，后面的"09"表示在记12分这一类里的第九个行为，即驾驶与驾驶证载明的准驾车型不相符合的车辆。

对于违法大类中又进一步划分有违法小类的，违法代码结构由五位数字组成，见表8-4。最后一位数可以是数字，也可以是大写字母A、B、C等。

表8-4　　　　　　　　　　　　违法代码举例

违法行为代码	违法大类	违法小类	违法内容	违法记分/分	罚款金额/元 下限	上限	暂扣月数/月 下限	上限	扣留天数/天 下限	上限
1005	机动车违法	无证驾驶	未取得驾驶证驾驶机动车的	0	200	2000	0	0	0	15
10051	机动车违法	无证驾驶	未取得驾驶证驾驶营运载客汽车的	0	200	2000	0	0	0	15
10052	机动车违法	无证驾驶	未取得驾驶证驾驶摩托车的	0	200	2000	0	0	0	15

特别提醒

车辆违法信息查询流程

（1）准备好车辆识别代码，识别代码车辆行驶证上就有。

（2）登录当地的交警网，然后点击违法查询，输入车牌号码、发动机识别代码（有的地方只输入后 4 位就可以，按照提示做就行），点击确定。

（3）车辆所有违法信息就全部显示出来了。

（4）也可以拿着身份证、车辆行驶证直接到违处大厅查询。把证件交给工作人员，工作人员就会调出你的车辆违法信息，查询后即可直接处理。

（5）用交管 12123 手机 App 查询，依次点击【机动车违法】—【已绑定的车牌号】—即可查询【未处理】【已处理未缴款】【已缴款】等记录。

违章扣分部分可以在 12123 上处理。交管 12123 可以处理本人名下或非本人名下已备案的机动车非现场违法行为；可以处理处警告或 200 元以下，记分为 6 分（含）以下罚款的非现场违法行为；非本人已备案的机动车有记分的非现场违法行为只允许在备案日之后发生的才能处理。

第九章

道 路 交 通 信 号

全国实行统一的道路交通信号。道路交通信号分为交通信号灯、交通标志、交通标线和交通警察的指挥（分为手势信号和使用器具的交通指挥信号）。其中，交通警察的指挥效力要高于其他 3 种，当交通警察的指挥与交通信号灯、交通标志、交通标线不一致时，车辆、行人应当服从交通警察的指挥。

一、交通信号灯

交通信号灯分为指挥灯信号、车道灯信号、方向指示灯信号、人行横道灯信号和铁路道口信号灯。

1. 指挥灯信号

红、黄、绿 3 色信号灯的排列，有水平排列和竖直排列两种。水平排列时，靠近路口内侧的为红灯，外侧为绿灯，中间为黄灯（见图 9-1）；竖直排列时，上方为红灯，下方为绿灯，中间为黄灯（见图 9-2）。

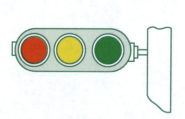

图 9-1　水平排列的指挥灯　　　　图 9-2　竖直排列的指挥灯

（1）绿灯亮——通行信号。绿灯亮时，准许面对绿灯的车辆、行人直行，左转弯，右转弯。但转弯的车辆不准妨碍直行车辆和被放行的行人通行（见图 9-3，图示左右方向绿灯亮，上下方向红灯亮）。

（2）黄灯亮——预备停止信号。黄灯亮时，不准车辆、行人通行。但已越过停止线的车辆和已进入人行道的行人，可以继续通行（见图 9-4）。

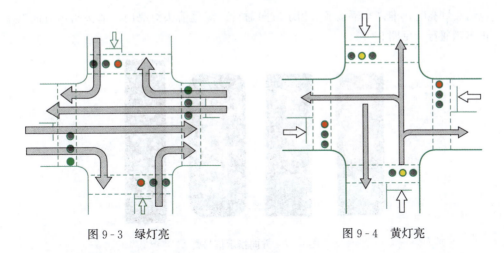

图 9 - 3　绿灯亮　　　　　　　　　图 9 - 4　黄灯亮

（3）红灯亮——禁止通行信号。红灯亮时，不准车辆、行人通行（见图 9 - 5，图示左右方向红灯亮，上下方向绿灯亮）。

红灯亮时，右转弯的车辆在不妨碍被放行的车辆、行人通行的情况下，可以通行。

在未设置非机动车信号灯和人行横道信号灯的路口，非机动车和行人应当按照机动车信号灯的表示通行。

（4）黄灯闪烁时，以提醒车辆、行人注意前方是交叉路口，车辆和行人须在确保安全的原则下通行。右转弯车辆和 T 形路口右边无横道的车辆可以直接通行。

2. 车道灯信号

车道灯信号由绿色箭头灯和红色叉形灯组成，设在可变车道上。绿色箭头灯亮时，准许面对箭头灯的车辆进入绿色箭头灯所指的车道内通行；红色叉形灯或者箭头灯亮时，不准面对红色叉形灯的车辆进入红色叉形灯下方的车道通行（见图 9 - 6）。

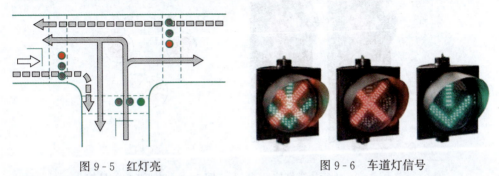

图 9 - 5　红灯亮　　　　　　　　　图 9 - 6　车道灯信号

3. 方向指示信号灯

方向指示信号灯的箭头方向向左、向上、向右分别表示左转、直行、右转。绿色箭头灯亮时，准许车辆按箭头指示方向通行；红色箭头灯亮时，箭头指示方向禁止车辆通行（见图9-7）。

图9-7　方向指示信号灯

4. 人行横道灯信号

人行横道灯信号由红、绿两色灯组成，上红下绿，在红灯镜面上有一个站立的人形象，在绿灯镜面上有一个行走的人形象。

绿灯亮时，准许行人通过人行横道；绿灯闪烁时，行人不准穿越，正在穿越的行人要尽快通过或返回原地；红灯亮时，禁止行人进入人行横道，但是已经进入人横行横道的，可以继续通过或者在道路中心线处停留等候（见图9-8）。

5. 铁路道口信号灯

道路与铁路平面交叉道口有两个红灯交替闪烁或者一个红灯亮时，表示禁止车辆、行人通行；红灯熄灭时，表示允许车辆、行人通行。铁路道口信号灯如图9-9所示。

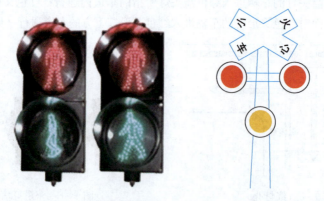

图9-8　人行横道灯信号　　　　图9-9　铁路道口信号灯

6. 闪光警告信号灯

闪光警告信号灯如图9-10所示，为持续闪烁的黄灯，提示车辆、行人通行时注意瞭望，确认安全后通过。

图 9-10　闪光警告信号灯

二、道路交通标志

1. 道路交通标志的类型与特点

我国道路交通标志分为主标志和辅助标志两类。主标志包括警告标志、禁令标志、指示标志、指路标志、旅游区标志、作业区标志和告示标志 7 种。辅助标志是附设在主标志下，起辅助说明作用的标志。

（1）道路交通标志的颜色和形状（见图 9-11）。

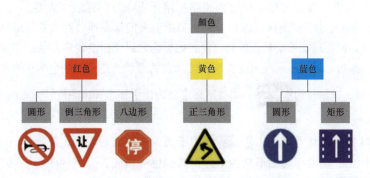

图 9-11　道路交通标志的颜色和形状

（2）道路交通标志的类型与特点。

1）警告标志。警告标志是警告车辆驾驶人、行人前方有危险的标志，提示道路使用者需谨慎行动。该标志的形状为等边三角形 ⬤ 或矩形 30km/h ，三角形的顶角朝上 ⚠ 。其颜色为黄底、黑边、黑图形 ⚠ 。特殊的是，"注意信号灯" ⚠ 的图形为红、黄、绿、黑四色，"叉形符号"为 ✕ 、"斜杠符号" ⚠ 为白底红图形。

2）禁令标志。禁令标志表示禁止、限制及相应解除的含义，道路使用者应严格遵守。该标志的形状为圆形。特殊的是，"停车让行标志"为八角形，"减速让行标志"为顶角向下的倒等边三角形。禁令标志的颜色除个别标志外，均为白底、红圈、红杠、黑图形，图形压杠。

3）指示标志。指示标志表示指示车辆、行人行进的含义，道路使用者应遵循。该标志的形状有圆形、长方形和正方形三种。其颜色除个别标志外，均为蓝底、白图形。

4）指路标志。指路标志表示道路信息的指引，为驾驶人提供去往目的地所经过的道路、沿途相关城镇、重要公共设施、服务设施、地点、距离和行车方向等信息。该标志的形状，除个别标志外，均为长方形和正方形。其颜色除特别说明外，一般道路指路标志为蓝色、白图形、白边框、蓝色衬边；高速公路及城市快速路指路标志为绿底、白图形、白边框、绿色衬边。指路标志分为一般道路指路标志、高速公路及城市快速路指路标志和方向标志三大类。

5）旅游区标志。旅游区标志是为吸引和指引人们从高速公路或其他道路上前往邻近的旅游区，而在通往旅游景点的路口设置的标志，以使旅游者能方便地识别通往旅游区的方向和距离，了解旅游项目的类别。该标志的形状为矩形，颜色为棕底、白字（图形）、白边框、棕色衬边。旅游区标志分为指引标志和旅游符号标志两大类。

6）其他标志。

作业区标志。作业区标志用于通告道路交通阻断、绕行等情况。

辅助标志。辅助标志的形状为矩形，其颜色为白底、黑字（图形）、黑边框、白色衬边。

2. 容易混淆的交通标志

容易混淆的交通标志、标线见表9-1。

表9-1　　　　　容易混淆的交通标志、标线

标志	释义	标志	释义	标志	释义
	禁止通行标志		禁止驶入标志		注意信号灯标志

续表

标志	释义	标志	释义	标志	释义
	环岛行驶标志		环行交叉标志		注意潮汐车道标志
	左右绕行		左侧绕行标志		右侧绕行标志
	靠右侧道路行驶标志		靠左侧道路行驶标志		单行路（向左或向右）标志
	单行路（直行）标志		直行标志		直行车道标志
	两侧变窄标志		窄桥标志		注意非机动车标志
	注意危险标志		减速慢行标志		非机动车车道标志
	禁止行人进入标志		步行标志		注意儿童标志
	双向交通标志		注意行人标志		人行横道标志

221

标志	释义	标志	释义	标志	释义
	会车让行标志		会车先行标志		路口优先 通行标志
	停车让行标志		减速让行标志		机动车 行驶标志
	注意保持 车距标志		禁止机动车 驶入标志		机动车 车道标志
	非机动行驶标志		禁止小型客 车驶入标志		多乘员车辆 专用车道标志
	非机动车道		禁止非机动 车进入标志		注意前方车辆 排队标志
	易滑标志		过水路面标志		渡口标志
	有人看守的 铁路道口标志		无人看守的 铁路道口标志		铁路道口标志 （叉型符号）
	铁路道口标志 （一道斜杠符号）		铁路道口标志 （二道斜杠符号）		铁路道口标志 （三道斜杠符号）

续表

标志	释义	标志	释义	标志	释义
	禁止停车标志（禁止临时或长时间停车）		禁止长时间停车标志		错车道标志
 云居寺	旅游区方向		紧急电话		紧急停车带
 P	露天停车场	 P	室内停车场	 T	此路不通标志
 P 浪网 LANGWANG	停车区预告	 P宜兴埠 YIXINGBU 2km	服务区预告	 南 口 NANKOU P PARKING AREA	停车场预告
 3m	限制宽度标志	 3.5m	限制高度标志		反向弯路标志
 40	限制速度标志	 40	解除限制速度标志		连续弯路
 50	最低限速标志		人行天桥标志		人行地下通道标志

223

标志	释义	标志	释义	标志	释义
	基本单元		组合使用		注意合流标志
					注意分流标志
	两侧通行标志		左侧通行标志		右侧通行标志
	禁止鸣喇叭标志		鸣喇叭标志		连续下坡标志
	禁止运输危险物品车辆驶入标志		事故易发路段标志		注意分离式道路标志
	车道数变少标志		避险车道标志		隧道开车灯标志
	立交直行和左转弯行驶		立交直行和右转弯行驶		向前100m

三、道路交通标线

1. 道路交通标线的类型与特点

（1）道路交通标线的类型。道路交通标线是由施划或安装于道路上的各种线条、箭头、文字、图案及立面标记、实体标记、突起路标和轮廓标等所构成的交通设施。它的作用是向道路使用者传递有关道路交通的规则、警告、指引等信息，可以与标志配合使用，也可以单独使用。

道路交通标线按功能可分为指示标线、禁止标线和警告标线三类；按设置方式可分为纵向标线、横向标线和其他标线三类；按形态可分为线条、字符、突起路标和轮廓标四类。

按标划方法可分为白色虚线、白色实线、黄色虚线、黄色实线、双白虚线、双白实线、双黄虚线和双黄实线等；按作用又可分为车行道中心线、车道分界线、停止线、减速让行线、人行横道线、导流线、导向箭头和左转弯导向线等。

道路交通标线的形式、颜色及含义见表9-2。

表9-2 道路交通标线的形式、颜色及含义

名称	图例	含义
白色虚线		划于路段中时，用以分隔同向行驶的交通流；划于路口时，用以引导车辆行进
白色实线		划于路段中时，用以分隔同向行驶的机动车、机动车和非机动车，或指示车行道的边缘；划于路口时，用作导向车道线或停止线，或用以引导车辆行驶轨迹；划为停车位标线时，指示收费停车位
黄色虚线		划于路段中时，用以分隔对向行驶的交通流或作为公交专用车道线；划于交叉口时，用以告示非机动车禁止驶入的范围或用于连接相邻道路中心线的路口导向线；划于路侧或缘石上时，表示禁止路边长时停放车辆
黄色实线		划于路段中时，用以分隔对向行驶的交通流或作为公交车、校车专用停靠站标线；划于路侧或缘石上时，表示禁止路边停放车辆；划为网格线时，标示禁止停车的区域；划为停车位标线时，表示专属停车位
双白虚线		划于路口，作为减速让行线
双白实线		划于路口，作为停车让行线

名称	图例	含义
白色虚实线		用于指示车辆可临时跨线行驶的车行道边缘，虚线侧允许车辆临时跨越，实线侧禁止车辆跨越
双黄实线		划于路段中，用以分隔对向行驶的交通流
双黄虚线		划于城市道路路段中，用于指示潮汐车道
黄色虚实线		划于路段中时，用以分隔对向行驶的交通流，实线侧禁止车辆越线，虚线侧准许车辆临时越线
橙色虚、实线		用于作业区标线
蓝色虚、实线		作为非机动车专用道标线；划为停车位标线时，指示免费停车位

（2）道路交通标线的特点。

1）指示标线。指示标线分为纵向标线、横向标线和其他标线三大类。纵向标线包括可跨越对向车行道分界线、可跨越同向车行道分界线、潮汐车道线、车行道边缘线、左弯待转区线、路口导向线和导向车道线。横向标线包括人行横道线和车距确认线。其他标线包括道路出入口标线、停车位标线、停靠站标线、减速丘标线、导线箭头、路面文字标记和路面图形标记。

2）禁止标线。禁止标线分为纵向禁止标线、横向禁止标线和其他禁止标线三大类。纵向禁止标线包括禁止跨越对向车行道分界线、禁止跨越同向车行道分界线和禁止停车线。横向禁止标线包括停止线、停车让行线和减速让行线。其他禁止标线包括非机动车禁驶区标线、导流线、中心圈、网状线、专用车道线和禁止掉头（转弯）线。

3）警告标线。警告标线有纵向标线、横向标线和其他标线三大类。纵向标线包括路面（车行道）宽度渐变段标线、接近障碍物标线和铁路平交道口标线。横向标线包括减速标线。其他标线包括立面标记和实体标记。

2. 20 种常见的道路交通标线

（1）黄色实线和虚线。黄色实线和黄色虚线是用来区分不同方向车道的标线。黄色实线一般分为两种，有双黄线和单黄线，如图 9-12 所示，它们主要功能是区分不同方向的车道，一般在道路的正中央。但是两者功能并不完全相同。双黄线的标定一般用于多车道（如四车道）的路面上，作用更像隔离带。车道较少的路面上则用单黄线。

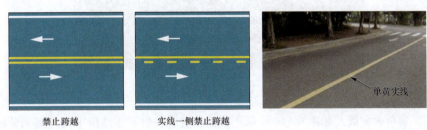

禁止跨越 实线一侧禁止跨越 单黄实线

图 9-12 双黄线和单黄线

1）黄色实线。当黄色实线出现在路段中时，也是分隔对向行驶的车辆，但是不可以借道超车；当黄色实线在路侧或缘石上，禁止车辆在路边停放（暂时停放也不可以），如图 9-13 所示。无论是黄色单实线还是双实线，均严格禁止车辆跨越或压线，所以压黄线行驶、超车或者掉头等都属于违法行为。

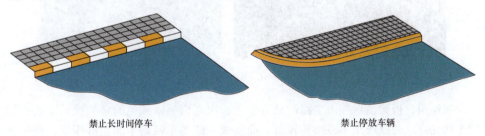

禁止长时间停车 禁止停放车辆

图 9-13 禁止车辆在路边停放

2）黄色虚线。黄色虚线在路段中间出现时，是分隔对向行驶的车辆，在保证安全的情况下，允许越线、借道超车，如图 9-14 所示。

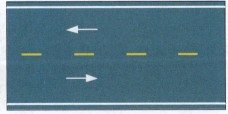

图 9-14 黄色虚线

227

中心黄色双虚线如图9-15所示，它是根据实际情况引申出来的标线，其属于黄色双实线当中的一段，通常设置在路口位置，车辆可以在确认安全的情况下从此处越线转入路口。这种设置一般出现在车流量较少的路段。

图9-15　中心黄色双虚线

3）黄色虚实线。如图9-16所示，黄色虚实线一般画在路段中间，用来分隔对向行驶的交通流；在黄色实线一侧的车辆不可以借对面车道超车等；黄色虚线一侧的车辆，在不影响其他车辆的情况下可以借道超车。

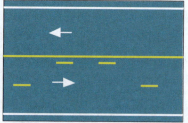

图9-16　黄色虚实线

在匝道、桥梁前后并入主路的地方常常会出现白色或黄色的虚实线，虚线一侧的车辆允许临时越线超车或掉头转弯，而实线一侧的车辆则不能允许压线，否则属违法行为。

（2）白色实线和虚线。白色实线和白色虚线是道路上最常见的标线。白色虚线的作用是分隔同方向行驶的不同车道，在虚线路段可以进行越线变道。而白色实线，例如桥面道路时，是不允许越线或超车的，白色实线通常在交叉路口交通信号灯前，开车压线可能被拍处罚。

1）白色虚线一般画于路段中，用来分隔同向车道，如图9-17所示。作为行车安全距离识别线，遇到白色虚线，车辆是可以改变车道，或借道超车的。

2）白色实线是分隔同向车道的，通常出现在路段中和交叉路口的信号灯前，如图9-18所示。遇到白色实线，车辆不可改变车道。

注意：

白色虚线，表示在保证安全的原则下，车辆在超车和向左转弯时，可以越线行

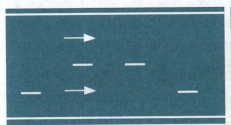

图 9-17　白色虚线

驶。如果是实线则表示这个位置不能越线行驶，实线也经常在交叉路口作为虚线的延长线。

黄色虚线，表示可以在适当的时候进行超车或者掉头转弯等动作。

双白虚线，如图 9-19 所示，当双白虚线画于路口时，代表着车辆减速让行。

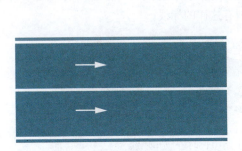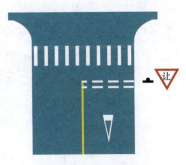

图 9-18　白色实线　　　　　　　图 9-19　双白虚线

双白实线，如图 9-20 所示，当双白实线画于路口时代表着应停车让行。画于路中时，代表不可以变道和压线。

图 9-20　双白实线

（3）车道分界线。车道分界线是用来分隔同向行驶的交通流的交通标线，如图 9-21所示，为白色虚、实线或黄色虚、实线。白色虚线是分隔同向车的，在安全的情况下可以变道、超车。白色实线也是分隔同向车的，不可变道。黄色实线是分

229

隔不同向行驶的车的，有时是分隔同向车的，既可作分界线，也可作中心线，不可变道。黄色虚线既可作分界线，也可作中心线，作分界线时可变道。

图 9-21　车道分界线

　　（4）禁止停车线。禁止停车线是一条在路肩白色或黄色的线，表示在此路段禁止停车，如图 9-22 和图 9-23 所示。虚线表示禁止长时间停车，实线表示禁止停车。一般交通比较繁忙的道路两边会画有这样的标线。

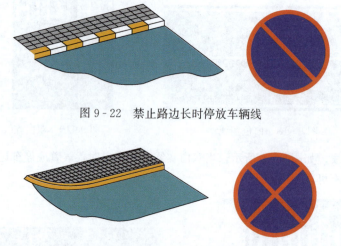

图 9-22　禁止路边长时停放车辆线

图 9-23　禁止路边临时或长时停放车辆线

　　这两个标线区别在于禁止长时停放的车辆线为黄白相间的虚线，而禁止临时或长时停放车辆线为一根黄实线。

　　（5）减速（停车）让行标线。这种倒三角形是一个避让标志，前面有双虚线，作用是提醒司机需要在前方路口减速慢行，礼让路口行人或主干道上的车辆先行。实线是停车让行线，虚线是减速让行线，如图 9-24 所示。

　　两者的区别：让行标线的道路一边会设置标志牌，"停"表示停止，"让"表示减速；其次路口一个是实线一个是虚线。停车让行一般出现在视线比较差的路段，

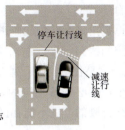

图 9-24　减速（停车）让行标线

须停车观察后才能通行。减速让行标线一般会出现在路口视线较好路段，驾驶人可以看到路边的行人和车辆，如果遇到车辆和行人穿越须让行，如果没有行人通过，则可减速通行。

（6）减速提示线。减速提示线通常出现在学校门口或路口等地的路面上，这些提醒车辆减速的标线或标识，样式很丰富，在行车过程中需要多留意。如图 9-25 所示的白色菱形图案是人行横道预告标识，代表着前方已经要接近人行横道了，提醒车辆减速慢行，并要注意横过马路的行人。

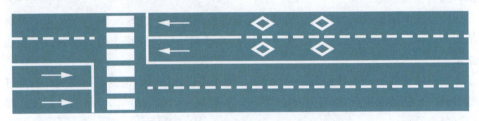

图 9-25　人行横道预告标识

减速标线可分为横向减速标线和纵向减速标线，如图 9-26 所示。目的是提醒驾驶员减速行驶。车道横向减速标线为一组平行的白色虚线，一般是设置在隧道、收费站临近处，出口匝道或其他要求车辆减速路段。

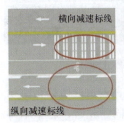

图 9-26　横向减速标线和纵向减速标线

车行道纵向减速标线为一组平行于车行道分界线的菱形块虚线。通常设在上下桥位、转弯位，它的主要作用是通过车道视觉上变窄形成压迫感，使驾驶员在需要减速的弯道、坡道等位置自动减速。

（7）导流线。导流线也是出现在路口、匝道或掉头车道的指示标线，如图9-27所示，用于引导车辆按规定的线路行驶。在高速公路两条路的分岔口常常有这种白色的V形线或斜纹线区域，这是提醒高速行驶的车辆进入相应的直行车道或出口车道而设置的标线，表示每个司机必须按规定的路线绕过导流线行驶。导流线覆盖的地面是不能随意压线或越线行驶的，更不能在区域内停车。

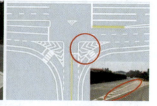

图9-27　导流线

导流线主要用于过宽、不规则或行驶条件比较复杂的交叉路口、立体交叉的匝道口或其他特殊地点。

（8）导向指示线。导向指示线是最简单的道路标线，如图9-28所示。很多司机都走错过车道，有的发现走错了车道便强行跨越实线变回正确车道，那么肯定是违法了。

（9）停止线。停止线如图9-29所示，是在路口处斑马线前的横向实线。当红灯亮起时，车辆如未过此线应停在线后等待，否则属于"闯红灯"，但是已经越过此线可以继续通行。

图9-28　导向指示线　　　　　　　图9-29　停止线

（10）黄色网格禁停线。路面黄色网状线如图9-30所示，表示严格禁止一切车辆长时或临时停车，防止交通阻塞。当黄色网状线前方有车辆停驶时，后车不得压线停车，必须在黄色网状线外等候，直到确认黄色网状线前方有足够空间停驶本车时，方可驶过黄色网状线。

注意：不论停车或是等候交通信号灯都属于违法行为。

（11）左转弯待转区线。为了提高通过量，常常在车道较多，路面情况复杂的交

通路口，设立左转弯待转区，如图 9 - 31
所示。左转弯待转区线为白色虚线，用
来指示左转弯车辆在直行车道绿灯亮起
后，进入左转弯待转区等候。需要注意
的是，如果在直行和左转灯都是红灯时
进入待转区，也将按闯红灯处罚。

（12）可变车道标志。可变车道如
图 9-32 所示，是指车道内侧画了多条斜
线。它是能随时根据交通流量更改指示
方向的车道。可变车道是由路面车道和

图 9 - 30　黄色网格禁停线

交通 LED 指示屏两部分组成的，交警部门将根据路段内的车流量变化设置可变交通
指示标志，驾驶人在驶入可变车道时需按照标志指示通行。

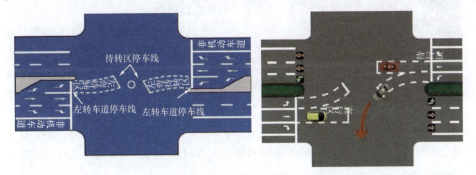

图 9 - 31　左转弯待转区线

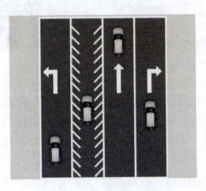

图 9 - 32　可变车道标志

（13）数字标识。数字标识如图 9-33 所示，是对车道车速的要求。其中白色数
字表示最低时速，黄色的数字表示最高时速。这种限速标志一般出现在城市快速路
或高速公路路面上。

最低时速

最高时速

图 9 - 33 数字标识

图 9 - 34 障碍物线

两者有颜色上的区别，一般黄色的标志都有警告的含义，用来提醒驾驶人不要超速行驶。

（14）障碍物线。障碍物线如图 9 - 34 所示，这种标线的含义是注意前方路况，提示前方有车停靠或存在障碍物。这种锯齿状标线也有用来提醒非机动车避让临时停靠点内停放的机动车。

（15）公交站标线。公交站标线如图 9 - 35 所示，公交车站前后 30m 范围内都是不允许停车的。

线内均为公交停靠区

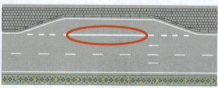

图 9 - 35 公交站标线

（16）专用车道线。专用车道如图 9 - 36 所示，指的是规定只允许某种车辆行驶或只限某种用途使用的车道，其他车辆、行人不得进入。专用车道可以分为人行道、非机动车道、公交专用道，机动车道。专用车辆中通常有黄色和白色标线。黄色标线又分实线和虚线两种。

（17）车距确认线。高速公路车距确认标线作用是，见此标线时，驾驶人应与前车保持行车安全距离。高速公路车距确认标线如图 9 - 37 所示，为白色平行粗实线，与车距确认标志配合使用，设在常发生超车、易肇事或其他有需要路段。

（18）错视觉标线。错视觉标线如图 9 - 38 所示，一般出现在隧道口前，作用是提醒驾驶员在进、出隧道口时，一定要放慢速度。因为隧道内跟隧道外的光线不一样，人们的眼睛并非一下子就能接受光线落差。驾驶人必须慢慢行驶，让眼睛有个

专用车道标线

图 9 - 36　专用车道线

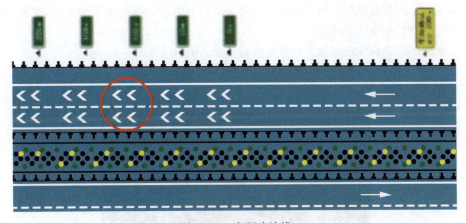

图 9 - 37　车距确认线

图 9 - 38　错视觉标线

适应时间，才能防止出现意外。

（19）振荡标线。振荡标线（也叫噪声标线）如图 9 - 39 所示，也属于横向减速标线，很像减速带。振荡标线是提示驾驶人需要按车道且必须减速行驶，以提高行车的安全性。由于线上有凸起，汽车开过会有"咯噔咯噔"的声音，对驾驶员有很好的警示和提醒作用，所以也叫噪声标线。

高速路上的有些路段的路面上有些凹凸不平的白色标线，一来是可以达到减速

图 9-39　振荡标线

的效果，二来就是提醒司机们前方要转弯了，而且外围还有一条黄线标识区域，禁止后方车辆跨越黄线超车。

此外，振荡标线还多设置在接近收费站处、匝道周围。

（20）立体彩色禁止超车错觉标线。立体彩色禁止超车错觉标线如图9-40所示，其作用是禁止超车。

图 9-40　立体彩色禁止超车错觉标线

四、道路交通警察指挥手势信号

交通手势信号有：停止信号、直行信号、左转弯信号、左转弯待转信号、右转弯信号、变道信号、减速慢行信号和示意车辆靠边停车信号8种。

1. 停止信号

左臂向前上方直伸，掌心向前，不准前方车辆通行，如图9-41所示。

2. 直行信号

左臂向左平伸，掌心向前；右臂向右平伸，掌心向前，向左摆动，准许右方直行的车辆通行，如图9-42所示。

3. 左转弯信号

右臂向前平伸，掌心向前；左臂与手掌平直向右前方摆动，掌心向右，准许车辆左转弯，在不妨碍被放行车辆通行的情况下可以掉头，如图9-43所示。

图9-41　停止信号　　　　　　图9-42　直行信号

图9-43　左转弯信号

4. 左转弯待转信号

左臂向左下方平伸，掌心向下；左臂与手掌平直向下方摆动，准许左方左转弯的车辆进入路口，沿左转弯行驶方向靠近路口中心，等候左转弯信号。如图9-44所示。

图9-44　左转弯待转信号

5. 右转弯信号

左臂向前平伸，掌心向前；右臂与手掌平直向左前方摆动，手掌向左，准许右方的车辆右转弯，如图9-45所示。

图9-45　右转弯信号

6. 变道信号

右臂向前平伸，掌心向左；右臂向左水平摆动，车辆应当腾空指定的车道，减速慢行，如图9-46所示。

图9-46　变道信号

7. 减速慢行信号

右臂向右前方平伸，掌心向下；右臂与手掌平直向下方摆动，车辆应当减速慢行，如图9-47所示。

图9-47　减速慢行信号

8. 示意车辆靠边停车信号

左臂向前上方平伸，掌心向前；右臂向前下方平伸，掌心向左；右臂向左水平摆动，车辆应当靠边停车，如图9-48所示。

图9-48　示意车辆靠边停车信号

特别提醒

交通手势信号巧记。

（1）无论你在电脑做题还是看书时，遇到交警手势信号的时候，不管图中出现几个交警，你只看第一个交警和最后一个交警（或者倒数第二个交警手势）所做的动作即可，因为看多了容易混淆。

（2）停止信号与示意车辆靠边停车信号。交警的左手动作是相同的，右手无任何动作的时候就是停止信号，右手只要出现向左水平摆动的动作就是示意车辆靠边停车。

（3）左转弯信号与右转弯信号。交警摆正的"K"字形姿势，朝驾驶员（学员）的左臂方向就是左转弯，朝驾驶员（学员）的右臂方向就是右转弯。

（4）左转弯待转信号与减速慢行信号。左转弯待转是交警左臂朝左下方伸并摆动，减速慢行则是交警的右臂与肩平齐直伸后向右下方摆动。

（5）直行信号与变道信号。直行信号是交警的左右臂同时与肩平伸，右臂呈摆动动作；变道信号中交警的左臂无任何动作，仅仅是右臂在与肩平齐方向平伸摆动。

附 录

附录 A 道路交通安全违法行为记分（新旧）对照

道路交通安全违法行为记分（新旧）对照见附表 1-1。

附表 1-1　　　　道路交通安全违法行为记分（新旧）对照表

序号	2021 年 12 月 27 日发布的公安部令第 163 号文中的记分		2016 年 1 月 29 日发布的公安部令第 139 号文中的记分	
	描述	记分	描述	记分
一次记 12 分的违法行为				
1	饮酒后驾驶机动车的	12 分	饮酒后驾驶机动车的	12 分
2	造成致人轻伤以上或者死亡的交通事故后逃逸，尚不构成犯罪的	12 分	造成交通事故后逃逸，尚不构成犯罪的	12 分
3	使用伪造、变造的机动车号牌、行驶证、驾驶证、校车标牌或者使用其他机动车号牌、行驶证的	12 分	使用伪造、变造的机动车号牌、行驶证、驾驶证、校车标牌或者使用其他机动车号牌、行驶证的	12 分
4	驾驶校车、公路客运汽车、旅游客运汽车载人超过核定人数 20% 以上，或驾驶其他载客汽车载人超过核定人数百分之百以上的	12 分	驾驶营运客车（不包括公共汽车）、校车载人超过核定人数 20% 以上的	12 分
5	驾驶校车、中型以上载客载货汽车、危险物品运输车辆在高速公路、城市快速路上行驶超过规定时速 20% 以上，或者驾驶其他机动车在高速公路、城市快速路上行驶超过规定时速 50% 以上的	12 分	驾驶中型以上载客载货汽车、校车、危险物品运输车辆在高速公路、城市快速路上行驶超过规定时速 20% 以上或者在高速公路、城市快速路以外的道路上行驶超过规定时速 50% 以上，以及驾驶其他机动车行驶超过规定时速 50% 以上的	12 分
6	驾驶机动车在高速公路、城市快速路上倒车、逆行、穿越中央分隔带掉头的	12 分	驾驶机动车在高速公路上倒车、逆行、穿越中央分隔带掉头的	12 分
7	代替实际机动车驾驶人接受交通违法行为处罚和记分牟取经济利益的	12 分	—	
一次记 9 分的违法行为				
1	驾驶 7 座以上载客汽车载人超过核定人数 50% 以上未达到百分之百的	9 分	—	—

序号	2021 年 12 月 27 日发布的公安部令第 163 号文中的记分 描述	记分	2016 年 1 月 29 日发布的公安部令第 139 号文中的记分 描述	记分
2	驾驶校车、中型以上载客载货汽车、危险物品运输车辆在高速公路、城市快速路以外的道路上行驶超过规定时速 50%以上的	9 分	驾驶中型以上载客载货汽车、校车、危险物品运输车辆在高速公路、城市快速路上行驶超过规定时速 20%以上或者在高速公路、城市快速路以外的道路上行驶超过规定时速 50%以上，以及驾驶其他机动车行驶超过规定时速 50%以上的	12 分
3	驾驶机动车在高速公路或者城市快速路上违法停车的	9 分	驾驶营运客车在高速公路车道内停车的	12 分
			驾驶营运客车以外的机动车在高速公路车道内停车的	6 分
4	驾驶未悬挂机动车号牌或者故意遮挡、污损机动车号牌的机动车上道路行驶的	9 分	上道路行驶的机动车未悬挂机动车号牌的，或者故意遮挡、污损、不按规定安装机动车号牌的	12 分
5	驾驶与准驾车型不符的机动车的	9 分	驾驶与准驾车型不符的机动车的	12 分
6	未取得校车驾驶资格驾驶校车的	9 分	未取得校车驾驶资格驾驶校车的	12 分
7	连续驾驶中型以上载客汽车、危险物品运输车辆超过 4h 未停车休息或者停车休息时间少于 20min 的	9 分	连续驾驶中型以上载客汽车、危险物品运输车辆超过 4h 未停车休息或者停车休息时间少于 20min 的	12 分
一次记 6 分的违法行为				
1	驾驶校车、公路客运汽车、旅游客运汽车载人超过核定人数未达到 20%，或者驾驶 7 座以上载客汽车载人超过核定人数 20%以上未达到 50%，或者驾驶其他载客汽车载人超过核定人数 50%以上未达到百分之百的	6 分	驾驶营运客车（不包括公共汽车）、校车载人超过核定人数未达 20%的，或者驾驶其他载客汽车载人超过核定人数 20%以上的	6 分
2	驾驶校车、中型以上载客载货汽车、危险物品运输车辆在高速公路、城市快速路上行驶超过规定时速未达到 20%，或者在高速公路、城市快速路以外的道路上行驶超过规定时速 20%以上未达到 50%的	6 分	驾驶中型以上载客载货汽车、校车、危险物品运输车辆在高速公路、城市快速路上行驶超过规定时速未达 20%的	6 分
			驾驶中型以上载客载货汽车、校车、危险物品运输车辆在高速公路、城市快速路以外的道路上行驶或者驾驶其他机动车行驶超过规定时速 20%以上未达到 50%的	6 分

续表

序号	2021年12月27日发布的公安部令第163号文中的记分 描述	记分	2016年1月29日发布的公安部令第139号文中的记分 描述	记分
3	驾驶校车、中型以上载客载货汽车、危险物品运输车辆以外的机动车在高速公路、城市快速路上行驶超过规定时速20%以上未达到50%，或者在高速公路、城市快速路以外的道路上行驶超过规定时速50%以上的	6分	驾驶中型以上载客载货汽车、校车、危险物品运输车辆在高速公路、城市快速路以外的道路上行驶或者驾驶其他机动车行驶超过规定时速20%以上未达到50%的	6分
4	驾驶载货汽车载物超过最大允许总质量50%以上的	6分	—	—
5	驾驶机动车载运爆炸物品、易燃易爆化学物品以及剧毒、放射性等危险物品，未按指定的时间、路线、速度行驶或者未悬挂警示标志并采取必要的安全措施的	6分	驾驶机动车载运爆炸物品、易燃易爆化学物品以及剧毒、放射性等危险物品，未按指定的时间、路线、速度行驶或者未悬挂警示标志并采取必要的安全措施的	6分
6	驾驶机动车运载超限的不可解体的物品，未按指定的时间、路线、速度行驶或者未悬挂警示标志的	6分	驾驶机动车运载超限的不可解体的物品，未按指定的时间、路线、速度行驶或者未悬挂明显标志的	6分
7	驾驶机动车运输危险化学品，未经批准进入危险化学品运输车辆限制通行的区域的	6分		
8	驾驶机动车不按交通信号灯指示通行的	6分	驾驶机动车违反道路交通信号灯通行的	6分
9	机动车驾驶证被暂扣或者扣留期间驾驶机动车的	6分	机动车驾驶证被暂扣期间驾驶机动车的	6分
10	造成致人轻微伤或者财产损失的交通事故后逃逸，尚不构成犯罪的	6分	造成交通事故后逃逸，尚不构成犯罪的	12分
11	驾驶机动车在高速公路或者城市快速路上违法占用应急车道行驶的	6分	驾驶机动车在高速公路或者城市快速路上违法占用应急车道行驶的	6分
一次记3分的违法行为				
1	驾驶校车、公路客运汽车、旅游客运汽车、7座以上载客汽车以外的其他载客汽车载人超过核定人数20%以上未达到50%的	3分	驾驶营运客车（不包括公共汽车）、校车以外的载客汽车载人超过核定人数未达20%的	3分

序号	2021年12月27日发布的公安部令第163号文中的记分			2016年1月29日发布的公安部令第139号文中的记分	
	描述	记分		描述	记分
2	驾驶校车、中型以上载客载货汽车、危险物品运输车辆以外的机动车在高速公路、城市快速路以外的道路上行驶超过规定时速20%以上未达到50%的	3分		驾驶中型以上载客载货汽车、危险物品运输车辆在高速公路、城市快速路以外的道路上行驶或者驾驶其他机动车行驶超过规定时速未达20%的	3分
3	驾驶机动车在高速公路或者城市快速路上不按规定车道行驶的	3分		驾驶机动车在高速公路或者城市快速路上不按规定车道行驶的	3分
4	驾驶机动车不按规定超车、让行,或者在高速公路、城市快速路以外的道路上逆行的	3分		驾驶机动车不按规定超车、让行的,或者逆向行驶的	3分
5	驾驶机动车遇前方机动车停车排队或者缓慢行驶时,借道超车或者占用对面车道、穿插等候车辆的	3分		驾驶机动车遇前方机动车停车排队或者缓慢行驶时,借道超车或者占用对面车道、穿插等候车辆的	2分
6	驾驶机动车有拨打、接听手持电话等妨碍安全驾驶的行为的	3分		驾驶机动车有拨打、接听手持电话等妨碍安全驾驶的行为的	2分
7	驾驶机动车行经人行横道不按规定减速、停车、避让行人的	3分		驾驶机动车行经人行横道,不按规定减速、停车、避让行人的	3分
8	驾驶机动车不按规定避让校车的	3分		驾驶机动车不按照规定避让校车的	6分
9	驾驶载货汽车载物超过最大允许总质量30%以上未达到50%的,或者违反规定载客的	3分		驾驶货车载物超过核定载质量30%以上或者违反规定载客的	6分
10	驾驶不按规定安装机动车号牌的机动车上道路行驶的	3分		上道路行驶的机动车未悬挂机动车号牌的,或者故意遮挡、污损、不按规定安装机动车号牌的	12分
11	在道路上车辆发生故障、事故停车后,不按规定使用灯光或者设置警告标志的	3分		在道路上车辆发生故障、事故停车后,不按规定使用灯光和设置警告标志的	3分
12	驾驶未按规定定期进行安全技术检验的公路客运汽车、旅游客运汽车、危险物品运输车辆上道路行驶的	3分		上道路行驶的机动车未按规定定期进行安全技术检验的	3分
13	驾驶校车上道路行驶前,未对校车车况是否符合安全技术要求进行检查,或者驾驶存在安全隐患的校车上道路行驶的	3分		驾驶校车上道路行驶前,未对校车车况是否符合安全技术要求进行检查,或者驾驶存在安全隐患的校车上道路行驶的	2分

续表

序号	2021年12月27日发布的公安部令第163号文中的记分 描述	记分	2016年1月29日发布的公安部令第139号文中的记分 描述	记分
14	连续驾驶载货汽车超过4h未停车休息或者停车休息时间少于20min的	3分	连续驾驶中型以上载客汽车、危险物品运输车辆以外的机动车超过4h未停车休息或者停车休息时间少于20min的	6分
15	驾驶机动车在高速公路上行驶低于规定最低时速的	3分	驾驶机动车在高速公路上行驶低于规定最低时速的	3分
一次记1分的违法行为				
1	驾驶校车、中型以上载客载货汽车、危险物品运输车辆在高速公路、城市快速路以外的道路上行驶超过规定时速10%以上未达到20%的	1分	—	—
2	驾驶机动车不按规定会车，或者在高速公路、城市快速路以外的道路上不按规定倒车、掉头的	1分	驾驶机动车不按规定会车的	1分
3	驾驶机动车不按规定使用灯光的	1分	驾驶机动车不按规定使用灯光的	1分
4	驾驶机动车违反禁令标志、禁止标线指示的	1分	驾驶机动车违反禁令标志、禁止标线指示的	3分
5	驾驶机动车载货长度、宽度、高度超过规定的	1分	驾驶机动车载货长度、宽度、高度超过规定的	1分
6	驾驶载货汽车载物超过最大允许总质量未达到30%的	1分	驾驶货车载物超过核定载质量未达30%的	3分
7	驾驶未按规定定期进行安全技术检验的公路客运汽车、旅游客运汽车、危险物品运输车辆以外的机动车上道路行驶的	1分	上道路行驶的机动车未按规定定期进行安全技术检验的	3分
8	驾驶擅自改变已登记的结构、构造或者特征的载货汽车上道路行驶的	1分	—	—
9	驾驶机动车在道路上行驶时，机动车驾驶人未按规定系安全带的	1分	驾驶机动车在高速公路或者城市快速路上行驶时，驾驶人未按规定系安全带的	2分
10	驾驶摩托车，不戴安全头盔的	1分	驾驶二轮摩托车，不戴安全头盔的	2分

注 附表中新增加记分的条款有6项，免除记分的条款有10项。

1. 新增加记分的条款

新增加记分的条款有 6 项。

（1）代替实际机动车驾驶人接受交通违法行为处罚和记分牟取经济利益的，一次记 12 分。

（2）驾驶 7 座以上载客汽车载人超过核定人数 50％以上未达到百分之百的，一次记 9 分。

（3）驾驶机动车运输危险化学品，未经批准进入危险化学品运输车辆限制通行的区域的，一次记 6 分。

（4）驾驶载货汽车载物超过最大允许总质量 50％以上的，一次记 6 分。

（5）驾驶校车、中型以上载客载货汽车、危险物品运输车辆在高速公路、城市快速路以外的道路上行驶超过规定时速 10％以上未达到 20％的，一次记 1 分。

（6）驾驶擅自改变已登记的结构、构造或者特征的载货汽车上道路行驶的，一次记 1 分。

2. 免除记分的条款

免除记分的条款有 11 项。

（1）以隐瞒、欺骗手段补领机动车驾驶证的（原一次记 6 分）。

（2）能见度气象条件下，驾驶机动车在高速公路上不按规定行驶的（原一次记 6 分）。

（3）驾驶禁止驶入高速公路的机动车驶入高速公路的（原一次记 3 分）。

（4）驾驶机动车违反规定牵引挂车的（原一次记 3 分）。

（5）驾驶机动车行经交叉路口不按规定行车或者停车的（原一次记 2 分）。

（6）不按照规定为校车配备安全设备，或者不按照规定对校车进行安全维护的（原一次记 2 分）。

（7）驾驶校车运载学生，不按照规定放置校车标牌、开启校车标志灯，或者不按照经审核确定的线路行驶的（原一次记 2 分）。

（8）校车上下学生，不按照规定在校车停靠站点停靠的（原一次记 2 分）。

（9）校车未运载学生上道路行驶，使用校车标牌、校车标志灯和停车指示标志的（原一次记 2 分）。

（10）在校车载有学生时给车辆加油，或者在校车发动机引擎熄灭前离开驾驶座位的（原一次记 2 分）。

（11）道路行驶的机动车未放置检验合格标志、保险标志，未随车携带行驶证、机动车驾驶证的（原一次记 1 分）。

附录 B 接受交通安全教育减免道路交通安全
违法行为记分工作规范（试行）

第一章 总   则

第一条 为充分发挥道路交通安全违法行为（以下简称"交通违法行为"）记分制度教育引导、鼓励守法的正向激励作用，加强机动车驾驶人交通安全教育，推动提升机动车驾驶人交通安全意识，根据《道路交通安全法》及其配套法规、规章，制定本规范。

第二条 机动车驾驶人参加公安机关交通管理部门组织的道路交通安全法律、法规和相关知识学习并经考试合格的，或者在机动车驾驶证核发地参加交通安全公益活动并达到相关要求的，可以申请减免交通违法行为记分。

第三条 公安机关交通管理部门组织开展机动车驾驶人接受交通安全教育减免交通违法行为记分工作，应当遵循依法、规范、公开、公正的原则，不得收取任何费用。

第二章 受   理

第四条 机动车驾驶人申请接受交通安全教育减免交通违法行为记分的，公安机关交通管理部门应当受理。但有以下情形之一的，不予受理：

（一）在本记分周期内，机动车驾驶人有 2 次以上满分记录，或者累积记分达到 12 分的；

（二）在上一个记分周期，机动车驾驶人有 2 次以上满分记录的；

（三）在最近 3 个记分周期内，机动车驾驶人因造成交通事故后逃逸，或者饮酒后驾驶机动车，或者使用伪造、变造的机动车号牌、行驶证、驾驶证、校车标牌或者使用其他机动车号牌、行驶证，或者买分卖分受到过处罚的；

（四）机动车驾驶证在实习期内，或者机动车驾驶证逾期未审验，或者机动车驾驶证被扣留、暂扣期间的；

（五）机动车驾驶人名下有未处理的交通违法行为记录的；

（六）机动车驾驶人名下有安全技术检验超过有效期或者未按规定办理注销登记的机动车；

（七）机动车驾驶人参加接受交通安全教育减免道路交通安全违法行为记分，或者机动车驾驶人违法记分满分教育和审验教育学习考试时存在弄虚作假、冒名顶替情形的；

第五条 机动车驾驶人申请参加接受交通安全教育减免交通违法行为记分的，应当按照其最高准驾车型参加相应的道路交通安全法律、法规和相关知识学习、考试或者交通安全公益活动。

第三章　学习与考试

第一节　一般规定

第六条　机动车驾驶人可以在公安机关交通管理部门互联网学习考试平台参加道路交通安全法律、法规和相关知识网上学习并申请考试，或者到公安机关交通管理部门参加道路交通安全法律、法规和相关知识现场学习并申请考试。

第七条　道路交通安全法律、法规和相关知识学习课程由各省级公安机关交通管理部门设置，内容包括：

（一）交通违法行为判断与案例分析；

（二）交通事故案例警示教育；

（三）道路交通事故自行协商处理、快处快赔相关规定；

（四）常见交通标志、标线和交通警察手势辨识；

（五）安全行车常识；

（六）高速公路驾驶常识；

（七）恶劣天气和复杂道路驾驶常识；

（八）文明驾驶常识；

（九）防御性驾驶知识；

（十）紧急避险常识；

（十一）驾驶心理健康知识；

（十二）其他相关知识。

公安机关交通管理部门应当组织编写交通安全文明常识和交通事故案例警示教材，制作教学片，纳入学习内容。

第八条　道路交通安全法律、法规和相关知识考试题题型为判断题、单项选择题、多项选择题。

第九条　公安机关交通管理部门应当按照不同准驾车型分别设定相应的学习和考试内容。

第十条　道路交通安全法律、法规和相关知识考试题库按照全国统一题库为主体、各地自主题库为补充的方式确定。各级公安机关结合本地实际补充的考试题数量，不超过考试题目总量的20%。

第二节　网上学习和考试

第十一条　通过互联网开展道路交通安全法律、法规和相关知识学习考试，应当使用全国统一的学习考试平台。

各地公安机关交通管理部门已经开发应用的学习考试平台，且按照本规范要求升级改造并经过技术、功能验收合格的，可以继续使用。

第十二条 公安机关交通管理部门互联网学习考试平台应当具备通过人脸识别等技术手段对用户身份进行确认的功能。

第十三条 机动车驾驶人参加公安机关交通管理部门组织的道路交通安全法律、法规和相关知识网上学习，连续学习满 5 分钟的，计入累计学习时间，3 日内累计学习满 30 分钟为一次，学习时间达标后 7 个工作日内可以申请参加道路交通安全法律、法规和相关知识网上考试，考试未通过的可以在 24 小时内补考，补考以二次为限。

第十四条 机动车驾驶人参加考试由系统从题库中随机抽取 20 题，每题答题时间最长 60 秒钟，答错或者超时未答累计 3 题的，考试不合格并退出考试。

第十五条 存在下列行为的，相应学习时段、考试审核不通过：

（一）监控未采集到人像的；

（二）人脸识别比对未通过的；

（三）实人认证未通过的；

（四）有从事与道路交通安全法律、法规和相关知识网上学习、考试无关活动情形的。

机动车驾驶人对学习、考试审核结果不通过有异议的，应当在 24 小时内申请复核。公安机关交通管理部门应当在收到申请后的 3 个工作日内复核完毕，并告知复核结果。

第三节　现场学习和考试

第十六条 有条件的公安机关交通管理部门可以使用满分教育学习、考试平台和考试题库，组织道路交通安全法律、法规和相关知识现场学习、考试。

公安机关交通管理部门组织道路交通安全法律、法规和相关知识现场学习、考试的，应当通过人脸识别等技术手段对机动车驾驶人的身份进行确认。

公安机关交通管理部门应当通过随机抓拍照片、全程音视频监控等方式，确保机动车驾驶人本人持续参加现场学习，并按照不低于 1% 的比例抽查机动车驾驶人参加现场学习情况。机动车驾驶人参加现场学习的照片、音视频以及公安机关交通管理部门的抽查情况保存 2 年。

第十七条 道路交通安全法律、法规和相关知识现场学习每次不得少于 1 小时。学习后参加考试，考试未通过的可以补考，补考以 2 次为限。

第十八条 道路交通安全法律、法规和相关知识现场学习、考试的具体办法由设区的市级公安机关交通管理部门确定。

第四章　参加交通安全公益活动

第十九条 有条件的公安机关交通管理部门可以组织机动车驾驶人通过参加交通安全公益活动，减免交通违法行为记分。

机动车驾驶人申请参加交通安全公益活动减免交通违法行为记分的，应当向机动车驾驶证核发地公安机关交通管理部门提出。

公安机关交通管理部门组织交通安全公益活动的，应当通过人脸识别等技术手段对机动车驾驶人的身份进行确认。

公安机关交通管理部门应当通过随机抓拍照片、全程音视频监控等方式，确保机动车驾驶人本人持续参加交通安全公益活动，并按照不低于1％的比例抽查机动车驾驶人参加交通安全公益活动情况。机动车驾驶人参加交通安全公益活动的照片、音视频以及公安机关交通管理部门的抽查情况保存2年。

第二十条 交通安全公益活动每次1小时，具体形式包括文明交通劝导、交通安全宣传等。

第二十一条 公安机关交通管理部门应当通过交通安全公益活动平台，准确记录机动车驾驶人参加交通安全公益活动的时间、地点、活动内容等，并通过网络平台公开公示相关情况后，上传至公安交通管理综合应用平台。

第五章 记 分 减 免

第二十二条 机动车驾驶人按照本规范规定接受交通安全教育后，符合减免记分条件的，在机动车驾驶人现有累积记分分值中扣减。

第二十三条 参加公安机关交通管理部门组织的道路交通安全法律、法规和相关知识网上学习且经考试合格的，一次减免1分。

参加公安机关交通管理部门组织的道路交通安全法律、法规和相关知识现场学习且经考试合格的，一次减免2分。

参加公安机关交通管理部门组织的交通安全公益活动，一次减免1分。

第二十四条 机动车驾驶人在本记分周期内分别参加道路交通安全法律、法规和相关知识网上、现场学习考试或者交通安全公益活动的，累计最高减免6分。

第六章 监 督 管 理

第二十五条 公安机关交通管理部门应当建立接受交通安全教育监督检查制度，加强对机动车驾驶人接受交通安全教育减免交通违法行为记分工作的监督管理。

第二十六条 公安机关交通管理部门及其交通警察、警务辅助人员对在开展机动车驾驶人接受交通安全教育减免交通违法行为记分工作中，收集、处理的个人信息负有保密义务，不得泄露、篡改或者私自保存，不得出售或者非法向他人提供。

第二十七条 公安机关交通管理部门应当建立举报投诉查处制度，方便群众通过信函、电话、网络等方式对机动车驾驶人接受交通安全教育减免交通违法行为记分违规问题进行举报投诉，对举报投诉的内容应当及时进行核查，并向举报人反馈查处情况。

第二十八条 交通警察及警务辅助人员在接受交通安全教育减免交通违法行

记分工作中参与舞弊的，依纪依法追究有关人员责任。

第七章　附　　则

第二十九条　本规范所称"以上""以下"包括本数。

第三十条　本规范自 2020 年 3 月 1 日起实施。

《机动车驾驶证申领和使用规定》

（公安部令第 162 号）